华章经管
HZBOOKS | Economics Finance Business & Management

一本书看透 IPO

A股IPO全流程深度剖析

沈春晖 著

机械工业出版社
China Machine Press

图书在版编目（CIP）数据

一本书看透 IPO：A 股 IPO 全流程深度剖析 / 沈春晖著. —北京：机械工业出版社，2018.6（2021.8 重印）

ISBN 978-7-111-60011-4

I. 一… II. 沈… III. 上市公司 – 企业融资 – 研究 IV. F276.6

中国版本图书馆 CIP 数据核字（2018）第 096534 号

  本书分六个部分详细介绍 A 股 IPO 的全貌：第一部分常识性地介绍上市、A 股上市的主要方式等；第二部分分析影响在 A 股 IPO 上市决策的八个主要因素；第三部分详细分析 A 股 IPO 上市的全过程；第四部分分析目前 A 股 IPO 的审核方式、理念，主要财务审核因素与非财务审核因素；第五部分介绍新三板挂牌及从新三板转板 A 股 IPO；第六部分介绍未来将要实施的注册制，包括步骤、影响及对策等。

  本书既包括从实务出发对上市流程和操作的详细分析，也包括对相关法规、政策和业务经验的具体介绍，还结合大量实务案例进行了精心分析和梳理，是投行、投资界专业人士，企业管理者、财务人员，学术研究人员及对经管有兴趣的社会公众开展 IPO 工作、了解 IPO 业务的必备工具书。

一本书看透 IPO：A 股 IPO 全流程深度剖析

出版发行：	机械工业出版社（北京市西城区百万庄大街 22 号	邮政编码：100037）	
责任编辑：	孟宪勐	责任校对：	李秋荣
印 刷：	北京文昌阁彩色印刷有限责任公司	版 次：	2021 年 8 月第 1 版第 10 次印刷
开 本：	170mm×242mm 1/16	印 张：	22.75
书 号：	ISBN 978-7-111-60011-4	定 价：	79.00 元
客服电话：（010）88361066 88379833 68326294		投稿热线：（010）88379007	
华章网站：www.hzbook.com		读者信箱：hzjg@hzbook.com	

版权所有·侵权必究
封底无防伪标均为盗版
本书法律顾问：北京大成律师事务所 韩光 / 邹晓东

推荐序一 Foreword 1

一个热情专业的人，一本实用认真的书

20年前，我在北京大学经济学院为研究生开设"投资银行学"这门课程，资产证券化是其中的重点研究领域。1999年，我组织了一个北大资产证券化研究小组，当时还在北大法学院经济法专业就读的沈春晖加入了这个研究小组并成为主要成员，他也是唯一一个来自经济学院以外的研究生。这个小组是国内高校里最早对资产证券化进行专业系统研究，并将研究成果结集出版的团体，《资产证券化理论与实务全书》（2000年）、《资产证券化：中国的模式》（2004）成为国内早期有影响力的研究资产证券化的专业书籍。

虽然他毕业离校了，但我们一直保持联系。当年在证券化小组的研究与学习，让投资银行在他心中播种、发芽、扎根。他的硕士毕业论文以资产证券化为题，毕业后他一直从事投资银行工作，后来成长为红塔证券分管投行业务的副总裁。20年弹指一挥间，在已近退休之年，让我感到欣慰和欣喜的是，当年证券化研究播撒的种子终于开花、结果，枝繁叶茂。看到春晖这本即将面世的论著，我脑海里浮现出了这位对投行始终保持高度专业，并充满热情的青年才俊。

专业。 春晖自毕业后一直从事投行工作，是国内首批注

册的保荐代表人。无论是在国泰君安证券、华泰联合证券还是红塔证券，他都一直从事投行的业务及管理工作。他直接作为项目负责人承做过国内几乎所有投行业务类型，包括IPO、借壳上市、上市公司再融资、上市公司重组、上市公司收购、企业债、公司债等。后来，他从事投行管理工作，带领投行团队做过的项目类型就更加丰富了。

热情。 春晖最广为人知的是，在2005年创办了"春晖投行在线"网站。在当时那个专业信息缺乏的年代，这个网站给从业人员提供了很大帮助。在自媒体时代，"春晖投行在线"微博、"春晖投行在线"微信公众号已分别聚集了10多万专业粉丝和数万订阅者。能够坚持10多年以个人业余时间来做这些事，既是一种无私奉献，也充分体现了春晖对投行业务的热情。

现在，我更感欣慰的是，看到春晖这本全方位、全流程剖析我国IPO的专著。我非常高兴地将它推荐给大家。

首先，这本书生逢其时。A股IPO的发行体制几经变革，但总体上是沿着市场化的方向前进。2017年岁末，A股IPO长期的"堰塞湖"问题基本得到解决，IPO发行审核的常态化得以实现。更多的企业家在关心A股上市；更多的投资机构在找寻A股的股权投资机会；更多的投行在拓展IPO业务。此时，春晖的这本书正好可以满足他们的需求。

其次，这本书来自一线从业人员。我本人亲自操作过IPO上市项目，担任过香港上市公司的董事会主席，还出版过多本关于投资银行和资本市场的专著与教材，构造了一个投资银行学的理论体系。但我觉得：与充满创新和变化的投资银行业相比，来自投行一线业务人员的高质量专业书籍仍然是缺乏的，难以满足市场的即时需要。春晖的这本书，也正是在投资银行学的理论体系之下结合业务实际和中国特色的一本"干货"满满的认真之作。

我想，一本面向大众的专业好书应该做到：大众看出兴趣，内行看出门道，同行看出境界。这本书，做到了。

何小锋

北京大学经济学院金融学教授、顾问委员会主席

推荐序二 Foreword 2

"精品投行"孕育精品图书

本书的作者沈春晖是红塔证券股份有限公司分管投行业务的副总裁。

红塔证券成立于 2002 年,为证监会评定的 A 类证券公司。其自成立以来,秉承稳健发展的经营思路,是国内罕见的超越牛熊周期转换、自成立以来一直实现连续盈利的证券公司。春晖带领的投行团队与公司的经营思路一致,一直按照"服务型投行"的定位打造"精品投行",已经开始有所建树,并获得了一定的市场口碑。

我个人理解,所谓"服务型投行",是对传统"通道制"投行、"产品制"投行的扬弃。传统的国内投行服务,多以被动呼应客户需求为主,极少主动参与客户的战略布局与中长期资本运作规划,"吃"的主要是基于自身业务资格的"通道饭"。而且,常常把客户的每一次业务需求简单化为一单"产品",做"一次性买卖"。而"服务型投行",追求的是真正以客户需求为中心,提供长周期服务。不仅通过优质服务赢得企业的长期客户,而且要同步甚至先于客户提出资本运作方案,成为与客户"今在永在"(here today, here tomorrow)的朋友,伴随客户成长,为客户提供全生命周期服务。

要成为"服务型投行",伴随的必然是投行自身能力与价值实现方式的改变,实现投行服务链条的延伸,树立行业聚焦思维、专业化服务意识和全产品服务模式,以及完成投行团队自身知识结构和业务能力的重构。这就要求投行自身首先要成为"学习型组织"。

令人感到欣喜的是,红塔投行团队正是这样做的。红塔投行团队就是一个学习与分享氛围浓厚的"学习型组织",坚持多年、期期不落的"双周业务培训"就是一个明证。而且,春晖本人也是一个对投行事业充满热情的终身学习者。眼前这部国内第一本由投行一线从业人员所著的全流程、全方位剖析 A 股 IPO 的专著,正是"精品投行"孕育精品图书的体现。

我希望这本书不仅能够帮助投行从业人员和相关专业人士更好地操作 A 股 IPO,也能让广大企业家、投资界人士和对投行感兴趣的公众了解与洞察来自一线的投行"干货",并让读者认识与熟悉红塔投行团队。

党的十九大明确要求"增强金融服务实体经济能力,提高直接融资比重,促进多层次资本市场健康发展",为资本市场的改革发展指明了方向。新时代是奋斗者的时代!愿有志于中国资本市场长期发展的同行与我们一起共同努力,迎来我国证券市场和投资银行更好的发展期。

李剑波

合和集团党委书记、董事长

红塔证券党委书记、董事长

前言 PREFACE

背景与缘起

IPO 是 2017 年中国资本市场最大的"风口"。这不仅体现在全年 IPO 数量已经超过历史最高峰的 2010 年，成为 A 股历史上 IPO 最多的一年。438 家的数量比 2010 年的 346 家多近 100 家，比起 2016 年的 227 家更是几乎翻倍。更重要的是，横亘在 A 股资本市场多年的"堰塞湖"问题得到解决，A 股 IPO 审核到了 2017 年年底、2018 年年初基本实现了"常态化"。所谓"常态化"，是指一个企业的 IPO 审核申请被中国证监会受理之后能够"即报即审、即审即发"。这也就是说，不需要长时间"排队"，就可以进入审核流程，及时得到审核；审核通过之后，也不需要"排队"，就可以依程序获得发行批文，启动发行。这样的常态化，使得多数企业的 IPO 申请在半年左右的时间内就可以走完从审核申请受理到核准发行的全过程。这样的历时，不仅比 2016 年之前大约三年的历时大为缩短，而且与国外成熟资本市场的 IPO 审核速度相比也毫不逊色。

这样的重大变化，无疑是让中国资本市场的参与者兴奋的。因为优秀的上市公司是一个国家资本市场保证质量与长远发展的基石，而 IPO 正起着为资本市场提供源头活水的作用。IPO 审核的"常态化"无疑有利于更多的企业充分利用国内资本市场上市融资；有利于私募股权投资机构的投资以更好的渠道退出；有利于广大二级市场投资者获得更多的投资标的。供给增加了，自然可以缓解过去长时间"排队""审核溢价"带来的二级市场的诸多不正常现象。这些积极影响，正是 A 股资本市场贯彻十九大报告"增强金融服务实体经济能力，提高直接融资比重，促进多层次资本市场健康发展"要求的直接体现。

但是，高兴雀跃之余，市场也还有更多的问题需要答案。例如，A 股 IPO 加快了，企业考虑是否上市，有哪些因素是决策时必须考虑的？审核速度加快了，审核方式有什么变化？审核速度加快了，供给增加了，对企业 IPO 除了积极影响外，是否也会有消极影响？过去不愿意在 A 股"排队"，已经在新三板挂牌了，现在想"转板"IPO 上市，应该怎么办？注册制曾经是热门话题，现在的改变与注册制有无关系，注册制还搞不搞？

本书不仅能够回答这些问题，而且是一本全景式描绘 A 股 IPO 的"工具书"。

我作为一个在 A 股投行战斗了 18 年的老兵和中国第一批注册的保荐代表人，在从业的同时也持续观察和研究着 A 股 IPO 市场的变化。自 2017 年年中以来，我在个人的微信公众号（"春晖投行在线"）上发表了数十篇关于 A 股 IPO 的文章，得到了市场的积极响应。根据审核实践的变化和监管部门的政策调整，以及读者的建议与意见，这些文章也在不断地更新与完善。将这些文章重新体系化结集出版，为 A 股 IPO 贡献一本高质量的著作，既是我自己的愿望，也回应了众多热情读者的呼吁。

内容与特色

本书共分为六章。第一章是"总述"，除了上市的本质与好处、上市的约束与中国特色的上市"成本"及 A 股上市的方式等常规但又结合中国资本市场的特色因而非常接"地气"的内容外，也对当前 A 股 IPO 的概貌进行了分析。

第二章是"决策"，目的是告知企业在做是否在 A 股 IPO 的决策时需要考虑的因素，包括 A 股 IPO 的法定条件、境内还是境外上市、行业因素对 A 股 IPO 的影响、A 股 IPO 的发行费用、A 股 IPO 涉及的政府部门、A 股上市板块的选择以及股份上市后的锁定期和减持限制等。

第三章是"过程"，详细分析了 A 股 IPO 需要历经的过程。除了确定中介机构与考虑是否引进私募外，还介绍了设立股份公司、制作辅导与申报材料、监管部门审核以及发行与上市四个必经程序。

第四章是"审核"。尽管 IPO 审核历时已经"常态化"，但审核方式还是核准制。而且在严格审核的大背景下，审核通过率在 2017 年还呈下降趋势。在这种情况下，深入理解 A 股 IPO 的三大核心审核理念（实质性审核、风险导向审核、多因素综合考量），并且了解财务审核（详细分析财务审核的"四轮驱动"模型）与非财务事项审核（包括独立性、同业竞争、关联交易、实际控制人、股东与股权、出资与资产以及规范运作七个重要方面）的主要内容和审核思路非常重要。

第五章是"转板"，在分析我国多层次资本市场的基础之上，讲解新三板的挂牌和融资，以及市场最为关心的新三板转板 IPO 的途径、方式和特殊关注事项等。

第六章是"未来"，在分析当前 A 股 IPO 审核机制的矛盾与缺陷的基础之上，分析美国的注册制究竟什么样，也尝试把中国要搞的注册制说清楚。最后分析 A 股实施注册制改革的现实路径和实施注册制改革带来的影响。

写作本书的愿景是希望它成为当前最好的一本以 A 股 IPO 为主题的书，也成为市场切实需要的一本书。为了完成这一任务，本书力求呈现出以下鲜明的特色：

其一，最系统。虽然篇幅不长，但逻辑严密，简明扼要地介绍了 A 股

IPO的全景。

其二，最干货。我作为一个长期战斗在业务一线的A股投行从业人员和对这个行业充满热情的研究与关注者，力求让本书成为一本切合业务实际的用心之作。

其三，最广泛。过去很多以A股IPO为主题的优秀之作要么太学术，只适用于研究人员与学生，要么太专业，只适用于投行业务人员，而本书的受众面既覆盖包括广大企业家、投资人、投行从业人员在内的资本市场直接参与者，也覆盖对资本市场或者上市融资主体感兴趣的广大读者。

IPO是一个国家资本市场永恒的重要话题。本书作为一本缘起于市场实际需要的用心之作，希望得到广大读者的喜欢，并且能够持续更新，成为伴随A股资本市场成长的"长销书"。

目录 CONTENTS

推荐序一 一个热情专业的人,一本实用认真的书 何小锋
推荐序二 "精品投行"孕育精品图书 李剑波
前　言

第一章　总述 /1

第一节　上市的本质与好处 /2
一、上市的本质 /2
二、上市对拟上市企业的好处 /3
三、上市对拟上市企业股东的好处 /5

第二节　上市的约束与中国特色的上市"成本" /6
一、上市对拟上市企业的约束 /7
二、上市对拟上市企业大股东的约束 /8
三、中国特色的上市"成本" /9

第三节　A股上市的方式 /11
一、上市的三大方式:IPO、借壳上市、"卖身"上市 /11
二、借壳上市 /12
三、"卖身"上市 /22

第四节　IPO:当前A股资本运作的主风口 /28
一、A股IPO曾经长期受政策调控影响 /28
二、从2016年下半年开始,IPO大提速 /29
三、A股IPO审核实现常态化 /31

第二章 决策 / 34

第一节 A股IPO的法定条件 / 35
一、A股IPO发行条件的体系 / 35
二、A股IPO发行条件分析 / 37
三、与A股IPO相关的政策性条件 / 43

第二节 A股上市与境外上市 / 46
一、选择上市地的一般考虑因素 / 46
二、境外上市的优势 / 47
三、境外上市的劣势 / 50
四、选择本土市场，甚至回归A股渐成趋势 / 52

第三节 行业因素对A股IPO的影响 / 54
一、法定要求：总体上要求符合国家产业政策 / 54
二、在业务实践中对于行业问题的一些经验性判断 / 56
三、明确对"四新"企业的政策支持 / 58
四、未来展望与建议 / 59

第四节 A股IPO的发行费用 / 60
一、需要承担的发行上市费用类型 / 60
二、发行上市费用的支付时间与会计核算 / 60
三、发行上市费用的数额 / 61
四、确定费用数额的建议 / 63

第五节 A股IPO涉及的政府部门 / 63
一、与发行人直接相关的政府部门 / 63
二、证监会在审核中涉及的政府部门 / 67

第六节 A股上市板块的选择 / 67
一、可供选择的板块 / 67
二、企业可以自由选择上市板块 / 68
三、进行板块选择时的考虑因素 / 68
四、结论与建议 / 74

第七节 IPO前股东所持股份的锁定期和减持限制 / 74
一、IPO前股东所持股份的锁定期 / 74
二、锁定期届满后的减持限制 / 79

三、IPO 国有股转持要求不再执行 / 83

第三章 过程 / 86

第一节 确定中介机构与引进私募 / 87
一、选择中介机构 / 87
二、引进私募投资基金 / 94

第二节 A 股 IPO 的必经程序 / 101
一、设立股份公司 / 101
二、辅导与申报材料制作 / 110
三、审核 / 122
四、发行与上市 / 142

第四章 审核 / 149

第一节 A 股 IPO 的审核理念 / 150
一、核心理念之一：实质性审核 / 150
二、核心理念之二：风险导向审核 / 151
三、核心理念之三：多因素综合考量 / 152

第二节 财务审核 / 153
一、财务审核是 IPO 审核的核心 / 153
二、IPO 财务审核的"四轮驱动"模型 / 154
三、"块头"：具备一定的利润水平 / 155
四、"增长"：成长，至少不能下滑 / 163
五、"实在"：防范财务操纵 / 169
六、"持续"：具备持续盈利能力 / 175

第三节 非财务事项审核 / 189
一、独立性 / 189
二、同业竞争 / 194
三、关联交易 / 202
四、实际控制人 / 215
五、股东与股权 / 222
六、出资与资产 / 232
七、规范运作 / 242

第五章 转板 / 264

第一节 我国的多层次资本市场 / 265
一、多层次资本市场的概念 / 265
二、我国的多层次资本市场 / 265

第二节 新三板挂牌 / 268
一、新三板挂牌的基本条件和适用标准 / 268
二、金融类企业新三板挂牌的特殊准入标准 / 276
三、新三板挂牌的程序 / 280

第三节 新三板挂牌公司股票发行 / 287
一、新三板挂牌公司股票发行的特征 / 287
二、新三板挂牌公司股票发行的类型 / 287
三、新三板挂牌公司股票发行的对象 / 288
四、新三板挂牌公司股票发行的程序 / 291
五、新三板挂牌公司股票发行中的特殊事项 / 295

第四节 新三板转板 / 299
一、新三板挂牌公司转板的途径 / 299
二、新三板挂牌公司申报 IPO 审核的两种方式 / 300
三、新三板挂牌公司 IPO 审核中的特殊关注事项 / 301

第六章 未来 / 310

第一节 注册制深度分析 / 311
一、为什么注册制一定要搞 / 311
二、美国的注册制什么样 / 315
三、把中国要搞的注册制说清楚 / 326
四、A 股注册制改革实施的路径 / 331

第二节 实施注册制对 IPO 的影响 / 344
一、对拟 IPO 企业的影响 / 344
二、对股权投资机构的影响 / 346

附录 A 股 IPO 相关文件检索地址 / 349

参考文献 / 350

第一章

总　述

第一节　上市的本质与好处

第二节　上市的约束与中国特色的上市"成本"

第三节　A股上市的方式

第四节　IPO：当前A股资本运作的主风口

第一节 上市的本质与好处

A股IPO，即在A股首次公开发行并上市（以下简称"IPO"），是2017年以来A股资本运作最大的风口。当前也是"中国式上市"新旧两种"游戏方式"（从"核准制"走向"注册制"）的过渡期和传统审核方式最后的"套利期"，当然要重视、重视再重视，珍惜、珍惜再珍惜。这也成为本书成书的缘起。

在具体谈论A股IPO之前，首先有必要把"上市"这一大家都能聊几句却不一定能理解透彻的概念简明扼要地说清楚。

一、上市的本质

很多人提起上市，立马就会想到融资、公司治理、资本运作平台等概念。但这些是上市的功能，或者说是上市的收获、上市的好处，却不是上市的本质。

那么，上市的本质是什么呢？

就我看来，上市的本质是将企业未来多年的预期利润变成现在的资产。

因为，一个企业今天的价值是它以后创造的利润的总和。当然，从严谨的角度看，正确估价一家企业，还要把未来现金流折算成今天的价值，因为相同额度的资金现值要比期值更有价值。如果不考虑资金的时间价值，从简化的角度看，认为一个企业现价的价值就是未来创造的利润的总和也是可以的。

上市，由于赋予了流通性，使得这个价值更加清晰地显现出来。

未来收益变现+流动性溢价，这其实才是上市的本质，也是上市的魔力之根本所在。

具体来说，上市的魔力就在于两点：其一，将未来的预期利润折现；其二，将静止的资产盘活，获得流动性。

把这个弄清楚了，也就好理解市值的概念了。**上市公司的市值 = 净利润 × 市盈率**，或者说：**每股股价 = 每股净利润 × 市盈率**。反过来也可以说，理解了市值的概念，也就能够对上市的本质有更清晰的认识。

这个公式从另一个角度表达，则是**市盈率 = 市值 / 净利润**（**市盈率 = 每股股价 / 每股净利润**）。市盈率其实就清晰地表达了市场对公司未来的预期。

二、上市对拟上市企业的好处

1. 募集资金

在可预期的时间内，通过发行股票可一次性募集规模较大——相当于企业数年经营积累才能取得的资金。通过对募集资金的合理使用，企业能够获得超越同行的快速发展契机。

2. 获得持续、稳定的融资渠道

上市公司信用资质较高，更有利于获得银行贷款。更重要的是，企业可以通过在资本市场持续再融资获得源源不断的发展资金，实现直接融资与间接融资两条腿走路，有效降低融资成本，降低对银行的依存度，特别是可以避免宏观调控加强、银行信贷收缩时的不利局面。

目前上市公司再融资的手段包括股权融资（例如配股、公开增发、非公开发行）、债权融资（例如公司债券）、混合融资（例如可转换债、优先股）、结构融资（例如企业资产证券化，即 ABS 等）等。

3. 改善财务结构

通过上市募集资金，改善财务结构，降低资产负债率，提高抗风险能力。

4. 健全企业法人治理机构

完善公司治理机制，为企业成为"百年老店"，为企业"从优秀到卓越"提供制度保障,也有利于引进职业经理人,方便解决接班人问题。

5. 获得资本运作平台,合理使用外部交易扩张型发展战略

企业除了可以用募集资金直接收购竞争对手和上下游企业,还可以用自身的股权为支付手段,通过换股的方式进行收购。这时,上市公司新发行的股票相当于购买其他公司的一种"货币",上市公司的这种能够增发股票的权利也被市场视为一种"铸币权"。

6. 借助资本市场建立有效的股权激励机制

无论是国有企业还是民营企业都可以通过适当的股权激励设计(例如股票期权、限制性股权、股票增值权等)来吸引人才,提高公司经营绩效。

7. 提升市场形象,获得宣传平台

上市对企业而言是巨大的无形资产,具有强大的广告效应。在发行过程之中,通过市场推介活动,可以向资本市场及广大投资者展现企业的综合实力;之后的挂牌交易及持续信息披露也可以持续展示企业形象。此点对于消费类企业尤其有意义。

8. 有效提升企业地位

上市能有效提升企业地位,使其无论是在日常运行还是在遭遇危机时更容易获得政府支持。此点对于民营企业尤其有意义。

9. 取得综合性的竞争优势

综合利用以上手段,取得相对于竞争对手的竞争优势。国内钛白粉行业上市公司佰利联(002601,现更名为龙蟒佰利)收购行业龙头龙蟒钛业即是一个典型的例子,参见案例1-1。

○ **案例1-1 先行IPO的佰利联"蛇吞象"收购龙蟒钛业**

龙蟒钛业在国内钛白粉行业排名第一,佰利联排名第二。两家企业

都谋求在 A 股上市，并均提交了上市申请。佰利联于 2011 年顺利实现 IPO 上市。龙蟒钛业的申请被否决，未能实现上市。佰利联 2015 年 6 月公告以非公开发行募集现金的方式收购龙蟒钛业。当时，佰利联的市值为 69 亿元，通过该次非公开发行共募集现金 103 亿元，其中 90 亿元用于收购行业老大龙蟒钛业。龙蟒钛业承诺未来三年扣除非经常性损益后的净利润达到人民币 7 亿元、9 亿元和 11 亿元。从这个估值（已上市的佰利联市值 69 亿元，未上市的龙蟒钛业估值 90 亿元）也可以看出，龙蟒钛业的规模比佰利联大得多。

该项收购交易于 2016 年顺利完成。收购龙蟒钛业之后，佰利联钛白粉年产能达 56 万吨/年，一举成为亚洲第一、世界第四的钛白粉企业，国内市场占有率达 15.88%，全年出口量占全国出口量比例约 39.01%。根据公司 2017 年半年报，全公司净利润 13.11 亿元，其中龙蟒钛业实现了 11.8 亿元，占比达到 90%。

显然，如果佰利联没有率先获得上市公司地位，无法借力上市公司的融资手段，这一"蛇吞象"的交易是不可能发生的。

三、上市对拟上市企业股东的好处

1. 迅速提升财富价值

企业上市以前，股东的财富价值一般通过净资产计算，而上市之后其价值通过二级市场市值计算，股东的财富价值将获得巨大增值。

2. 增强资产的流动性

通过资产证券化，流动性大大增强，股东可以更方便地在公开市场出售股权。

3. 分散风险，控制更多资源

分散投资风险，利用资本杠杆控制更多资源。企业在改制上市过程中既可以通过股权转让或增资扩股引进战略投资者，又可以引进成千上万的公众投资者。在控制权没有转移的情况下，控股股东达到了转嫁和分散风险的目的；同时可以通过层层控股的方式将触角伸得更远、更广，以有限的资金去控制更多的资产或资源。

4. 利用所持股权便利地实现股权质押融资

上市公司股东可以将所持有的上市公司股权非常便利地通过证券公司进行股票质押融资。相对于通过商业银行进行股权质押融资，证券公司提供的股票质押融资是一种场内交易模式，程序非常简便。

5. 利用所持股权进行债权融资

当企业为公司制形式时，股东可以通过发行可交换公司债券（exchangeable bond，EB）方式实现减持公司股权或者利用股权质押融资。可交换公司债券是公司债券的一种特殊形式，是指持有上市公司股份的股东发行的在一定期限内依据约定的条件可以交换成该股东所持有上市公司股份的公司债券。通过 EB 有序减持，可以减少对二级市场的直接冲击，避免折价减持。通过发行 EB 募集资金，融资规模一般要大于股票质押融资方式，且一般利率更低，期限更灵活。

6. 构筑良好的退出平台

上市可以构筑良好的退出平台，在需要的情况下方便股东顺利退出。

7. 有效提升大股东（一般是企业创始人）的政治地位与社会地位

上市公司对于中国大多数地区还是稀缺资源，企业上市往往能有效提升企业创始人的政治地位与社会地位。

第二节 上市的约束与中国特色的上市"成本"

这里谈的是约束，而非通常情况下与"好处"相对应的"坏处"。

原因在于，上市本身其实并没有多大坏处，只是要受到一些拘束，而且从长远讲，这些约束也可能具有一定的价值。

例如，上市或许会影响企业决策的效率，但这有助于保证决策的安全性。当一个企业从创业期开始走向百年老店时，这些机制至关重要。又如，上市也许会让你觉得信息披露烦琐甚至有商业秘密泄露的风险，但也有利于传递投资故事，赢得公众信赖，从而有助于提升市值。

经常有人把上市说成"万恶之源"，其要么是在开玩笑，要么就只能理解为"入戏"太深，揣着明白装糊涂了。

一、上市对拟上市企业的约束

1. 必须建立规范的公司治理结构

根据规范法人治理结构的要求，需要规范"三会"运作、增设独立董事，重大决策须履行一定程序。规范公司治理在降低决策风险的同时，也可能增加决策成本，降低决策效率。

2. 公司运作行为必须规范

上市公司须建立规范的内控制度，包括但不限于在财务、税务、员工社会保障以及环保等方面严格执行公司相关规定。原有的非上市企业可能存在的"灰色空间"丧失，在长远利好公司发展的同时，可能增加公司运行成本。

3. 严格和持续的信息披露

上市公司必须严格遵守相关规则指引，真实、准确、完整地披露信息。信息披露的严格可能增加公司的成本，还可能影响公司的竞争力。

4. 公司面临的经营压力会增加

上市公司可能面临来自机构投资者和中小股东对于业绩增长和股价表现的压力。

二、上市对拟上市企业大股东的约束

1. 控制力度下降

控股股东及实际控制人对公司的控制力可能下降，受到的约束增加，必须遵守相关行为指引，依照法律法规以及上市公司章程的规定参与公司治理与决策，善意行使股东权利，严格履行其做出的各项承诺。

2. 控股股东及实际控制人不得侵害上市公司及其他股东的利益

控股股东及实际控制人不得侵害上市公司利益，不得滥用权力，通过关联交易、利润分配、资产重组以及对外投资等方式损害上市公司及其他股东的利益。

公司一旦上市，便成为公众公司。上市公司大股东不能再将公众公司视为自己的私产，就像不能在街上随便拿公共设施一样。境外上市公司这样的案例很多。例如，香港上市公司创维数码（0751）前董事局主席黄宏生2006年因为侵占上市公司约5100万元利益被香港法院以串谋盗窃及诈骗等4项罪名判监禁6年。⊖

内地《刑法》经修正后也有类似的规定。《中华人民共和国刑法修正案（六）》（2006年6月29日）、《关于经济犯罪案件追诉标准的补充规定》（2008年3月5日）设定有"背信损害上市公司利益罪"，其规定：

上市公司的董事、监事和高级管理人员违背对公司的忠实义务，利用职务便利，操纵上市公司从事损害上市公司利益的行为，以及上市公司的控股股东或实际控制人，指使上市公司的董事、监事和高级管理人员实施损害上市公司利益的行为，涉嫌下列情形之一的，应予追诉：①无偿向其他单位或个人提供资金、商品、服务或者其他资产，致使公司直接经济损失数额在150万元以上的；②以明显不公平的条件，提供或者接受资金、商品、服务或者其他资产，致使公司直接经济损失数额

⊖ 资料来源：新华社香港2006年7月13日电。

在 150 万元以上的；③向明显不具有清偿能力的单位或者个人提供资金、商品、服务或者其他资产，致使公司直接经济损失数额在 150 万元以上的；④为明显不具有清偿能力的单位或者个人提供担保，或者无正当理由为其他单位或者个人提供担保，致使公司直接经济损失数额在 150 万元以上的；⑤无正当理由放弃债权、承担债务，致使公司直接经济损失数额在 150 万元以上的……

3. 控股股东及实际控制人不得利用其身份上的便利进行证券违法行为

控股股东及实际控制人不得利用其身份上的便利进行内幕交易或者操纵市场等证券市场违法行为。

三、中国特色的上市"成本"

这里的上市仅指首次公开发行上市。就目前 A 股 IPO 的发行审核制度而言，在审核环节进行实质性审核，在发行环节设定发行价格上限，这些中国特色的"制度"加上长期形成的一些审核惯例，导致在 A 股进行 IPO 需要付出一些具有中国特色的特殊"成本"。

（一）时间、机会成本

一方面是发行审核节奏与用时不确定，是否能够通过审核不确定；另一方面是在审核期内股权转让、增资扩股、并购重组等均受限，可能严重影响业务发展机会。这是一项难以量化的巨大成本。此外，拟发行人为了迎合审核，也可能被迫或者主动放弃商业模式更新与迭代的机会。

这是因为，A 股 IPO 发行条件之一是股权清晰，通常要求申报发行申请后，企业的股权结构不能发生变动。这样就限制了发行人在审核期间进行股权融资。A 股 IPO 另一个重要的发行条件是要求发行人三年内主营业务不能发生重大变化（创业板要求两年）。这里的变化既包括质的变化（变化行业），也包括量的变化（并购重组）。监管部门的窗口指导指出，如果发行人购买第三方资产超过发行人同类指标20%以上，就会被要求延长运行期限（除遵守原有的持续运行三年的要求之外，增加要求自该项收购交易完成之日起至少运行一年；如果达到50%以上，则要运行两年）。另外，发行条件里将发行人经营模式、产品或服务的品种结构发生重大变化视为可能影响持续经营能力的因素之一。

也就是说，只要上报了IPO申报材料，那么在证监会审核期间里，该企业不能进行股权融资、不能进行大的并购重组，基本只能依靠内生发展。在IPO排队企业众多、审核与发行进度不正常的时期（例如2012～2014年申报的企业普遍需要历时三年以上），这一情况可能对企业的发展带来重大影响。2014年5月9日证监会新闻发言人也指出："此前证监会曾提醒新申报企业综合判断审核进程和企业成本等情况，审慎选择申报时间。"

此等状况在2017年得到很大缓解。以2017年年底的情况看，审核速度是最近五年以来最快的时期，发行人正常情况下能够在一年以内的时间完成从申报到发行的全过程。

（二）发行价格抑制带来的股本摊薄成本

当前A股IPO发行价格的上限被限定为不超过发行前最后一个会计年度23倍的市盈率。而且，这个市盈率是考虑新发行股份之后的摊薄市盈率，也就是说，以发行价格上限除以发行前的股本，是低于23倍的。考虑到A股市场大部分行业的二级市场估值还是偏高，且消除A股IPO发行的"管制溢价"还需要一定时间，普遍认为这一发行价格上限的设定压低了发行价格。无风险的新股申购、上市后的连续涨停也证明了这一点。

监管层对发行价格上限的设定,实际是让发行人让利于市场,以获取市场和社会对于 IPO 加速发行的更大公约数理解和支持。

(三)"过度"审核带来的商业秘密、客户渠道损耗

股票发行审核须进行详细的信息披露,这本来是正常的事。成熟市场也一样。但由于当前 A 股 IPO 审核仍然是事前审核,为了抑制造假行为的发生,审核中对于财务核查的要求越来越高,包括对于财务信息的披露程度要求越详细,对供应商、采购商的核查也越来越烦琐。

例如,在实践中,为了防止利用关联方输送利润,设计"假"的"真交易",对客户股权结构、关联关系等的详尽核查就可能让客户反感,特别是海外客户更是难以理解。

这些均构成了当前 A 股 IPO 上市的特殊"成本"。考虑到目前 IPO 是新旧两种游戏方式的过渡融合期和最后的"套利期",对于多数企业,特别是传统行业企业而言,抓住这最后的机会,仍然是利远远大于弊的。

第三节 A 股上市的方式

一、上市的三大方式:IPO、借壳上市、"卖身"上市

这里的"上市"指的是企业资产在我国 A 股市场(沪深交易所)实现证券化的过程。

现在有三种上市的方式可以选择,分别是:① IPO(指首次公开发行);②借壳上市(指取得既有上市公司控制权,并将自身公司资产置入这一上市公司);③"卖身"上市(指接受上市公司股权作为支付手段,将企业出售给上市公司)。

前两种方式是市场惯有的说法,最后一种是笔者的"发明"。前两种方式均能使原股东保持或者获得上市公司的控制权,后一种方式只能使原股东成为上市公司的小股东。第一种上市方式——IPO 是一种直接上市方式;后两种上市方式都是间接上市方式,依托于已有的 A 股上市公司。

这三种上市方式的具体描述及区别如表 1-1 所示。

表 1-1 三种上市方式的具体描述及区别

方式	过程描述	公司控制权归属
IPO	发行人发行股份并直接在交易所上市	证券化后,原大股东继续掌握公司控制权,发行人同时获得融资
借壳上市	借壳方取得已上市公司的控制权并将自身资产注入该公司	证券化后,借壳方获得上市公司的控制权,但上市公司不能同时获得融资
"卖身"上市	以原拥有的资产换取已上市公司的新发行的股权	证券化后,原股东拥有的资产被上市公司控制,原股东成为上市公司的小股东

二、借壳上市

(一)"实质意义上"的借壳上市与"监管意义上"的借壳上市

1. 区分"实质意义上"的借壳上市与"监管意义上"的借壳上市

借壳是大家熟悉的概念,但要弄清楚这个主题,首要的是需要区分"实质意义上"的借壳上市与"监管意义上"的借壳上市。

"实质意义上"的借壳上市是商业概念,注重的是经济实质。只要符合以下两个要件,就构成"实质意义上"的借壳上市。

第一,借壳方(收购方)获得壳公司(上市公司)的控制权。如果借壳方未获得交易后壳公司的控制权,则属于"卖身上市",不是借壳。

第二,借壳方(收购方)将自有资产置入壳公司(资产置入)。如果借壳方仅仅单纯取得上市公司控制权,未置入资产,则属于单纯的收购上市公司,不是借壳。

"监管意义上"的借壳上市则属于根据监管部门制定的相关规则而认定的借壳上市。也就是说,只有达到了监管部门规定的借壳认定标准的借壳交易才属于"监管意义上"的借壳上市。一般而言,"监管意义上"的借壳上市的范围小于"实质意义上"的借壳上市。其中间那些属于"实质意义上"的借壳上市但不构成"监管意义上的"借壳上市一般被称为"类借壳"。

2016年9月中国证监会修订后的《上市公司重大资产重组办法》首次把"监管意义上"的借壳上市命名为"重组上市",并且修订了构成"重组上市"的标准。至此,在A股资本市场,凡是说"重组上市"就是指"监管意义上"的借壳上市。

也就是说:重组上市("监管意义上"的借壳上市)+"类借壳"="实质意义上"的借壳上市。

2. 加强监管,收紧借壳是全球趋势

由于IPO涉及公开发行股票,涉及社会公众利益,无论是成熟的资本市场还是新兴的资本市场均要对其进行干预。而在过去,各国监管部门把借壳通常归类为并购重组行为,监管较松。这使得一部分企业通过借壳的方式刻意规避IPO的审核与监管,出现了很多对于投资者不利的恶性问题。各国监管部门也逐渐认识到,借壳上市的经济实质并不是既有上市公司的并购重组行为,而是借壳方实现自身资产证券化的行为,所以其在性质上更类似于IPO,也应该受到相对严格的监管。

鉴于这一认识,各国监管部门近年来均在采取措施收紧对借壳的监管。例如,美国证监会于2011年11月对通过反向收购(实施"借壳上市"的一种常用具体手段)在美国上市的公司采用了新的严格监管规定。我国香港地区近年来也出台多项举措,一直对借壳的监管持收紧态度。

中国证监会对于借壳上市的监管政策也经历了一个逐步趋紧趋严的过程。首先，中国证监会2011年8月修改规则，对构成"监管意义上"的借壳交易实施与IPO趋同化的监管。其次，2013年11月进一步颁布《关于在借壳上市审核中严格执行首次公开发行股票上市标准的通知》，将"趋同"升级为标准相同的"严格执行"。最大的变化出现在2016年。中国证监会出台了最为严厉的措施，对构成"监管意义上"借壳的要件进行了更为细化的规定，严防一切规避行为。

分析各主要经济体资本市场针对借壳的收紧措施，主要包括两个方面：其一，严格界定借壳的认定标准（完善构成"监管意义上"借壳的要件）；其二，对构成借壳要件的交易施以严格的监管措施，例如等同于IPO审核。

(二) 我国现行对重组上市（"监管意义上"的借壳上市）的政策要求

1. 构成"重组上市"的标准

2016年修订的《上市公司重大资产重组管理办法》对构成重组上市（"监管意义上"的借壳上市）的标准进行了修订。修订的总体出发点是严格标准，压缩过去一些构成"实质意义上"的借壳但通过一些技术手段处理后不构成"监管意义上"的借壳交易的运作空间，尽量减少这种"类借壳"或者"规避借壳"交易的发生。

根据修订后的标准，同时具备以下两个条件构成重组上市：其一，上市公司控制权发生变更；其二，上市公司新的实际控制人（借壳方、收购人）置入上市公司的资产达到一定标准（设置的标准较多，达到其中任意一条即触及）。

（1）上市公司控制权发生变更，即交易前后上市公司控制权发生变更。《上市公司重大资产重组管理办法》(2006年)规定：控制权按照《上市公司收购管理办法》第八十四条的规定进行认定。上市公司股权分散，董事、高级管理人员可以支配公司重大的财务和经营决策的，视为具有上市公司控制权。

根据该条规定，在一般情况下根据《上市公司收购管理办法》的规定进行控制权的认定。该法规规定有下列情形之一的，为拥有上市公司控制权：投资者为上市公司持股 50% 以上的控股股东；投资者可以实际支配上市公司股份表决权超过 30%；投资者通过实际支配上市公司股份表决权能够决定公司董事会半数以上成员选任；投资者依其可实际支配的上市公司股份表决权足以对公司股东大会的决议产生重大影响；中国证监会认定的其他情形。

针对《首次公开发行股票并上市管理办法》第十二条"实际控制人没有发生变更"的理解和适用的《证券期货法律适用意见第 1 号》（2007 年）也对公司控制权变更问题进行了规定。其认为：控制权是能够对股东大会的决议产生重大影响或者能够实际支配公司行为的权力，其渊源是对公司的直接或者间接的股权投资关系。因此，认定公司控制权的归属，既需要审查相应的股权投资关系，也需要根据个案的实际情况，综合对发行人股东大会、董事会决议的实质影响，对董事和高级管理人员的提名及任免所起的作用等因素进行分析判断。

实践中，如果持有、实际支配上市公司股份表决权比例最高的人（通常情况下是第一大股东，即其关联方）发生变化，且变化前后的股东不属于同一实际控制人，除非有确凿的相反证据，否则，一般会被认为上市公司实际控制权发生变更。而且，在审核中，处于谨慎监管的考虑，一般会要求交易前后的大股东不仅不能变，而且新进入的二股东与原大股东的股权比例必须有一定的差距（10% 以上比较稳妥），方能被认可为控制权没有发生变更。

《上市公司重大资产重组管理办法》还对上市公司股权分散的情况进行了专门规定。一些公司股权特别分散，被认定为无实际控制人。交易后,仍然可能被认定为无实际控制人。对这类公司,只要交易前后可以支配公司重大的财务和经营决策的董事、高级管理人员发生变化的,仍然构成上市公司实际控制人变更。

另外,为了不妨碍上市公司正常的资本运作,《上市公司重大资产重组管理办法》不再将向控制权变更已超过60个月的上市公司注入资产视为重组上市。这是因为,时间已经足够长,足以避免利用此项规定来规避监管的情况,而且上市公司的控制关系已经足够稳定,不应再影响其正常的资本运作。

(2)收购人(变更后的控股股东、实际控制人或者其控制的关联人)向上市公司注入的资产触及标准。资产注入触及标准可以分为三个层次七项标准,达到其中任何一项即触及。

第一个层次为五项100%财务指标,即资产总额、资产净额、净利润、营业收入以及对价股份占原股本的比例(触及之一即构成),具体为:

第一项 购买的资产总额占上市公司控制权发生变更的前一个会计年度经审计的合并财务会计报告期末资产总额的比例达到100%以上;

第二项 购买的资产在最近一个会计年度所产生的营业收入占上市公司控制权发生变更的前一个会计年度经审计的合并财务会计报告营业收入的比例达到100%以上;

第三项 购买的资产在最近一个会计年度所产生的净利润占上市公司控制权发生变更的前一个会计年度经审计的合并财务会计报告净利润的比例达到100%以上;

第四项 购买的资产净额占上市公司控制权发生变更的前一个会计年度经审计的合并财务会计报告期末净资产额的比例达到100%以上;

第五项 为购买资产发行的股份占上市公司首次向收购人及其关联人购买资产的董事会决议前一个交易日的股份的比例达到100%以上。

第二个层次为导致上市公司主营业务发生根本变化的标准。具体指上市公司向收购人及其关联人购买资产虽未达到前面五项标准，但可能导致上市公司主营业务发生根本变化。

第三个层次为证监会认定可能导致上市发生根本变化的标准。这其实赋予了监管部门一个进行实质性判断的兜底条款。

此外，《上市公司重大资产重组管理办法》还规定，未经中国证监会核准擅自实施重组上市，交易尚未完成的，中国证监会责令上市公司补充披露相关信息、暂停交易并按照本办法第十三条的规定报送申请文件；交易已经完成的，可以处以警告、罚款，并对有关责任人员采取市场禁入的措施；涉嫌犯罪的，依法移送司法机关追究刑事责任。也就是说，如果构成了重组上市的标准，而上市公司按照非重组上市的规范进行了交易，证监会还拥有叫停及"秋后算账"的权力。

通过这样的严格规范，"实质意义上"的借壳上市要想规避标准而避免被认定为重组上市，难度大为增加。

2. 对重组上市的监管要求

监管部门之所以要严格重组上市的构成标准，是因为过去有很多交易通过各种手段规避原有标准，以避免被认定为重组上市，而成为一种"类借壳"交易。严格重组上市的标准之后，"类借壳"的空间被大为压缩。之所以很多交易要以"类借壳"的方式进行，是因为一旦被认定为重组上市，将面临严格的监管，具体来说，包括以下几个方面。

（1）重组上市的审核要求相比上市公司一般性的重大资产重组更加严格。

除满足重大资产重组的一般要求外，还要求：

其一，上市公司购买的资产对应的经营实体应当是股份有限公司或者有限责任公司，且符合《首次公开发行股票并上市管理办法》规定的其他发行条件。

其二，上市公司及其控股股东、实际控制人不存在因涉嫌犯罪正被司法机关立案侦查或涉嫌违法违规被中国证监会立案调查的情形，或者涉嫌犯罪或违法违规的行为终止已满36个月；上市公司及其控股股东、实际控制人最近12个月内未受到证券交易所公开谴责，不存在其他重大失信行为。

其三，不存在证监会认定的可能损害投资者合法权益，或者违背公开、公平、公正原则的其他情形。

（2）不允许实施重组上市的情况。

在部分情况下，不允许进行重组上市交易。

第一，创业板上市公司自控制权发生变更之日起，向收购人及其关联人购买资产，不得导致构成重组上市，即创业板上市公司不得成为重组上市的"壳公司"。

第二，上市公司自控制权发生变更之日起，向收购人及其关联人购买的资产属于金融、创业投资等特定行业的，由中国证监会另行规定。由于监管部门一直没有对金融、创业投资等行业的特殊规定，这些行业实际上不允许进行重组上市。

（3）借壳上市不允许募集配套资金。

根据《上市公司重大资产重组管理办法》（2016年）的规定，上市公司发行股份购买资产的可以同时募集部分配套资金，但构成重组上市的除外。

在借壳上市新规实施前，借壳允许同时配套融资，即上市公司向标的资产的股东发行股份收购资产的同时，还可以发行股份募集现金。根据当时非公开发行的定价机制，配套融资的发行价格可以根据上市公司公告借壳停牌前的市价确定。由于借壳消息公布后，上市公司股价一般会大幅上涨，能够获得配套融资认购资格的认购主体有着巨大的利益空间。新规的实施，不仅使得借壳的同时让壳公司获得融资不再可能，也斩断了一条可能伴随利益输送的链条。

（4）锁定期。

根据《上市公司重大资产重组管理办法》（2016年）的规定，构成重组上市的交易，上市公司原控股股东、原实际控制人及其控制的关联人，以及在交易过程中从该等主体直接或间接受让该上市公司股份的特定对象应当公开承诺，在本次交易完成后36个月内不转让其在该上市公司中拥有权益的股份；除收购人及其关联人以外的特定对象应当公开承诺，其以资产认购而取得的上市公司股份自股份发行结束之日起24个月内不得转让。

锁定期的延长，既涉及上市公司原控股股东，也涉及拟注入上市公司标的资产的其他股东，目的同样是缩小利益输送空间，减少原控股股东与标的突击入股方的短期获利行为。

该条修订对整个借壳市场的"生态环境"的影响极大。由于原大股东不能短期通过在二级市场减持来获得收益，因此其就会要么要求高溢价转让存量股份（当前就获利离场），要么就要对卖壳时的资产重组的实际与长期效果要求极高（这样才能保证锁定期届满后能通过减持股份获利）。这一诉求增加了借壳交易的博弈难度。

3. 新规实施之后的效果

在2017年3月24日中国证监会的新闻发布会上，证监会新闻发言人指出：

2016年，针对市场存在的壳资源炒作、壳公司股价扭曲、市场功能的正常发挥受限等问题，我会修订了《上市公司重大资产重组管理办法》，严格了重组上市（俗称借壳）认定标准，加大了对交易各方的市场约束，比如重组上市项目不允许配套融资，相关股东锁定期更长等。实践证明，办法的修订行之有效，避免了炒壳等破坏性行为对市场的伤害，促进了市场估值体系理性回归。2016年证监会核准的重组上市项目19单，比2015年下降49%。

由于是否构成重组上市，在政策上有较大差异，部分上市公司或交易对象规避的动机更为突出。最近在并购重组中出现了一些新现象，有的突击打散标的资产股权，有的刻意把大量表决权委托给他人，还有的通过定向锁价配套融资，来规避实际控制人变更的认定，进而逃避重组上市监管。对于此类情形，我会依规认定其构成重组上市，目前，已有9单此类项目终止了重组。

此外，前段时间有4家涉及控制权变更且注入资产的重组方案相继被并购重组委否决。这些方案的共同特征是，向一方转让上市公司控制权，同时或随即向非关联的其他方"跨界"购买大体量资产，新购买的资产与原主业明显不属于同行业或上下游。由此，上市公司在很短时间内不仅变更了实际控制人，还对原主业做了重大调整，在控制权稳定、持续经营能力等方面存在重大不确定性，比典型的重组上市更复杂多变，需要从严监管。

下一步，我会将按照"依法、全面、从严"监管的要求，进一步加强并购重组监管，及时分析研判并购市场的新情况、新问题，完善规则，重点遏止"忽悠式""跟风式"和盲目跨界重组，严厉打击重组过程的信息披露违规、内幕交易等行为，更好地引导并购重组服务实体经济，抑制"脱实向虚"。㊀

由中国证监会的以上表态可以得出以下两个结论。

其一，修订《上市公司重大资产重组管理办法》，加严对重组上市监管已经取得了成效；

其二，证监会将继续加强监管，打击新出现的试图规避重组上市监

㊀ 资料来源：中国证监会官网"2017年3月24日新闻发布会"（http://www.csrc.gov.cn/pub/newsite/zjhxwfb/xwfbh/201703/t20170324_314130.html），访问于2017年12月28日。

管的新型"类借壳"行为。

(三)"借壳上市"的优劣势分析及企业选择"借壳上市"的原因

1."借壳上市"的优劣势分析

"借壳上市"的优劣势分析详见表 1-2。

表 1-2 "借壳上市"的优劣势分析

		2016 年借壳新规实施前	2016 年借壳新规实施后
优势	1.相对于 IPO,审核时间短(排队时间短)	借壳新规实施前,也是 A 股 IPO"堰塞湖"问题最严重的时期。相较于当时 A 股 IPO 3 年以上的审核时间,借壳不到 1 年的审核时间有明显优势	2016 年第四季度以来,随着 IPO 审核与发行的常态化,排队企业数量明显减少,审核时间明显加快到 2017 年年底,已基本可以实现 1 年内完成审核,借壳对 IPO 的时间优势已经不明显
	2.审核相对宽松,通过确定性高	尽管审核条件适用与 IPO 相同的条件,但从审核实践看,构成重组上市的项目(非"类借壳")审核通过难度与确定性仍然小于 IPO	
	3.便于利益输送	通过当时配套融资的定价机制、配套融资的对象选择、突击入股标的资产、原上市公司控股股东保留部分股权短期套现等方式,可以灵活地进行一些利益安排	新规不再允许配套融资、新设锁定期和对锁定期予以延长的措施大大压缩了利益输送的空间
劣势	1.须付重组成本和借壳成本,包括但不限于直接和间接支付的"壳费"、壳公司原有股东的摊薄效应等	通过多种利益输送方式和安排,可以灵活地对"壳费"及相关方(例如撮合方等)的利益进行安排,有助于减少直接的"壳费"支出等	一方面,利益输送与安排空间的缩小可能会增大直接"壳费"与重组成本 另一方面,随着 IPO 常态化与二级市场不当炒作行为的被遏制,"壳价格"呈下降趋势
	2.可能遭受潜在损失	壳公司如果不是"净壳",借壳后可能受其原有不良及"有毒资产"影响。即便壳公司被处理为"净壳",仍然可能受到或有负债等的影响而受到损失	
	3.上市公司(壳公司)不能同步募集资金或者募资规模受到限制	新规实施前,壳公司可以同步募集配套资金,但募资规模和募资用途均受到限制	重组上市不允许配套融资。上市公司如果有融资需求,只能在重组上市完成后通过上市公司再融资方式重新申请行政许可

2.企业选择"借壳上市"的原因分析

企业选择"借壳上市"的原因分析详见表 1-3。

表 1-3 企业选择"借壳上市"的原因分析

路径	对象	原因
IPO	具备 IPO 条件的企业	—
重组上市	具备 IPO 条件的企业	审核时间与排队时间较短；审核通过的确定性更大
"类借壳"（通过各种手段避免被认定为重组上市）	1. 不具备 IPO 条件的企业	由于壳价值的存在，虽然借壳标的资产的平均资产规模与盈利能力远高于 IPO 标准，但是仍然可能存在不符合 IPO 条件的情况，例如①财务条件不满足，周期性行业或者新经济企业，当前利润水平高但历史条件不满足；②持续经营条件不满足，持续经营时间三年以上及三年报表，三年（创业板两年）内实际控制人未变更，董事、高管及主营业务无重大变化
	2. 拟借壳的壳公司是创业板公司	创业板公司不允许被借壳（重组上市）
	3. 拟用于借壳的资产是金融资产	金融资产目前不允许借壳（重组上市）

三、"卖身"上市

（一）"卖身"上市的含义

1. "卖身"上市的内涵

"卖身"上市是指企业的股东接受上市公司股权作为支付手段，将企业出售给上市公司。

其有两个特征：其一，企业的股东将企业的产权实现了"证券化"，变成了上市公司的股权，因此是"上市"；其二，企业的股东获得的是上市公司的少数股权，其并不能通过控制上市公司而实现对原有企业的控制，因此是"卖身"。

如果企业的股东接受上市公司或者其他方的现金作为支付手段，那就是单纯的出售股权，不是"卖身"上市，因为没有实现证券化。

举一个简化的案例对此进行说明。甲拥有一个企业 A 100% 的股权，A 去年实现净利润 5000 万元。B 是一个上市公司，总股本 1 亿股，每股市价 20 元，则市值为 20 亿元。乙是 B 的控股股东，持有 7000 万股，持股比例为 70%。B 计划向甲收购 A 的全部股权。经谈判，A 的全部股权估值按照去年净利润的 10 倍，定价为 5 亿元。如果 B 以现金收购 A 全部股权，收购后 A 成为 B 的全资子公司，甲获得 5 亿元现金，这就是一个单纯的上市公司现金收购资产的行为。但如果 B 以新发行股份的方式收购 A 的全部股权，即按照市价 20 元新发行股份 2500 万股，以此作为对价来收购 A 的全部股权，则构成了 A 的"卖身"上市。交易后，A 同样成为 B 的全资子公司，B 的总股本由 1 亿股变成 1.25 亿股，乙仍然持有 7000 万股，持股比例由 70% 下降为 56%，但仍然是控股股东。甲获得 B 的 2500 万股股权，持股比例为 20%。在这个案例里，甲将所拥有的企业以获得股份对价的方式出售给上市公司，实现了资产的"卖身"上市。而上市公司 B 则是以换股收购的方式获得了企业 A，是一个上市公司以股份支付对价为手段的收购资产的行为。该案例可示意为图 1-1。

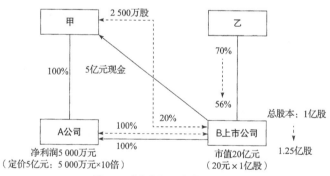

图 1-1 "卖身"上市案例示意

换言之，上市公司换股收购资产与资产"卖身"上市是一个交易的两面。

从上市公司角度讲，是换股收购，即以股权而不是现金为支付手段，并购其他企业。由于企业上市后，获得了可以随时流通与交易的上司公司股权，类似于一种可以用作收购别人的"货币"。在经济学上，公司上市即拥有了类"铸币权"。在成熟市场，对于上市公司而言，"股权"或者"股权+现金"是最主要的并购支付手段。我国 2005 年修订

《中华人民共和国公司法》(以下简称《公司法》)、《中华人民共和国证券法》(以下简称《证券法》)后,允许上市公司进行针对特定对象的"非公开发行",换股收购也开始成为中国资本市场的重要工具。

从被收购资产的股东角度讲,是用企业股权换取收购方(上市公司)的股权,实现了"卖身"上市。

2. "卖身"上市与借壳上市的区别

"卖身"上市与借壳上市的共同点在于都是通过一个已上市的既有上市公司实现了资产的证券化;区别在于交易后对上市公司的控制权不同。借壳上市后,原股东能够获得上市公司的控制权,而"卖身"上市不能。

将上面的案例改造一下。上市公司 B 的情况不变,总股本 1 亿股,每股市价 20 元,则市值为 20 亿元。乙是 B 的控股股东,持有 7000 万股,持股比例为 70%。甲拥有一个企业 A 100% 的股权也不变,但 A 去年实现的净利润是 2.5 亿元。B 仍然通过新发行股份的方式换股收购 A 的全部股权。A 的估值水平不变,仍然是 10 倍市盈率,交易价格则为 25 亿元。那么,B 需要新发行 1.25 亿股。交易后,A 同样成为 B 的全资子公司,B 的总股本由 1 亿股变成 2.25 亿股,乙仍然持有 7000 万股,持股比例由 70% 下降为 31%。而甲获得 1.25 亿股,持股比例为 56%,成为上市公司的新控股股东。此案例可以示意为图 1-2。

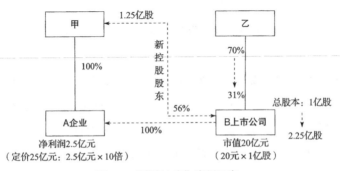

图 1-2 "借壳上市"案例示意

在这个案例里,同样是上市公司换股收购资产,但由于 A 的体量太大,甲所获得的股份对价过多,使得甲获得了上市公司 B 的控制权。这样,就不再是企业 A "卖身"上市,而是甲实现了将其拥有的企业 A 借壳上市。这个交易,一般也被称为"反向收购",因为它看似是上市公司收购资产,但其实是上市公司控制权变更,上市公司被他人收购了。"反向收购"是借壳上市的常见形式。

从这个案例可以看出,区分"卖身"上市还是借壳上市,不在于交易的法律形式(法律形式都是上市公司换股收购资产),而在于经济实质。

下面具体分析一个"卖身"上市的实例。这也是中国 A 股历史上第一单"卖身上市"(联银通科技"卖身"上市),同时也是 A 股上市公司第一单换股收购资产(东华合创换股收购联银通科技)。此案例可示意为图 1-3。

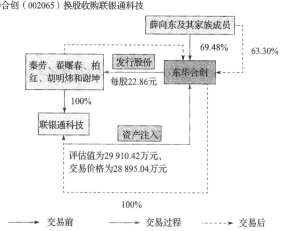

图 1-3 东华合创换股收购联银通科技示意

东华合创(现名东华软件,是中小企业板上市公司)以定向发行股份为支付对价(换股收购)收购秦劳等五名自然人所持有的联银通科技

100%股权。交易完成后秦劳等成为东华合创的股东,联银通科技成为东华合创的全资子公司。

联银通科技100%股权的定价:根据《资产评估报告》,评估值为29 910.42万元,交易双方参照该评估结果确定交易价格为28 895.04万元。

定向发行股份的定价原则:按定价基准日(2007年8月23日)前20个交易日股票交易均价确定为每股22.86元。

交易前后上市公司控股权不变:交易前,薛向东及其家族成员合计持有东华合创69.48%的股份,为公司实际控制人。交易完成后,薛向东及其家族成员合计持有东华合创63.30%的股份,仍为公司的实际控制人。

联银通科技股东就联银通科技2007～2009年所实现的净利润做出承诺:2007年净利润不低于3000万元;2008年和2009年净利润分别比上一年增长不低于20%。

若上述业绩承诺未能实现,联银通科技股东同意在次年将其本次认购股份的一部分按其本次认购的比例无偿赠送给东华合创的全部其他股东,赠送的股份总数按照以下公式计算:

赠送股份总数 = [(当年承诺的净利润 - 当年实际实现的净利润) / 当年承诺的净利润] × 本次认购股份总数

(二)为何"卖掉"是一个选择

"卖身"上市虽然实现了资产的证券化,但毕竟丧失了对原有资产的控制权。那么,为何要选择"卖身"上市呢?

1. 从利益角度考虑,有可能实现资产方与上市公司的"双赢"

资本市场上有句俗语:没有不卖的东西,只有不卖的价格。也就是说,对于资本市场上的标的而言,只要利益合适,卖掉就可以成为选择。

对于标的方的股东而言,将资产"卖身"上市可能有巨大的财富效应,包括两方面:其一,出售时的估值增值;其二,换成上市公司股权后的股权增值。

这也就是说,在出售资产时,一般以市盈率估值,相较资产的净资产值,通常有很大的增值。而换取上市公司股权时,是以上市公司交易时的股价为基础进行折算的。如果上市公司未来的股价表现良好,相较交易时的价格大幅上涨,那么还可以获得股价增值。

还是以前面的案例为例进行说明。A 企业净利润 5000 万元,其净资产为 1 亿元,按照 10 倍市盈率估值,交易价格是 5 亿元,那么此时的甲的资产增值是 4 亿元。换股价格是上市公司 B 当时的市价 20 元,获得 2500 万股。上市公司 B 的市值是 20 亿元,其净利润是 5000 万元,则市盈率是 40 倍。交易后,上市公司净利润增加到 1 亿元,假设还是 40 倍市盈率,则上市公司市值上涨到 40 亿元,按照 1.25 亿股计算,每股股价为 32 元。那么甲持有的 2500 万股则价值达到 8 亿元,相比 5 亿元又增值 3 亿元。如果将来上市公司 B 业绩持续上涨,股价也继续上涨,则甲所获得的股价增值会更多。

这里需要提醒的是,正是因为"卖身"上市的增值空间来自两块(与现金出售时仅有出售时的增值不同),在选择"卖身"对象时,不仅要考虑其出价,更要考虑上市公司换股价格的合理性、上市公司本身的基本面情况及未来的发展空间。这些决定了"卖身"上市后所获得的上市公司股权的价值及后续增值空间。

2. 解决创业者接班问题

对于部分民营企业而言,随着创始人年龄增长,如果没有儿女或者儿女不愿意接班,将企业出售给上市公司就是一个好的选择。

3. 创业者本身创业目的的多样化

随着市场经济的发展,除了原有的一批不愿意将控制权与经营权分离的老一辈创业者之外,也有很多企业家思想逐渐转化,甚至出现了职业创业者,其创业目的就是将来出售企业。

4. PE(私募股权基金)等的介入、对赌等条款的约束

越来越多的企业在成长过程中获得了 VC(风险投资机构)、PE(私募股权基金)的资金支持。对于 VC,PE 而言,有着明确的"退出"要求,甚至通过对赌条款等对退出时间进行了约定。在这种情况下,除了 IPO 上市,通过换取上市公司股权的方式退出也是一种重要途径。

5. IPO 市场的不确定性

A 股资本市场仍然实施严格的核准制审核,且审核结果与时间具有重大的不确定性。在不能或者不愿意 IPO 的情况下,以"卖身"上市方式实现资产的证券化是一个选择。

6. 获取上市公司的资源支持

对于部分企业家而言,将企业出售给上市公司,虽然丧失了对企业的控制权,但有可能获得上市公司的资源支持,包括资金、管理、供应链以及销售渠道等,而且也可能通过协议等方式继续保留自身对资产一定程度上的经营权。因此,在独占小饼还是超大饼中占一块的抉择中,有可能选择后者。

第四节 IPO:当前 A 股资本运作的主风口

一、A 股 IPO 曾经长期受政策调控影响

IPO 为证券市场提供了上市公司来源。企业通过 IPO 募集资金并上市,不仅是证券市场的"源头活水",也是证券市场融资功能的体现。

A 股证券市场一方面实行核准制审核方式,监管部门对企业是否符合发行上市条件实行实质性审核(目前 A 股的审核方式及实质性审核的

内涵，本书后续部分将详细分析）；另一方面，监管部门对审核与发行速度进行政策性调控。特别是，在 A 股二级市场表现不佳时，通常采用停止 IPO 发行的方式来迎合与取悦市场。尽管二级市场的股价表现取决于多种因素，与 IPO 发行没有直接的关系，但受市场与舆论的影响，监管部门往往通过停发或者控制 IPO 发行速度的方式向市场传递信号。这导致 A 股的 IPO 长期不能实现常态化。A 股 IPO 因政策原因暂停的情况如表 1-4 所示。

表 1-4 A 股 IPO 受政策影响暂停时间详表

	暂停时间	暂停时长
1	1994 年 7 月 21 日～1994 年 12 月 7 日	98 天
2	1995 年 1 月 19 日～1995 年 6 月 9 日	96 天
3	1995 年 7 月 5 日～1996 年 1 月 3 日	128 天
4	2001 年 7 月 31 日～2001 年 11 月 2 日	69 天
5	2004 年 8 月 26 日～2005 年 1 月 23 日	101 天
6	2005 年 5 月 25 日～2006 年 6 月 2 日	264 天
7	2008 年 9 月 16 日～2009 年 7 月 10 日	191 天
8	2012 年 11 月 16 日～2013 年 12 月	约 15 个月
9	2015 年 7 月 4 日～2015 年 11 月 20 日	约 4 个月

二、从 2016 年下半年开始，IPO 大提速

2015 年 12 月，经历了 9 次暂停的 A 股 IPO 第 9 次重启。重启之初，监管部门仍然严格控制 IPO 的发行速度，保持一月一次核发一批 IPO 批文，每批约 10 家的规模。

自 2016 年 9 月以来，监管部门明显对 IPO 的发行予以提速。从"一月一批"约 10 家（2016 年 8 月为 13 家）调整为 9 月和 10 月的"一月两批"（9 月两批分别为 14 家、12 家；10 月两批分别为 14 家、14 家）。从 2016 年 11 月起，调整为"每周一批"，并保持至今。

图 1-4 为 2017 年来 A 股 IPO 信息统计图。

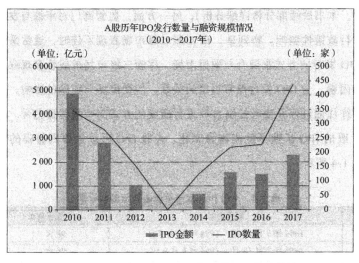

图 1-4 2010 年 1 月～2017 年 9 月 IPO 信息统计

2010～2017 年的 A 股 IPO 的信息详细统计如表 1-5 所示。

表 1-5 2010～2017 年 A 股 IPO 信息统计

年份	板块	2010	2011	2012	2013	2014	2015	2016	2017
家数（家）	主板	25	38	25	0	43	89	103	216
	中小板	204	115	55	0	31	44	46	81
	创业板	117	127	74	0	51	86	78	141
	合计	**346**	**280**	**154**	**0**	**125**	**219**	**227**	**438**
融资总额（亿元）	主板	1 894	1 014	334	0	312	1 087	1 017	1 377
	中小板	2 028	1 019	349	0	198	182	221	403
	创业板	963	777	352	0	160	308	258	522
	合计	**4 885**	**2 810**	**1 034**	**0**	**669**	**1 576**	**1 496**	**2 301**
单只融资额（亿元）	主板	75.76	26.68	13.34	0	7.25	12.21	9.88	6.37
	中小板	9.94	8.86	6.35	0	6.38	4.13	4.81	4.97
	创业板	8.23	6.12	4.75	0	3.13	3.58	3.3	3.70

Wind 统计数据显示，以上市日期进行划分统计，2016 年第一季度新增上市企业有 24 家，第二季度 37 家，第三季度 65 家，第四季度 101

家。进入 2017 年之后,第一季度新增上市企业 135 家,同比 2016 年增长 462.5%;第二季度新增上市企业 112 家,同比 2016 年增长 202.7%。另外,2017 年第一季度也是近三年来单季度新增上市企业最多的季度。

从月度新增上市企业的数量来看,2016 年 11 月和 12 月分别新增上市企业 34 家、45 家。进入 2017 年之后的第一季度、第二季度总共新增企业数量 247 家,相较 2016 年同期分别同比增长 462.5%、202.7%。尽管 2017 年第二季度的新增上市企业数量少于第一季度,但仍处于较高增长水平,是 2016 年同期的 3 倍。

截至 2017 年 9 月 30 日,2017 年前三季度的 IPO 发行数量就已经超过历史最高峰的 2010 年全年。从全年看,2017 年共有 438 家企业实现 IPO,成为历史上 IPO 发行数量最高的一年。

2017 年,发审委共召开 116 场 IPO 发审会,479 家发行人被安排上会审核,数量较 2016 年增长 78%。其中,380 家通过审核,86 家被否决,6 家暂缓表决,7 家取消审核,全年 IPO 审核发审委通过率为 79.33%。考虑到主动撤回企业,2017 年中国证监会共审结 IPO 发行申请企业超过 500 家,全年审结企业数量也大大超过以往任何年度的水平。

明显加速的发行审核节奏,也让 IPO 等待审核(市场一般俗称为"排队")企业的数量由 2017 年年初的 800 多家,降至年底的约 500 家,并在 2018 年第一季度末降到 300 多家。

三、A 股 IPO 审核实现常态化

从审核速度看,2017 年下半年已经基本做到"即审即发",正在向实现"即报即审"努力。"即报即审、即审即发"是中国证监会是目前给予贫困地区企业"绿色通道"的待遇,也是审核常态化的标志。"即审即发"是指企业申报材料通过发审委审核后,履行必要手续后(一般半个月到一个月)即可获得发行批文,无须再另行等待较长时间。"即

报即审"是指企业 IPO 申报材料一经中国证监会受理,即可进入审核程序,企业能够在较快的时间(一般 1～3 个月)里获得反馈意见。如果所有企业均能获得"即报即审、即审即发"的待遇,那就标志着 A 股的 IPO 审核将正式进入常态化阶段。

中国证监会分管发行监管部的主席助理宣昌能 2017 年 11 月底在出席第十届武汉金融博览会暨创业投资大会时进行了题为"提高直接融资比重服务供给侧结构性改革"的演讲。

逐步实现新股发行常态化,优化内部审核机制,提高效率,使得 IPO "堰塞湖"问题逐步消除。2017 年,IPO 企业从发行申请受理到完成上市,平均审核周期为 1 年 3 个月左右,较之前需要 3 年以上的审核周期大幅缩短,直接融资效率显著提升,可预期性增强。2016～2017 年 10 月底,沪深交易所新增上市公司 605 家,合计融资 3411 亿元,IPO 家数和融资规模均居同期全球前列。IPO 常态化发行,为股票发行制度的改革和完善奠定了良好基础。⊖

2017 年 12 月初,宣昌能主席助理在"第四届世界互联网大会"风险投资和互联网产业发展论坛进行了题为"大力发展直接融资 促进社会资本形成"的演讲。

2016 年以来,中国证监会优化股票发行审核流程,严把审核质量关,不断提高审核效率,实现了新股发行常态化,取得积极成效:

第一,2017 年已审结企业数量达历史最好水平。截至 10 月底,2017 年共审结 IPO 企业 503 家,其中核准发行 359 家,预计全年审结企业数量将大大超过以往任何一年水平。核准发行企业数量也将超过 2010 年 347 家的历史最高水平。IPO 家数和融资规模均居同期全球前列。

⊖ 资料来源:中国证监会官网"提高直接融资比重服务供给侧结构性改革——宣昌能主席助理在第十届中国·武汉金融博览会暨中国中部(湖北)创业投资大会上的发言"(http://www.csrc.gov.cn/pub/newsite/zjhxwfb/xwdd/201711/t20171123_327528.html),访问于 2017 年 12 月 28 日。

第二,IPO 审核工作节奏有序,在审企业家数减少。IPO 在审企业数量已由历史最高点的 2016 年 6 月底 895 家,下降到当前 500 家左右的水平,其中大多数(300 多家)为 2017 年新受理企业。预计到 2017 年年底,IPO 在审企业将主要为 2017 年新受理企业,存量企业的排队时间结构相比以前大为改善,成为支持实体经济发展的"源头活水"。

第三,审核周期大幅缩短,市场预期明确。2017 年,IPO 企业从申请受理到完成上市,平均审核周期为 1 年 3 个月左右,较之前需 3 年以上的审核周期大幅缩短,市场可预期性增强。

坚持新股发行常态化,也为风险投资、创业投资提供了便利、畅通的退出渠道,极大地推动了创投行业的迅速发展,吸引大量社会资本流向创新创业活动,为更多初创企业提供了成长和发展的机遇,形成了资本市场与创业投资活动的良性循环,有效促进了社会优质资本的形成,有效助力推进"去杠杆"重点任务。○

随着 IPO 发行的提速和常态化,企业在 A 股 IPO 成为 2017 年资本运作的最大风口。不仅企业积极考虑在 A 股 IPO,众多包括 PE、中介机构(包括保荐机构等)在内的市场参与者也积极参与到 A 股 IPO 中来。

据统计,2017 年前三季度,所投资的企业 A 股 IPO 上市数量最高的前五家 PE 机构分别为:达晨创投、深创投、九鼎投资、金石投资、涌铧投资;IPO 企业数量分别达到 17 家、14 家、12 家、11 家、11 家。

○ 资料来源:中国证监会官网"大力发展直接融资促进社会资本形成——宣昌能主席助理在第四届世界互联网大会风险投资和互联网产业发展论坛上的发言"(http://www.csrc.gov.cn/pub/newsite/zjhxwfb/xwdd/201712/t20171204_328113.html),访问于 2017 年 12 月 28 日。

决 策

第一节 A股IPO的法定条件
第二节 A股上市与境外上市
第三节 行业因素对A股IPO的影响
第四节 A股IPO的发行费用
第五节 A股IPO涉及的政府部门
第六节 A股上市板块的选择
第七节 IPO前股东所持股份的锁定期和减持限制

第一节　A 股 IPO 的法定条件

一、A 股 IPO 发行条件的体系

IPO 的发行条件由三个层次组成。

1. 法律

第一个层次是法律。

《证券法》第十三条第一款规定了公司公开发行新股应当符合的四个条件，包括：①具备健全且运行良好的组织机构；②具有持续盈利能力，财务状况良好；③最近三年财务会计文件无虚假记载，无其他重大违法行为；④经国务院批准的国务院证券监督管理机构规定的其他条件。IPO 属于公司公开发行新股，须满足上述三个条件及《证券法》授权给证监会规定的"其他条件"。

2. 中国证监会的行政规章

第二个层次是中国证监会的行政规章。中国证监会根据《证券法》的授权性规定颁布了《首次公开发行股票并上市管理办法（2015 年修订）》（以下简称《首发办法》）和《首次公开发行股票并在创业板上市管理办法（2015 年修订）》（以下简称《创业板首发办法》），对"其他条件"进行了明确。在主板、中小企业板上市的企业须满足《首发办法》的相关规定；在创业板上市的企业须满足《创业板首发办法》的相关规定。

《首发办法》与《创业板首发办法》均有专节规定"发行条件"。除该节的规定之外，其余部分的规定也有可能在实质上体现为发行条件。例如，《创业板首发办法》与《首发办法》不同，没有在"发行条件"中规定影响持续盈利能力的情况，但在第六条要求保荐人及其保荐代表人对发行人是否具备持续盈利能力做出专业判断；在第三十三条要求披露保荐人对发行人是否具备持续盈利能力的核查结论意见。

此外，中国证监会 2015 年开始强调以信息披露为中心的审核工作要求，将部分原来在《首发办法》和《创业板首发办法》中规定的发行条件改为披露性要求，体现在招股说明书准则中，即《公开发行证券的公司信息披露内容与格式准则第 1 号——招股说明书（2015 年修订）》和《公开发行证券的公司信息披露内容与格式准则第 28 号——创业板公司招股说明书（2015 年修订）》。这些要求主要体现为"独立性"要求与对"募集资金投向"的要求。

例如，《首发办法》和《创业板首发办法》明确规定"发行人应当在招股说明书中披露已达到发行监管对公司独立性的基本要求"，招股说明书准则也明确要求"发行人应披露已达到发行监管对公司独立性的下列基本要求"，所以在实质上其仍然构成发行条件。

3. 交易所的上市条件

第三个层次是交易所的上市条件，体现在《上海证券交易所股票上市规则（2014 年修订）》《深圳证券交易所股票上市规则（2014 年修订）》和《深圳证券交易所创业板股票上市规则（2014 年修订）》三个文件中。其分别适用于申请在上交所主板、深交所中小企业板和深交所创业板上市。

名义上，我国实行股票发行与上市分离的制度，发行人完成首次股票公开发行后，向交易所提交上市申请和相应的申请文件。证券交易所审查通过后可安排公司发行的股票在证券交易所上市交易。但实际上，我国 A 股的股票发行与上市是一体联动的。上市的前提是要取得证监会核准，核准后一定会安排上市。因此要具备发行条件就必须具备上市条件。

根据深沪交易所制定的上市规则，申请股票在上交所主板和深圳证券交易所中小企业板上市，应符合下列条件：①股票经中国证监会核准已公开发行；②公司股本总额不少于 5000 万元人民币；③公开发行的股份达到公司股份总数的 25% 以上；公司股本总额超过 4 亿元人民币的，公开发行股份的比例为 10% 以上；④公司最近 3 年无重大违法行为，财务会计报告无虚假记载；⑤证券交易所要求的其他条件。

申请在深圳证券交易所创业板上市须符合下列条件：①股票已公开发行；②公司股本总额不少于 3000 万元人民币；③公开发行的股份达到公司股份总数的 25% 以上；③公司股本总额超过 4 亿元人民币的，公开发行股份的比例为 10% 以上；④公司股东人数不少于 200 人；⑤公司最近 3 年无重大违法行为，财务会计报告无虚假记载；⑥深交所要求的其他条件。

此外，中国证监会及其发行监管部也通过一些规范性文件对涉及发行条件的相关问题进行解释与说明。最常用的包括《首次公开发行股票并上市管理办法》第十二条发行人最近 3 年内主营业务没有发生重大变化的适用意见——证券期货法律适用意见第 3 号、《首次公开发行股票并上市管理办法》第十二条"实际控制人没有发生变更"的理解和适用——证券期货法律适用意见第 1 号等。

二、A 股 IPO 发行条件分析

（一）发行条件的完整分析

根据上述关于 IPO 发行条件的体系，主要根据《首发办法》和《创业板首发办法》对完整的发行条件梳理如下，包括主体条件、财务与内控条件、公司治理与规范运作条件三个方面。

在实务中，须提醒关注发行条件时不仅要关注定量的条件，还要关注定性条件。

1. 主体条件

A 股完整发行条件中的主体条件如表 2-1 所示。

表 2-1　A 股发行条件中的主体条件

条件	主板、中小企业板	创业板
主体资格	依法设立且合法存续的股份有限公司	
经营年限	持续经营 3 年以上，但经国务院批准的除外（本处的 3 年指 36 个月） 有限责任公司按原账面净资产值折股整体变更为股份有限公司的，持续经营时间可以从有限责任公司成立之日起计算	持续经营 3 年以上（本处的 3 年指 36 个月）
出资	发行人的注册资本已足额缴纳，发起人或者股东用作出资的资产的财产权转移手续已办理完毕，发行人的主要资产不存在重大权属纠纷	
股权	股权清晰，控股股东和受控股股东、实际控制人支配的股东持有的发行人股份不存在重大权属纠纷	
持续经营要求	最近 3 年内主营业务和董事、高级管理人员没有发生重大变化，实际控制人没有发生变更	最近 2 年内主营业务和董事、高级管理人员均没有发生重大变化，实际控制人没有发生变更
主营业务	最近 3 年主营业务没有发生重大变化 生产经营活动符合法律、行政法规和公司章程的规定，符合国家产业政策及环境保护政策	最近 2 年主营业务没有发生重大变化；主要经营一种业务
股本要求	发行前股本总额不少于 3 000 万元人民币（上市条件要求发行后股本总额不少于 5 000 万元人民币）	发行后股本总额不少于 3 000 万元人民币

2. 财务与内控条件

A 股完整发行条件中的财务与内控条件如表 2-2 所示。

表 2-2　A 股发行条件中的财务与内控条件

条件	主板、中小企业板	创业板
财务状况	发行人资产质量良好，资产负债结构合理，盈利能力较强，现金流量正常	—
财务制度	发行人会计基础工作规范、财务报表的编制符合企业会计准则和相关会计制度的规定，在所有重大方面公允地反映了发行人的财务状况、经营成果和现金流量，并由注册会计师出具无保留意见的审计报告 发行人编制财务报表应以实际发生的交易或者事项为依据；在进行会计确认、计量和报告时应当保持应有的谨慎；对相同或者相似的经济业务，应选用一致的会计政策，不得随意变更 发行人应完整披露关联方关系并按重要性原则恰当披露关联交易。关联交易价格公允，不存在通过关联交易操纵利润的情形	发行人会计基础工作规范、财务报表的编制和披露符合企业会计准则和相关信息披露规则的规定，在所有重大方面公允地反映发行人的财务状况、经营成果和现金流量，并由注册会计师出具无保留意见的审计报告

（续）

条件	主板、中小企业板	创业板
盈利能力	1. 最近3个会计年度净利润均为正数且累计超过3 000万元人民币，净利润以扣除非经常性损益前后较低者为计算依据 2. 最近3个会计年度经营活动产生的现金流量净额累计超过5 000万元人民币；或者最近3个会计年度营业收入累计超过3亿元人民币	1. 最近两年连续盈利，最近两年净利润累计不少于1 000万元人民币 2. 最近一年盈利、最近一年营业收入不少于5 000万元人民币。净利润以扣除非经常性损益前后低者为计算依据
资产要求	1. 最近一期期末无形资产（扣除土地使用权、水面养殖权和采矿权等后）占净资产的比例不高于20% 2. 最近一期期末不存在未弥补亏损	最近一期期末净资产不少于2 000万元人民币，且不存在未弥补亏损
内部控制	发行人的内部控制制度健全且被有效执行，能够合理保证财务报告的可靠性、生产经营的合法性、营运的效率与效果。发行人的内部控制在所有重大方面是有效的，并由注册会计师出具无保留结论的内部控制鉴证报告 公司章程中已明确对外担保的审批权限和审议程序，不存在为控股股东、实际控制人及其控制的其他企业进行违规担保的情形 有严格的资金管理制度，不得有资金被控股股东、实际控制人及其控制的其他企业以借款、代偿债务、代垫款项或者其他方式占用的情形	发行人内部控制制度健全且被有效执行，能够合理保证公司运行效率、合法合规和财务报告的可靠性，并由注册会计师出具无保留结论的内部控制鉴证报告
或有事项	发行人不存在重大偿债风险，不存在影响持续经营的担保、诉讼以及仲裁等重大或有事项	—
持续盈利能力	发行人不得有下列影响持续盈利能力的情形：①发行人的经营模式、产品或服务的品种结构已经或者将发生重大变化，并对发行人的持续盈利能力构成重大不利影响；②发行人的行业地位或发行人所处行业的经营环境已经或者发生重大变化，并对发行人的持续盈利能力构成重大不利影响；③发行人最近一个会计年度的营业收入或净利润对关联方或者存在重大不确定性的客户存在重大依赖；④发行人最近一个会计年度的净利润主要来自合并财务报表范围以外的投资收益；⑤发行人在用的商标、专利、专有技术以及特许经营权等重要资产或技术的取得或者使用存在重大不利变化的风险；⑥其他可能对发行人持续盈利能力构成重大不利影响的情形	保荐人及其保荐代表人应当对发行人是否具备持续盈利能力、是否符合法定发行条件做出专业判断 发行人应当在招股说明书中分析并完整披露对其持续盈利能力产生重大不利影响的所有因素，充分揭示相关风险，并披露保荐人对发行人是否具备持续盈利能力的核查结论意见
募集资金运用	募集资金原则上应用于主营业务	募集资金应当围绕主营业务进行投资安排

3. 公司治理与规范运行条件

A股完整发行条件中的公司治理与规范运作条件如表2-3所示。

表 2-3　A 股发行条件中的公司治理与规范运行条件

条件	主板、中小企业板	创业板
公司治理结构	依法建立健全股东大会、董事会、监事会、独立董事、董事会秘书制度，相关机构和人员能够依法履行职责	具有完善的公司治理结构，依法建立健全股东大会、董事会、监事会以及独立董事、审计委员会制度、董事会秘书、相关机构和人员能够依法履行职责；发行人之间建立健全股东投票计票制度，建立发行人与股东之间的多元化纠纷解决机制，切实保障投资者依法行使收益权、知情权、参与权、求偿权等股东权利
董事、监事和高级管理人员	董事、监事和高级管理人员已经了解股票发行上市有关的法律法规，知悉上市公司及其董事、监事和高级管理人员的法定义务和责任，符合法律、行政法规和规章规定的任职资格，且不得有下列情形：①被中国证监会采取证券市场禁入措施尚在禁入期的；②最近 36 个月内受到中国证监会行政处罚，或者最近 12 个月内受到证券交易所公开谴责的；③因涉嫌犯罪被司法机关立案侦查或涉嫌违法违规被中国证监会立案调查，尚未有明确结论意见的	董事、监事和高级管理人员应当忠实、勤勉，具备法律、行政法规和规章规定的任职资格，且不存在下列情形：①被中国证监会采取证券市场禁入措施人期的；②最近 3 年内受到中国证监会行政处罚，或者最近 1 年内受到证券交易所公开谴责的；③因涉嫌犯罪被司法机关立案调查或者涉嫌违法违规被中国证监会立案调查，尚未有明确结论意见的
对行为规范性的要求	发行人不得有下列情形：①最近 36 个月内未经法定机关核准，擅自公开或者变相公开发行过证券；或者有关违法行为虽然发生在 36 个月前，但目前仍处于持续状态；②最近 36 个月内违反工商、税收、土地、环保、海关以及其他法律、行政法规，受到行政处罚，且情节严重；③最近 36 个月内曾向中国证监会提出发行申请，但报送的发行申请文件有虚假记载、误导性陈述或者重大遗漏；或者不符合发行条件以欺骗手段骗取发行核准；或者在审核过程中干扰中国证监会及其发行审核委员会审核工作，或者伪造、变造发行人或其董事、监事、高级管理人员的签字、盖章；⑤本次报送的发行申请文件有虚假记载、误导性陈述或者重大遗漏；⑤涉嫌犯罪被司法机关立案侦查，尚未有明确结论意见；⑥严重损害投资者合法权益和社会公共利益的其他情形	发行人及其控股股东、实际控制人最近 3 年内不存在损害投资者合法权益和社会公共利益的重大违法行为 发行人及其控股股东、实际控制人最近 3 年内不存在未经法定机关核准，擅自公开发行或者变相公开发行证券，或者有关违法行为虽然发生在 3 年前，但目前仍处于持续状态的情形
税收	发行人依法纳税，各项税收优惠符合相关法律法规的规定。发行人的经营成果对税收优惠不存在严重依赖	

独立性	发行人应当在招股说明书中披露已达到发行监管对公司独立性的基本要求。发行人应披露已达到发行监管对公司独立性的下列基本要求：①资产完整方面。生产型企业具备与生产经营有关的主要生产系统、辅助生产系统和配套设施，合法拥有与生产经营有关的主要土地、厂房、机器设备以及用于生产经营的商标、专利、非专利技术的所有权或者使用权，具有独立的原料采购和产品销售系统；非生产型企业具备与经营有关的业务体系及主要相关资产。②人员独立方面。发行人的总经理、副总经理、财务负责人和董事会秘书等高级管理人员不在控股股东、实际控制人及其控制的其他企业中担任除董事、监事以外的其他职务，不在控股股东、实际控制人及其控制的其他企业中领薪；发行人的财务人员不在控股股东、实际控制人及其控制的其他企业中兼职。③财务独立方面。发行人已建立独立的财务核算体系，能够独立做出财务决策，具有规范的财务会计制度和对分公司、子公司的财务管理制度。发行人在控股股东、实际控制人和实际控制人控制的其他企业，与控股股东、实际控制人及其控制的其他企业共用银行账户。④机构独立方面。发行人已建立健全内部经营管理机构，独立行使经营管理职权，与控股股东、实际控制人及其控制的其他机构混同的情形。⑤业务独立方面。发行人的业务独立于控股股东、实际控制人及其控制的其他企业，与控股股东、实际控制人及其控制的企业间不存在同业竞争或者显失公平的关联交易。对存在相同或相似业务的，发行人应对是否存在同业竞争做出合理解释。
信息披露	发行人申报文件中不得有下列情形：①故意遗漏或虚构交易、事项或者其他重要信息；②滥用会计政策或者会计估计；③操纵、伪造或篡改编制财务报表所依据的会计记录或者相关凭证。	—

(二) A股IPO的核心发行条件

在对A股首次公开发行并上市全部发行条件进行梳理的基础上可以归纳出核心条件,包括财务条件与非财务条件。

1. 财务条件

A股IPO核心发行条件中的财务条件如表2-4所示。

表2-4 A股IPO核心发行条件中的财务条件

项目	主板、中小企业板	创业板	
		标准一	标准二
净利润	最近3个会计年度净利润均为正数且累计超过3 000万元人民币	最近两年连续盈利且净利润累计不少于1 000万元人民币	最近1年盈利
营业收入或现金流	最近3个会计年度经营活动产生的现金流量净额累计超过5 000万元人民币;或者最近3个会计年度营业收入累计超过3亿元人民币	—	最近1年营业收入不少于5 000万元人民币
发行后股本	不低于5 000万股	不低于3 000万股	
发行前净资产或股本	发行前股本总额不少于3 000万股。最近一期末无形资产占净资产比例不高于20%,最近一期不存在未弥补亏损	最近一期期末净资产不少于2 000万元人民币	

2. 非财务条件

A股IPO核心发行条件中的非财务条件如表2-5所示。

表2-5 A股IPO核心发行条件中的非财务条件

项目	主板、中小企业板	创业板
主体资格	股份有限公司;持续经营3年以上 主要资产不存在重大权属纠纷;生产经营合法合规,符合国家产业政策 股权清晰,控股股东及实际控制人所持股份不存在重大权属纠纷	
	最近3年主业、董事高管无重大变化,实际控制人没有变更	最近2年主营业务、董事高管无重大变化,实际控制人没有变更,主要经营一种业务
规范运行	具有完善的公司治理结构,股东大会、董事会、监事会、独立董事、董事会秘书、审计委员会等制度健全;董事、监事和高管符合任职资格要求 内控制度健全且被有效执行;无重大违法违规行为 发行人及其控股股东、实际控制人最近3年内不存在损害投资者合法权益和社会公共利益的重大违法行为(备注:部分条件根据审核实践,扩大了适用范围)	

三、与 A 股 IPO 相关的政策性条件

1. "中概股"回归 A 股 IPO 上市政策明确

中国证监会新闻发言人 2016 年 5 月 6 日在新闻发布会上表示:

证监会已经注意到相关舆情,按照相关法律法规,近 3 年已经有在国外上市的 5 家红筹企业通过并购重组在 A 股上市,市场上对此提出质疑,认为这类企业回归 A 股有较大的特殊性,特别是对境内外市场的明显价差、壳资源炒作应该高度关注,证监会注意到市场相关反应,目前证监会正针对这类企业通过 IPO、并购重组回归 A 股市场可能产生的影响进行分析研究。○

根据证监会既往实践,凡是正在分析研究的事项不会进入正常审核程序。因此,市场一般将此解读为目前"中概股"回归 A 股 IPO 上市尚不可行。

根据新闻发言人的表述,这里限制的"中概股"指的是已经在境外上市的中资企业。一般认为,限制的主要原因在于:其一,这些企业大多基于估值套利(境内资本市场的估值明显高于境外市场)的考虑而在境外退市,转而试图在境内 A 股市场上市;其二,"中概股"的"回归"也有可能造成大量外汇流出等不利影响。

2017 年年底,中国证监会的政策有所变化。2017 年 11 月 3 日,证监会发言人在新闻发布会上表示:

自去年 5 月发布相关新闻口径以来,证监会对 A 股公司并购境外上市中资企业的有关问题一直认真分析研究。

为贯彻落实党的十九大精神,更好地支持供给侧结构性改革和创新型国家建设,增强金融服务实体经济能力,扩大开放,为经济结构优化做出应有的贡献,需要境内境外两个市场更好地协调发挥作用。随着宏

○ 资料来源:中国证监会官网"2016 年 5 月 6 日新闻发布会"(http://www.csrc.gov.cn/pub/newsite/zjhxwfb/xwfbh/201605/t20160506_297040.html),访问于 2017 年 12 月 28 日。

观经济稳中向好势头的不断巩固和金融市场环境的持续改善，A股市场环境的不断优化和有效性的显著提高，同期境外主要市场持续上涨、吸引力增强，企业根据需求自主选择境内或境外市场，已具备条件做一些积极的制度安排和引导，支持市场认可的优质境外上市中资企业参与境内市场并购重组。

我会将重点支持符合国家产业战略发展方向，掌握核心技术，具有一定规模的优质境外上市中资企业参与A股公司并购重组，并对其中的重组上市交易进一步严格要求。同时，我们将继续高度关注并严厉打击并购重组中涉嫌内幕交易等违法违规行为。[⊖]

根据新闻发言人的表述，境外上市中资企业参与境内市场并购重组已获得认可。按照审核实践来看，申请IPO也获得放行。

2. A股上市公司不能分拆至A股IPO上市

根据当前审核实践，已在A股上市的公司不能将其控股子公司或者将其部分业务分拆至A股上市。

历史上，证监会曾经征求意见允许符合条件的上市公司可以分拆上市（条件包括：上市公司公开募集资金未投向于拟分拆上市的发行人业务；上市公司最近三年连续盈利，业务经营正常；发行人与上市公司之间不存在同业竞争，发行人业务、资产、人员、财务和机构独立；上市公司最近一个会计年度合并报表按权益享有的发行人的净利润不超过上市公司合并报表净利润的50%；上市公司最近一个会计年度合并报表按权益享有的发行人的净资产不超过上市公司合并报表净资产的50%），但未实施。

A股上市公司如果要分拆其子公司在A股上市，可以采用以下办法。

（1）出让控股地位。A股上市公司的参股公司在A股上市也有先例。但需要注意的是，拟上市主体凡是产权上与A股上市公司有所关联，在

⊖ 资料来源：中国证监会官网 "2017年11月3日新闻发布会" (http://www.csrc.gov.cn/pub/newsite/zjhxwfb/xwfbh/201711/t20171103_326461.html)，访问于2017年12月28日。

审核时都会被特别关注。主要审核要点是其与 A 股上市公司在资产、业务等方面的关系，是否存在同业竞争，是否对独立性具有影响，上市公司转出发行人股份的过程、程序是否合法，是否存在违法违规行为，是否损害上市公司股东及公众投资者利益等。

被发审委于 2017 年 6 月 23 日否决的河南润弘制药股份有限公司，在聆讯时曾经被关注发行人的前身与上市公司的关系及是否属于分拆上市或者变相分拆上市。

聆讯问题为：2010 年 1 月，河南羚锐制药股份有限公司（注：羚锐制药 600285.SH）将其子公司郑州羚锐（发行人前身）49% 的股份一次性转让给中青港联（北京）投资公司（以下简称中青港联）的原因及其商业合理性；河南羚锐制药出售上述股权履行的决策程序、审批程序及信息披露情况；是否符合法律法规规章和交易所规则及公司章程的规定；确定郑州羚锐转让价格为 1.80 元/股的依据和程序，转让定价是否合理、公允；河南羚锐制药将郑州羚锐股份转让给中青港联时，未聘请评估机构对拟转让股份进行评估，独立董事未针对上述股份转让价格是否公允发表独立意见，上述股份转让事项未提交河南羚锐制药股东大会审议的具体原因及其合理性、合规性；上述股权转让是否存在纠纷、潜在纠纷和法律风险；河南羚锐制药的控股股东、实际控制人、董事、监事、高管与发行人是否存在关联关系或者其他利益安排，是否通过委托持股、信托持股等方式在发行人中拥有权益；发行人原系上市公司河南羚锐制药子公司，发行人总经理、财务总监、董事会秘书等主要高管曾在河南羚锐制药任职，发行人本次发行上市是否属于分拆上市或者变相分拆上市；是否损害了河南羚锐制药及其投资者尤其是公众投资者的合法权益。㊀

㊀ 资料来源：中国证监会官网 "主板发审委 2017 年第 95 次会议审核结果公告"（http://www.csrc.gov.cn/pub/zjhpublic/G00306202/201706/t20170623_319091.htm），访问于 2017 年 12 月 28 日。

（2）分拆至境外上市。证监会《关于规范境内上市公司所属企业到境外上市有关问题的通知》（证监发〔2004〕67号）规定了境内上市公司所属企业到境外上市的条件：上市公司在最近三年连续盈利；上市公司最近三个会计年度内发行股份及募集资金投向的业务和资产不得作为对所属企业的出资申请境外上市；上市公司最近一个会计年度合并报表中按权益享有的所属企业的净利润不得超过上市公司合并报表净利润的50%；上市公司最近一个会计年度合并报表中按权益享有的所属企业净资产不得超过上市公司合并报表净资产的30%；上市公司与所属企业不存在同业竞争，且资产、财务独立，经理人员不存在交叉任职；上市公司及所属企业董事、高级管理人员及其关联人员持有所属企业的股份，不得超过所属企业到境外上市前总股本的10%；上市公司不存在资金、资产被具有实际控制权的个人、法人或其他组织及其关联人占用的情形，或其他损害公司利益的重大关联交易；上市公司最近三年无重大违法违规行为。

第二节　A股上市与境外上市

一、选择上市地的一般考虑因素

选择上市地的实质是选择拟上市企业未来的股东与监管环境，一般应结合以下因素综合考虑。

第一，一级市场的筹资能力、二级市场的流动性、后续融资能力。

第二，二级市场的估值水平。除了通常需要考虑的行业市盈率水平外，还需要考虑是否存在行业寡头的估值压制情况。

第三，是否为企业主要业务和核心客户所在地，市场的投资者结构，投资者对拟上市企业的认可度。

第四，拟上市交易所的优势和行业特色。例如，多伦多证券交易所是全球重要矿业企业的上市地和融资中心。

第五，上市难易程度（包括监管机构审核和交易所的上市标准等）、上市所需时间、上市成本（包括初始上市成本以及后续维护成本）。

第六，企业上市后的监管成本和监管环境等。

对于中国企业而言，受监管等因素的影响，还须综合考虑不同上市地可能的不同实现途径、同一境外上市地的不同实现方式等。

例如，前往香港地区上市需要考虑是通过 H 股方式（内地注册的股份公司直接上市），还是红筹方式（境外搭设架构，形式上是在境外注册的公司上市）。

前者需要通过中国证监会的行政许可。中国证监会官网已公布"股份有限公司境外公开募集股份及上市（包括增发）审核工作流程""股份有限公司境外公开募集股份及上市（包括增发）审核关注要点"等文件，可依照执行。

后者则通常需要设计各种模式规避或者绕开《关于外国投资者并购境内企业的规定》等法规的规定，将境内企业权益实质性注入境外注册的拟上市主体并实现上市。

前者由于是中国企业，其后续再融资仍然需要通过中国证监会的审核，但可以直接增发 A 股，实现"H+A"。这使得该企业能够同时实现 A 股和 H 股的上市，并且解决 H 股发行时存量股份不能流通的问题。但需要提醒的是，H 股增发 A 股的时候，A 股的发行价格会受到往往较低的 H 股价格的影响。因此，在能够先行发行 A 股的情况下，"A+H"是比"H+A"更好的选择。

后者由于是外国企业，其后续资本运作不再受中国监管部门约束，但也不能直接在 A 股上市。

二、境外上市的优势

以互联网行业为例，目前我国市值排名前五名的企业（腾讯、阿里巴巴、百度、京东、网易）均选择在境外（中国香港地区或者美国）上市，其原因主要有以下几点。

（一）发行审核机制合理，发行方式与发行价格市场化

（1）在发行审核方面一般采用注册制或者类似机制，主要看重信息披露，通常不进行实质性判断，IPO申请通过审核的确定性与审核时间的可预期性较强。

而在A股，由于实行核准制和实质性审核，且审核节奏受到较多的非市场因素影响，是否能够通过审核及审核时间用时均具有较大的不确定性。

（2）监管部门规定的发行（注册）条件及交易所规定的上市条件的门槛较低，或者具有较大的灵活性。

例如，美国证监会并没有规定注册的实质性门槛条件；纽约证券交易所与纳斯达克（NASDAQ）全球精选市场虽然有上市的条件，但可选标准较多，且还可以根据实际情况申请豁免。

而在A股，发行条件中要求持续运行并且持续盈利，且具有刚性。以京东为例，尽管其已经是市值超过500亿美元的世界500强企业，但至今仍然不符合A股连续盈利的发行上市条件。

（3）发行方式与发行价格市场化，股份锁定期较短。

在境外成熟市场，发行价格完全由市场决定，发行方式可以自主选择发行新股或者存量发行老股。在美国，法规没有规定存量股份的锁定期，为了稳定市场，发行人与券商一般会自主规定六个月的禁售期。

在A股，发行价格仍然受到23倍市盈率的上限管制，对部分优势成长企业和新兴行业公司不利。另外，股份锁定期的要求是刚性的，而且可能通过窗口指导的方式扩大范围。

(二) 资本运作与治理结构选择设计更为市场化

在境外成熟市场，民商事主体一般按照"法不禁止便自由"的法理从事商事活动，上市公司也不例外。而在 A 股，上市公司的治理结构与资本运作行为较多地受到规范性文件的约束，而且实际是按照"法（文件）无规定则不可行"的思路，严格在监管设定的框架内行事。

1. 在资本市场工具使用方面更为自由

在境外市场，资本运作的工具，无论是创设还是使用方面，均比较自由，为公司自治范围的事项。只要法律没有明文禁止，均可根据公司章程履行相应决策程序。

在 A 股，上市公司所有融资工具的使用一般需要有相应法规的规范在先，并符合其设定的发行条件。凡是涉及股份发行的事项均需要监管部门核准。而且，从当前的情况看，审核用时往往在半年至一年以上，且同样实施实质性审核，并对募集资金的使用进行严格审查。这与全世界所有成熟市场均不一样。

2. 可以实施特殊的公司治理设计安排

总体上讲，境外市场对公司治理结构设计安排的宽容度较大。例如，美国市场允许实施表决权与收益权不一致的双重股本结构（A 股、B 股），对于更为特别的制度设计也持开放态度（例如阿里巴巴集团首创的旨在掌控董事会的"合伙人制度"）。这些制度，有力地保障了公司决策权的稳定，对于解决成长期需要大量募资同时又不愿意失去创始人控制权的新兴商业模式企业而言非常重要。

在 A 股，受《公司法》的限制，此类创新不能适用。

此外，A 股还存在一些特殊的政策限制事项。例如，不允许上市公司分拆至 A 股上市。这些限制，一方面限制了上市公司基于自身战略和股东利益出发的资本运作空间;另一方面也使得A股上市公司旗下的公司也不能直接在A股申请IPO上市。

(三)有利于国际化和全球形象,也有利于海外并购

在境外主流市场上市,有助于企业的国际化和全球拓展。如果公司的主要市场、供应商和投资者在境外,或者有意进一步拓展国外市场,在境外主流交易所上市会取得极大的宣传和广告效应,也对市场拓展有一定的"背书"作用。

此外,境外上市也有利于中国企业的海外并购。一方面,境外上市主体本身具有募资能力,可以降低境内资金出境方面的审核压力;另一方面,境外上市主体具有股份支付能力,可以通过股份方式支付,降低现金支付压力。

除了以上三个方面,还需要说明的是,中国互联网巨头均在境外上市,也与历史上中国境内VC/PE市场曾经不发达,这些企业当时获得的私募融资基本上是美元基金有关。

三、境外上市的劣势

(一)受市场因素影响,发行失败风险较大

境外市场虽然通常不存在通过审核的问题,但发行环节的压力较大。

特别是除了少数大型企业外,我国多数中小规模的企业业务在境内,海外投资者对其不够熟悉,能够取得的发行市盈率和获得的融资规模均可能受限,甚至有发行失败的风险。即便是大型企业,即便是在相对熟悉的港股市场,面对90%的国际配售,券商的销售压力也非常大,经常需要中资机构做"托"帮助完成发行。

在A股,受到实质性审核的影响,普遍认为存在"管制溢价",发行一般不存在问题。在历史上发行价格不受到限制的时候,往往可以获

得较高的发行市盈率。在当前发行价格受到管制的时候，中签率极低，且上市后一般会有连续的涨停。

（二）一般而言，发行及后续交易市盈率低于境内

总体上讲，A股多数行业的估值水平及中小盘股的估值水平仍然明显比成熟市场高。

对于部分行业，例如游戏、影视等行业，成熟市场（例如美国）与A股市场的估值差别更是巨大。

此外，一些业务模式类似的中国企业去成熟市场上市，估值还可能受到行业巨头的压制。

（三）筹资成本与维持成本相对较大

总体上讲，境外市场的上市初始成本和后续维持成本较A股市场明显高。

但对于部分中小型企业而言，近来由于在A股的发行市盈率受到管制，在筹资额特别小的情况下，发行费用率也可能会出现飙升的情况。

（四）远离目标市场，远离机构投资者，也难以获得宣传效果与反身效应

境外市场往往以机构投资者为主体。不到一定市值规模的公司得不到机构投资者的关注，或者关注了也由于没有切身体会而难以理解商业模式或价值。而且，文化背景等差异也可能导致沟通交流困难，使境外投资者不能充分了解企业的投资价值。如果没有机构投资者持续跟踪关注，股票的流动性就很难维持，难以进行融资并购，上市的意义可能大打折扣。

同时，由于远离目标市场与客户，也就难以有宣传效果，这对于消

费类和互联网企业来说尤为致命。与之相反，以互联网行业为例，在移动互联网时代，中国庞大的人口基数和更高的智能手机渗透率会诞生创新的商业模式，而不再是以前简单的 C2C（copy to China）。在 A 股上市，实现客户、业务所在地重合，投资者更易认可价值，上市公司与投资者之间的良性互动也容易产生巨大的反身效益（例如茅台股份二级市场股东与茅台酒消费者之间的重合与相互促进）。

（五）难以适应严格的监管要求、司法环境和市场挑战，可能遭受巨额损失

在境外市场，虽然入口较松，但事后监管非常严厉。例如，在美国，对证券市场欺诈行为，除了有美国证监会、联邦检察官的严厉执法外，还有三种情况是境内市场所没有的。

第一，集体诉讼，即律师推动发起的股东代表诉讼。

第二，美国证监会的"告密者奖金"项目。其鼓励了解上市公司财务欺诈行为的人向 SEC 举报。帮助 SEC 成功对违法者课以超过 100 万美元罚款者，可以获得罚款金额 10%～30% 的奖金。

第三，市场做空机构。例如，著名的浑水公司等。一般认为，做空资产泡沫或弄虚作假的上市公司也是价值投资，是对上市公司欺诈等违法行为进行的一种矫正与惩罚。但对其盯上的上市公司而言，那就是苦不堪言的事。

监管严格并非坏事，但这些因素的重叠可能使成长环境不同的中国企业难以适应，并可能导致巨大的损失。

四、选择本土市场，甚至回归 A 股渐成趋势

综合以上因素，目前境外上市的最大优势在于两个方面：①发行上市条件与审核的宽松；②公司治理结构设计与上市后资本运作的市场化。但 A 股市场的优势也是明显的。对于多数中国企业而言，直接选择 A

股IPO上市，选择本土市场，实现自身业务、消费群体、投资者群体的共生发展，并且能够获得更高的市场流动性，是更为有利的选择。

受估值因素驱动，在美国上市的很多"中概股"公司为了获得更高的估值，从2011年起掀起一波"私有化"退市潮，计划退市后转而在境内上市。

自2016年第四季度以来，A股市场发行审核节奏明显加快，预期2017年将有约500家IPO发行。一直为市场所诟病的IPO排队企业"堰塞湖"问题有望在一两年内得到解决。除少数财务报表有效期导致的集中申报期外，大部分时间和大部分企业均有可能实现"即报即审、即审即发"。

因此，在A股放宽发行条件限制之前，除了一些有特殊行业及商业模式原因确实不具备A股上市资格的企业之外，对于绝对多数中国企业而言，境内A股上市是更优的选择。

从国际经验来看，在本土拥有较为发达证券市场的前提下，大多数优势企业都是先充分利用本土证券市场，然后随着企业经营规模的扩大和国际化经营发展再选择境外多地挂牌。这也可以为中国企业所借鉴。例如，先在A股上市，再考虑通过A+H的方式实现境外第二上市。

需要说明的是，对于具有A股、H股双重上市需求的企业而言，考虑到大多数行业A股与H股的市盈率差异，建议选择先行A股再行发行H股的"A+H"模式，而非先行H股再行发行A股的"H+A"模式。其原因在于，根据目前证监会对于"H+A"发行价格的窗口指导意见，A股的发行价格要参照H股股价。在H股市盈率较低的企业发行A股时，其发行价格将受到H股股价的拖累。以2017年9月25日发行的服装拉夏贝尔（603157）为例，其发行市盈率仅为9.76倍。如果不是有H股股价的参照，拉夏贝尔的发行市盈率应该可以达到监管部门的上限23倍。与之类似，2017年"H+A"的中国银河（601881）、中原证券（601375）两家证券公司的A股发行市盈率也仅分别为7.02倍和11.23倍。

第三节 行业因素对 A 股 IPO 的影响

行业对 A 股 IPO 上市有影响吗？对于成熟市场而言（包括考虑境外上市），行业与商业模式对于 IPO 上市的成功有着很大的影响，但在 A 股的情况有所不同。

大家普遍认为，一些重化工行业、机械制造业等传统行业，目前在成熟资本市场能够 IPO 的可能性较小，只能寻求被行业巨头并购从而实现证券化（本书第一章分析的"卖身上市"）；而在中国，目前只要有一定净利润规模水平的企业，无论是否是传统行业，都能够独立 IPO。但这种状况，随着时间推移，将来也会发生变化。

一、法定要求：总体上要求符合国家产业政策

《首发办法》第十一条规定：发行人的生产经营符合法律、行政法规和公司章程的规定，符合国家产业政策。

《创业板首发办法》第十三条规定：发行人应当主要经营一种业务，其生产经营活动符合法律、行政法规和公司章程的规定，符合国家产业政策及环境保护政策。

根据当前 A 股审核对行业生产经营合规、符合国家产业政策的规定，下列行业（或业务）将受到限制：

（1）国家限制发展和要求淘汰的产业。根据国家发改委制定的《产业结构调整指导目录》，产业由鼓励类、限制类和淘汰类三类组成。被列入限制类和淘汰类的行业原则上不能进行 A 股 IPO。此外，外商投资企业适用《外商投资产业指导目录》。

（2）因国家宏观经济调控和专项政策调控影响的行业。当前受到影响的主要包括过剩产能行业和类金融行业。

中国证监会新闻发言人在 2014 年 2 月 14 日的新闻发布会上曾经指出：一直以来，中国证监会积极落实国家宏观调控政策，支持符合国家产

业政策和发行条件的企业发行上市和再融资，鼓励企业淘汰落后产能，充分发挥资本市场在转方式、调结构、促增长中的作用。《首发办法》规定，募集资金投资项目应当符合国家产业政策、投资管理、环境保护、土地管理以及其他法律、法规和规章的规定。招股说明书信息披露准则要求发行人披露行业主要法律法规及政策、发行人主要产品生产技术所处的阶段等，并要求披露发行人产品或技术面临被淘汰的风险。中介机构执业规则中要求中介机构核查发行人生产经营的合法性以及持续经营是否存在法律障碍，并详细说明发行人存在的主要风险。除严格执行上述规定外，我会在首次公开发行审核中，密切关注产业政策发展动向，配合国家有关部门落实宏观调控政策，要求发行人真实、准确、完整、及时披露相关信息。针对传统产业集中的主板企业审核过程，我会一直就发行人产业政策的合法性、技改项目的可行性及募投项目批文的合规性征求发改委意见，对于募集资金投向不符合国家产业政策的，不予核准其发行申请。今后，我会将继续坚持上述原则，并协调有关部门优化落实国家产业政策的相关机制，推动产能过剩行业的转型和经济发展方式的转变。⊖

（3）行业整体虽不受限制，但法规政策对相关业务有特别制约的。例如，国家级风景名胜区、宗教活动场所等的门票经营业务、报纸杂志等媒体采编业务等。

（4）有保密要求导致不能履行信息披露义务最低标准的行业与业务等。

需要注意的是，各大媒体均在 2017 年 5 月 5 日报道：证监会有关人士表示，当前除对国家规定已经做出限制的行业，如类金融企业限制上市外，证监会并未对其他行业企业 IPO 条件做出特别限制。同时，考虑到某些行业的特殊性，从保护弱势群体和中小投资者的角度出发，为真实、准确、全面地反映发行主体的原貌，证监会针对不同行业的信息披露要求或有不同。

⊖ 资料来源：中国证监会官网 "2014 年 2 月 14 日"（http://www.csrc.gov.cn/pub/newsite/zjhxwfb/xwfbh/201703/t20170317_313798.html），访问于 2017 年 12 月 28 日。

二、在业务实践中对于行业问题的一些经验性判断

1. 对一些周期性行业、受外部政策等因素影响较大的行业、生命周期明显的行业需要谨慎

典型例子包括有色金属行业、对原材料（例如石油）价格过于敏感的行业、对国家政策（例如政府补贴）过于敏感的行业等。

这些行业业绩受外部环境影响较大，起伏明显。尽管目前审核中已不要求业绩必须增长，对周期性行业因为外部因素出现的业绩下降宽容度有所上升，但是在实质性审核情况下也仍然存在难以通过审核，在严格市盈率管制发行价格情况下存在融资规模受到影响等实际问题。

2. 对财务风险巨大的行业需要谨慎

典型的例子是农牧渔林行业。

这些类农业行业里的企业，其行业特征（例如盈利稳定性差、经营模式与销售模式复杂、涉及食品安全）和财务特征（例如存货难以有效盘点计量、现金交易多、会计周期与生产周期不匹配、税收优惠导致的造假成本低）导致其往往会计基础薄弱、内部控制有效性差，这个行业也是历史上已披露财务造假上市中占比最高的行业。因此无论是私募投资机构、保荐机构、社会公众和监管部门均对其高度警惕，对其尽职调查与审核均会更加严格。如果此类企业有上市计划，需要经历更大的考验。

3. 对一些经营模式可能与社会公序良俗、公益理念相冲突，容易引起争议的行业需要谨慎

例如，生产熊胆粉系列中药的"归真堂"因为涉及"活熊取胆"一直被动物保护组织反对，其IPO申请曾经被中国证监会审理，后主动撤回申请材料。

又如，2017年2月向新三板提交申请的"上海维情"主要从事夫妻维情、婚外情矫正、离婚维权等业务，其中作为主要收入来源的婚外情

矫正一般被称为"劝退小三"业务。股转系统反馈意见明确要求公司回答是否存在侵权或者违规调查行为，是否合法合规经营，是否存在违反公序良俗的情形。

近来，医药行业企业的被否概率明显偏高，这与该行业长期以来的经营模式及国家当前对此的治理政策相关。发审委聆讯时，一般都会问及与销售模式相关的商业贿赂问题。例如，证监会宣布南京圣和药业股份有限公司的被否理由为"发行人有关支付返利的内部控制存在缺陷"。发审委的聆讯问题也有很明显的表示：①报告期，市场拓展费金额较大的原因，是否符合商业模式和行业惯例；②在营销活动中是否存在给予相关医生、医务人员、医药代表或客户回扣、账外返利、礼品，是否存在承担上述人员或其亲属境内外旅游费用等变相商业贿赂行为；③有关支出是否存在直接汇入自然人或无商业往来第三方账户的情形；④自主学术推广会议相关组织和支出情况，包括召开频次、召开内容、平均参与人次、费用报销情况等；⑤针对市场拓展费，发行人是否建立并完善了相关的内控制度，报告期内控制度的执行情况。

4. 需要考虑所处行业增长前景、整个行业的景气程度等因素

前者指行业空间过于狭小、"天花板"效应明显的情况。后者指发行人个体情况与所属行业的景气程度明显背离，或者经营效率、经营业绩明显超过同行的情况。对于后者，需要高度谨慎地进行尽职调查，查明其原因及真实性。

5. 重视行业资质问题

部分行业还存在资质管理的情况。因此需要重点考察有无资质、超越资质经营（例如低级别资质承担高级别资质才能从事的业务、"挂靠"经营）、虚假取得资质、出借资质（允许别人"挂靠"）等问题，具体分析其对于合法合规性、财务核算真实性、内控有效性方面的影响，根据

实际情况落实解决办法。

三、明确对"四新"企业的政策支持

2017年11月,中国证监会举行第十七届发行审核委员会就职仪式。证监会主席刘士余发表讲话指出:深刻理解中国特色社会主义伟大事业进入新时代给资本市场发展带来的新机遇和新要求。发审委及各位委员要切实把是否服务国家全局战略,是否为投资者筛选出优秀的价值投资标的,是否支持符合条件企业发展壮大作为检验工作的标准,忠诚于法律、忠诚于资本市场监管事业,恪尽职守、无私奉献,做出不负党中央国务院重托,不负广大投资者和市场各方期待的新业绩。发审委委员只有具备渊博的知识、扎实的专业、开阔的视野、敏锐的眼光,及时拥抱新技术、洞悉新业态,才能履好职、尽好责,把好资本市场的入口关。

刘主席明确要求发审委员拥抱新技术、洞悉新业态,从服务国家全局战略角度为投资者筛选出优秀的价值投资标的。

2018年1月,证监会系统2018年工作会议在北京召开。证监会官网1月31日发布的新闻稿指出:以服务国家战略、建设现代化经济体系为导向,吸收国际资本市场成熟、有效、有益的制度与方法,改革发行上市制度,努力增强制度的包容性和适应性,加大对新技术、新产业、新业态、新模式的支持力度。

新闻稿明确指出要加大对新技术、新产业、新业态和新模式的支持力度,业界一般将之称为"四新"导向。

从业务实践来看,对这一导向可以分为两个层面理解。

其一,相对传统制造业、重化工行业,新技术、新产业在审核上会获得明显支持。

其二,新业态、新模式虽然在政策导向上获得支持,但在业务实践中需要更细化的尽调和信息披露工作。

传统行业和一般性的高新技术企业一般具有商业模式简单、业务易理解、财务易验证的特点,但新业态、新模式企业往往存在商业模式与业务不易理解、业绩波动大、业务可能随着市场变化与自身完善而不断迭代、会计核算相对复杂等情况,因此被要求详尽说明与补充披露的事项可能更多、更细。

例如,《关于进一步提高首次公开发行股票公司财务信息披露质量有关问题的意见》(证监会公告〔2012〕14号)提出:发行人存在特殊交易模式或创新交易模式的,应合理分析盈利模式和交易方式创新对经济交易实质和收入确认的影响,关注与商品所有权相关的主要风险和报酬是否发生转移、完工百分比法的运用是否合规等;会计师事务所、保荐机构应关注发行人上述收入确认方法及其相关信息披露是否正确反映交易的经济实质。

因此,就实际业务工作而言,新业态、新模式企业对保荐机构的要求更高:不仅需要把这些企业的商业模式、投资价值和风险因素更加清晰地进行披露,还需要通过尽调让财务数据、业务流程体现出较好的可核查性,让监管部门完全确信其财务数据的真实、可靠。

四、未来展望与建议

对于传统行业企业在A股来说,当前可能是最后的"红利期"。虽然目前在审核政策导向上已经开始明确支持新技术、新产业企业上市,但在当前发行不愁,只愁审核的情况下,业绩稳定、商业模式简单的传统企业只要具备足够的盈利规模还是有可能通过审核的。

但是,目前从监管部门的政策导向上,"四新企业"已经开始获得明确支持。

而且,随着新股"堰塞湖"问题的消除、发行审核体制的进一步改革,A股市场最终也必将像成熟市场一样,真正让市场决定企业的价值。

届时,传统行业企业即便通过审核,也可能面临发行困难与上市后估值低的问题。与之相反,"四新企业"不仅可能获得更宽松的审核环境,也可能在发行与交易环节获得市场的追捧与欢迎。这一变化,可能是目前投行选择项目和 PE 基金在选择标的时就需要开始考虑的事项。

第四节 A 股 IPO 的发行费用

一、需要承担的发行上市费用类型

企业为实现 IPO 上市需要支付的与发行上市相关的费用,主要包括以下三个部分。

(1)中介机构费用,包括保荐机构收取的费用(具体包括改制财务顾问费、辅导费用、保荐费、承销费)、会计师费用、律师费用等。

(2)交易所费用,包括上市初费和年费等。与境外相比,境内上市的初费与年费均较低。

(3)推广辅助费用,包括印刷费、媒体及路演宣传推广费用等。

二、发行上市费用的支付时间与会计核算

在整个发行上市费用中占比最大的是中介机构费用。中介机构费用中占比最大的是保荐机构收取的费用。保荐机构收取的费用中,除了改制财务顾问费与辅导费需要按工作进程支付外,占大头的承销费与保荐费一般只按工作进程支付一小部分(例如合同约定申报材料被证监会受理后支付部分保荐费)。而剩余绝大部分是在发行成功后支付(保荐机构直接从募集资金中扣除尚未支付的部分)。会计师费用的支付一般与工作进程和其实际投入直接相关,律师费的前期支付比例也较保荐承销费用更高。

就发行上市费用的会计核算而言,中国证监会会计部《上市公司执行企业会计准则监管问题解答(2010 年第一期,总第四期)》明确规定:上市公司为发行权益性证券发生的承销费、保荐费、上网发行费、招股说明书印刷费、申报会计师费、律师费、评估费等与发行权益性证券直

接相关的新增外部费用,应自所发行权益性证券的发行收入中扣减,在权益性证券发行有溢价的情况下,自溢价收入中扣除,在权益性证券发行无溢价或溢价金额不足以扣减的情况下,应当冲减盈余公积和未分配利润;发行权益性证券过程中发行的广告费、路演及财经公关费、上市酒会费等其他费用应在发生时计入当期损益。

《财政部关于执行企业会计准则的上市公司和非上市企业做好2010年年报工作的通知》(财会〔2010〕25号)也规定:正确对因发行权益性证券而发生的有关费用进行会计处理。企业为发行权益性证券(包括作为企业合并对价发行的权益性证券)发生的审计、法律服务、评估咨询等交易费用,应当分别按照《企业会计准则解释第4号》和《企业会计准则第37号——金融工具列报》的规定进行会计处理,但是,发行权益性证券过程中发生的广告费、路演费、上市酒会费等费用,应当计入当期损益。

总结起来:第一,绝大多数发行上市费用(包括承销费、保荐费、会计师费、律师费等)可在股票发行溢价中扣除(招股文件披露的募集资金净额一般就等于募集资金总额减去发行上市费用),不会影响企业损益。但如果上市最终失败,则需要将其费用化。

第二,发行上市费用的大头(保荐承销费用的绝大部分)会在发行成功后一次支付,前期支付比例很低,即对企业的现金流影响程度也较低。

三、发行上市费用的数额

在前述三块费用中,中介机构费用的高低是发行费用高低的主要决定因素。

目前中介机构费用没有明文的国家规定和行业标准。《证券发行上市保荐业务管理办法》仅规定"按照行业规范协商确定履行保荐职责的相关费用",中国证券业协会也没有对此出台具体的标准。但由于所有IPO企业的发行上市费用情况均需要在招股文件中公告,因此各家企业的具体收费数额是相对透明的,也可以说存在一个无形的行业标准与惯例。

当前的 A 股 IPO 发行机制决定了发行保荐不存在销售问题,主要工作是通过监管部门审核。各家券商的工作内容基本一致,总体上属于同质化竞争。因此收费总体上应该与市场标准接近,出现费用畸低与畸高的情况均属不正常现象。

同时,收费高低还与以下两个因素密切相关。

1. 发行融资规模

承销保荐收费与发行融资规模正相关,但不会严格对应。由于无论企业规模大小、融资额高低,审核程序是一样的,因此即便融资规模再小的 IPO,券商一般也会要求一个基本的收费起价。同样道理,融资规模巨大的项目,发行人一般会要求降低承销费率。因此,一般而言融资规模越大,发行上市费用占比越低;融资规模越小,发行上市费用占比越高。

2. 审核时间长短

在预期审核期间较长或者实际审核期间超出预期时,中介机构的收费可能会增加。A 股 IPO 收费情况如表 2-6 所示。

表 2-6 A 股 IPO 收费情况

收费机构	费用名称	通常收费数额	2017 年第一季度上市企业实证统计情况
保荐机构（券商）	改制财务顾问费	一般为 50 万～100 万元	—
	辅导费	一般为 50 万～100 万元	—
	保荐费	一般为 200 万～500 万元	保荐承销费用合计平均为 3 518 万元,中位数为 3 000 万元,最低为 1 000 万元,最高为 12 000 万元
	承销费	根据募集金额不同,一般占承销额的 3%～8%。对于中小型发行项目,一般会约定承销底费（例如一小型项目约定承销费最低不少于 1 500 万元,如果按实际募集资金金额乘以承销费率的金额低于 1 500 万元,则按照 1 500 万元收取)	
会计师	审计及验资费用	一般为 150 万～500 万元	平均为 449 万元,中位数 459 万元,最低为 67 万元,最高为 1 178 万元
律师	律师费用	一般为 100 万～300 万元	平均为 257 万元,中位数为 230 万元,最低为 70 万元,最高为 800 万元

（续）

收费机构	费用名称	通常收费数额	2017年第一季度上市企业实证统计情况
登记公司	股票登记费	按所登记的股份面值收取，5亿股（含）以下为1‰；超过5亿股的部分，费用为1‰；金额超过300万元以上部分免收	
交易所	上市初费、年费	上交所：从2015年8月1日到2018年7月31号上市，总股本4亿股（含）以下的上市公司，暂免其在此期间的上市初费；从2016年1月1日到2018年12月31号，暂免总股本4亿股（含）以下的上市公司年费 深交所：根据股本规模，中小企业板上市初费从15万～35万元，上市年费从5万～15万元；创业板减半征收	

四、确定费用数额的建议

发行上市对企业的未来发展至关重要，而且是一个相对长期的过程。而且，中介机构提供的是人力服务，是一项人力资本的耗费，而非购买一件工业制成品。人的主观能动性在整个筹备与申请上市期间可能发挥很大的作用。

因此，建议发行人在与中介机构谈判中介机构收费时，不应完全以获得低价格作为目标，而应该按照市场标准协商确定一个与市场水平相符，并根据实际情况予以酌情调整的公允合理价格。这样对于中介机构包括项目团队能够起到较好的激励作用，总体上更有利于整个发行上市过程。如果可能，更好的方式是在市场公允价格的基础上略有小幅增加，这样激励效果会更好。

第五节　A股IPO涉及的政府部门

一、与发行人直接相关的政府部门

（一）证券监管机构

除了负责审核的中国证监会发行监管部（以下简称"发行部"）及

发审委外,还包括各地证监局。中国证监会主要负责拟订在境内发行股票并上市的规则、实施细则,审核在境内首次公开发行股票的申请文件并监管其发行上市活动。具体负责 IPO 发行上市审核工作的是发行监管部。发行监管部完成初审后,将提交发审委审核。发审委负责对发行人的股票发行申请文件和发行监管部的初审报告进行审核。发审委以投票方式对股票发行申请进行表决,提出审核意见。中国证监会根据发审委的审核意见做出予以核准或者不予核准股票发行申请的决定。

各地证监局是中国证监会的派出机构,主要承担对企业上市辅导报备与验收,配合证监会进行 IPO 项目举报信核查,根据证监会的相关安排进行 IPO 财务核查,依法查处辖区内监管范围的违法违规案件,办理证券期货信访事项等职责。根据当前的审核实践,发行人经保荐机构辅导后,必须通过各地证监局的验收并由当地证监局向中国证监会报送辅导监管报告之后,发行申报材料才会被证监会受理。

(二) 行业主管部门

1. 部分特殊行业需要行业主管部门前置审批

金融、文化传媒、军工等实施特殊行业管理的企业,其上市融资需要事先获得其行业主管部门的批准。

例如,商业银行必须向银行业监管部门报批。中国银监会《中资商业银行行政许可事项实施办法》(2015 年)第四十一条明确规定:中资商业银行公开募集股份和上市交易股份的,应当符合国务院及中国证监会有关的规定条件。向中国证监会申请之前,应当向银监会申请并获得批准。国有商业银行、邮政储蓄银行、股份制商业银行公开募集股份和上市交易股份的,由银监会受理、审查并决定;城市商业银行发行股份和上市,由所在地银监局受理、审查并决定。

军工企业上市需要获得国家国防科技工业局的批准。国防科工局

《涉军企事业单位改制重组上市及上市后资本运作军工事项审查工作管理暂行办法》(2016年)第七条明确规定：涉军企事业单位在履行改制、重组、上市及上市后资本运作法定程序之前，须通过国防科工局军工事项审查，并接受相关指导、管理、核查。涉军企事业单位实施改制、重组、上市及上市后资本运作，应严格遵守国家各项法律、法规，以及有关部门规章制度，符合国防科技工业发展规划和军品科研生产能力结构布局要求，有利于发展军工主业，保证军品科研生产能力不受影响，保证军工关键设备设施安全、完整和有效使用，保证国家秘密安全，保护国防知识产权不受损失，避免国有资产流失，确保军品科研生产任务完成。

文化传媒企业上市则需要获得党的宣传部门及行业主管部门(国家新闻出版广电总局[一]等)的批准。

2. 重污染行业不再需要上市环保核查

历史上，重污染行业企业申请IPO需要以通过环保部的环保核查为前置条件。2014年10月，环保部发布《关于改革调整上市环保核查工作制度的通知》，决定停止受理及开展上市环保核查，已印发的关于上市环保核查的相关文件予以废止，其他文件中关于上市环保核查的要求不再执行。中国证监会在2014年11月6日的新闻发布会也明确发行申请文件不再要求提供环保部门出具的环保核查文件及证明文件。

(三) 地方政府相关职能部门

1. 无重大违法行为涉及的部门

涉及地方政府相关职能部门的事项主要是各种无重大违法行为的证明及认定。因为根据发行条件的相关规定，发行人及其控股股东、实际控制人不得存在重大违法行为。相关职能部门出具的证明是对此进行认定的重要依据。

《首发办法》(2015年)第十八条规定发行人不得有下列情形……最

[一] 现已不再保留。

近36个月内违反工商、税收、土地、环保、海关以及其他法律、行政法规，受到行政处罚，且情节严重……

也就是说，工商、税收、土地、环保、海关五个部门是发行条件明确列举的。除此之外，实践中通常还包括：劳动、社保、质量监管、安全生产部门等。

须开具证明的主体包括发行人、发行人的子公司。创业板则还需要加上控股股东、实际控制人。若控股股东、实际控制人为自然人，还需要其户籍所在地派出所开具的无犯罪证明。董事、监事、高管个人的无犯罪证明也由其户籍所在地派出所开具。

2. 募投项目相关手续涉及的部门

对于募集资金投资项目，特别是投资于固定资产投资项目的募投项目，一般需要三项必备手续。其一是具备能够合法使用的土地。除已取得出让土地权属证书的，已经通过招拍挂手续获得土地但未取得证书的需要国土部门的证明文件或相关文件。其二是投资主管部门（一般是发改部门或经信部门等）的投资项目核准或者备案的文件。其三是通过环保部门的投资项目环境评价的相关证明。

3. 国企或者含有国有股权的企业需要国资部门批复国有股设置方案

对于国有企业或者含有国有股权的发行人，需要根据国有资产的管理层级，由有权的国有资产管理部门批复国有股设置方案。此外，根据《上市公司国有股东标识管理暂行规定》（2007年），国有资产监督管理机构应当在国有控股或参股的股份公司相关批复文件中对国有股东做出明确界定，并在国有股东名称后标注具体的国有股东标识，国有股东的标识为"SS"（state-owned shareholder）。

4. 一些特殊事项涉及的当地各级地方政府和上市主管部门

除前述无重大违法行为涉及的部门、与募投项目相关手续涉及的部门是所有 IPO 必然涉及的地方政府相关部门外，还有一些特殊事项可能需要当地各级地方政府及相关部门协调解决，例如股权形成的合法性认定等。特别是一些涉及集体企业改制过程中的确权瑕疵、国有企业改制过程中的程序事项等往往需要地方政府包括省级地方政府予以确认。

地方政府一般通过当地金融办、金融工作局等机构作为上市工作的地方主管部门对企业上市工作进行归口管理，协调地方政府及其相关职能部门解决企业在改制上市过程中遇到的相关问题，推进企业改制上市工作和顺利申报材料。

二、证监会在审核中涉及的政府部门

根据《首发办法》及中国证监会发行部制定的《首次公开发行股票审核工作流程》，在发行审核过程中，证监会将征求发行人注册地省级人民政府是否同意其发行股票的意见。对于主板和中小企业板企业，证监会还要就发行人募集资金投资项目是否符合国家产业政策和投资管理规定征求国家发改委的意见。特殊行业的企业还可能根据具体情况征求相关主管部门的意见。

第六节　A 股上市板块的选择

一、可供选择的板块

拟在 A 股 IPO 的发行人有三个板块可供选择，分别是：上交所主板、深交所中小企业板和深交所创业板。

上交所主板与深交所中小企业板实际上均是我国多层次资本市场的第一层级。虽然名称不同，但实质上均属于"主板"。目前两者也适用相同的发行条件和相同的审核通道。深交所创业板是我国多层次资本市场的第二层级，其适用单独的发行条件和审核通道。具体情况如表 2-7 所示。

表 2-7 上交所主板、深交所中小企业板与创业板比较

	上市地	初审部门	发审委	审核适用主要规则
上交所主板	上海	证监会发行监管部一处、二处	2017年10月之后由统一的发审委审核	《首发办法》
深交所中小板	深圳			
深交所创业板	深圳	证监会发行监管部三处、四处		《创业板首发办法》

二、企业可以自由选择上市板块

选择主板中小企业板还是创业板上市，由企业根据发行条件和自身实际情况自由选择。在选择主板中小企业板审核通道后，具体是在上交所主板还是深交所中小企业板上市，历史上曾经是按照拟发行的股本规模的大小进行划分的。

2014年3月，中国证监会发行部颁布《发行监管问答——首发企业上市地选择和申报时间把握等》，将选择上市地的权利完全交给了发行人自身。该文件明确规定：首发企业可以根据自身意愿，在沪深市场之间自主选择上市地，不与企业公开发行多少股数挂钩。中国证监会审核部门将按照沪深交易所均衡的原则开展首发审核工作。企业应当在预先披露材料时确定上市地，并在招股说明书等申报文件中披露。本问答发布前已申报的企业可本着自愿原则，重新确认上市地并更新申报文件。

也就是说，在满足发行条件的基础上，企业可以自由选择上市板块。

三、进行板块选择时的考虑因素

1. 发行条件差异

主板中小企业板与创业板适用的发行条件不同，主要差异是财务条件与业务品种差别。具体区别如表2-8所示。

由于监管部门对于发行人盈利能力的实际要求远高于发行条件所列的标准，所以就明文的发行条件而言，主要是考虑业务种类问题。创业

板要求应当主要经营一种业务,而主板、中小企业板无此要求。

表 2-8 主板中小企业板与创业板的主要发行条件差异比较

主要发行条件差异	主板、中小企业板	创业板
盈利能力	1.最近三个会计年度净利润均为正数且累计超过3 000万元人民币,净利润以扣除非经常性损益前后较低者为计算依据 2.最近三个会计年度经营活动产生的现金流量净额累计超过5 000万元人民币;或者最近三个会计年度营业收入累计超过3亿元人民币	1.最近两年连续盈利,最近两年净利润累计不少于1 000万元人民币 2.最近一年盈利,最近一年营业收入不少于5 000万元人民币。净利润以扣除非经常性损益前后低者为计算依据
业务种类	—	应当主要经营一种业务

根据监管部门的窗口指导意见,"发行人主要经营一种业务"是指:

(1)同一种类别业务或相关联、相近的集成业务,如与发行人主营业务相关或上下游相关关系,或者源自同一核心技术或同一原材料(资源)的业务;面向同类销售客户、同类业务原材料供应的业务。中国企业曾经流行的"技、工、贸"发展路径也可以视为一种业务。

(2)发行人在一种主要业务之外经营其他不相关业务的,最近两个会计年度合并报表计算同时符合以下标准:其他业务收入占营业收入总额不超过30%,其他业务利润占利润总额不超过30%。同时,申报材料要其视对发行人主营业务影响情况,提示风险。

因此,如果不符合"主要经营一种业务"要求的发行人,只能选择主板或者中小企业板。

2.行业与业务类型

(1)创业板对行业与业务类型的明确要求已经废止。行业与业务曾经是能否申报创业板的重要依据。2010年3月,证监会发布《关于进一步做好创业板推荐工作的指引》,明确了创业板应重点推荐的行业范围和需要重点核查论证(实际是不鼓励申报)的行业范围。根据该文件,保荐机构应重点推荐符合国家战略性新兴产业发展方向的企业,特别是新能源、新材料、信息、生物与新医药、节能环保、航空航天、海洋、先进制造、高技术服务等领域的企业,以及其他领域中具有自主创新能力、成长性强的企业。保荐机构如果推荐下列领域的企业,应当就该企业是否符合创业板定位履行严格的核查论证程序,并在发行保荐书和保荐工作报告中说明论证过程和论证结论,尤其应当重点论述企业在技术和业务模式方面是否具有突出的自主创新能力,是否有利于促进产业结构调整和技术升级:纺织、服装;电力、煤气及水的生产供应等公用事业;房地产开发与经营,土木工程建筑;交通运输;酒类、食品、饮料;金融;一般性服务业;国家产业政策明确抑制的产能过剩和重复建设的行业。

2014年5月17日,证监会发布《首次公开发行股票并在创业板上市管理办法》,废止了《关于进一步做好创业板推荐工作的指引》。从此,创业板不再明文规定鼓励申报与限制申报的行业范围。

(2)创业板对于成长性仍然有一定程度的要求。《创业板首发办法》(2015年)第一条明确规定创业板是"为了规范首次公开发行股票并在创业板上市的行为,促进自主创新企业及其他成长型创业企业的发展"。《公开发行证券的公司信息披露内容与格式准则第29号——首次公开发行股票并在创业板上市申请文件》(2014年)第五条也规定:保荐人应当对发行人的成长性出具专项意见,并作为发行保荐书的附件。发行人为自主创新企业的,还应当在专项意见中说明发行人的自主创新能力。也就是说,从理论上讲,创业板支持的是自主创新企业和成长型企业申报。

因此,申报创业板的企业仍然需要符合一定的成长性要求。但这一要求并不需要满足明确的数量指标,只要能够加以论证说明即可。

一般认为,只要不是过于传统的行业,或者是明显属于周期性而成长性不明显的企业,申报创业板不存在明显障碍。

从上述规定也可以看出,创业板的申报文件在与主板、中小企业板的总体类似的情况下,一个明显的差异就是发行保荐书中应包括"发行人成长性专项意见"作为附件。

3. 发行人的"块头"（净利润规模）

相较于发行条件对财务条件的明文规定，更重要的选择依据在于发行人的"块头"，主要指净利润规模。

从审核实践来看，发行条件中的盈利要求只是最低要求，实际对 IPO 企业的盈利能力的要求通常要远远超过这个底线，即需要发行人具备一个远高于上述法定要求的"块头"。这主要基于 IPO 审核中的风险导向审核理念，一方面是要为会计核算的弹性空间留有余量，另一方面也是担心盈利规模小的企业抗风险能力弱，变脸甚至亏损的可能性更大。

基于主板、中小企业板与创业板本身在多层次资本市场的层级不同，发行条件对于两者本身的明文盈利要求也有差异，故实务中一般对申报主板、中小企业板发行人利润水平的要求高于创业板。

从业务实践看，多数保荐机构一般要求申报创业板的发行人最后一年的净利润水平达到 3000 万元以上，申报主板、中小企业板的发行人最后一年的净利润水平达到 5000 万元以上。

因此，为了更顺利地通过审核，净利润水平相对较低的发行人申报创业板更为适宜。

4. 审核速度（排队时间）

鉴于历史上积压企业的数量不同，从 2017 年的审核实践看，主板、中小企业板与创业板的总体审核时间（包括从申报到获得反馈意见的时间，以及受此影响而出现的从申报到上发审会的时间）略有差别。创业板的排队时间相较主板中小企业板约有三个月的时间优势。

但随着 A 股 IPO 审核的常态化，包括所有板块在内的整体审核时间相较过去明显大为缩短，两条通道之间的差异也在缩短。

另外，在历史上主板、中小企业板与创业板分别由发行监管部和创业板发行监管部审核的时候，市场普遍认为两者的审核过程也略有差异。在初审过程中,创业板发行监管部的审核更为严格与琐细,反馈问题明显更多。随着两个监管部门的合并,两者在审核方面的要求也逐渐趋同,差异已经不明显。

5. 发行市盈率与二级市场市盈率

就发行市盈率而言,由于目前所有 A 股企业的发行市盈率均受到市盈率上限(23 倍)的窗口指导要求,因此主板、中小企业板与创业板之间并无区别。

就上市之后的二级市场市盈率而言,从整体板块看,创业板仍然明显高于中小企业板,中小企业板也仍然明显高于主板。按照中证指数有限公司 2017 年 10 月 11 日公布的主要板块市盈率,创业板为 53.4 倍,中小企业板为 44.52 倍,而整个沪深 A 股为 23.4 倍。从目前市场实际情况看,也一般认为创业板上市公司的新股"炒作"程度更明显。

但是,随着市场的成熟,整体板块的估值水平与个股估值水平的差异也越来越明显。不仅创业板、中小企业板、主板三者之间整体估值水平的差异在缩小,市场也越来越看重个股本身的价值。不考虑个股本身的情况,只是因为板块的差异就能获得高估值的可能性越来越小。而且,随着上市时间的推移,市场对新股的炒作效应会消减,从长远看,不同板块对个股估值的影响将越来越小。

6. 上市后资本运作的便利程度

从上市后资本运作的便利程度上看,主板、中小企业板总体上优于创业板。这主要体现在以下两个方面。

(1)再融资条件上的差异。主板、中小企业板上市公司的再融资主要适用《上市公司证券发行管理办法》(2008 年),创业板上市公司的再融资适用《创业板上市公司证券发行管理暂行办法》(2014 年)。从发行条件的规定上看,创业板的要求更为严格,主要包括:

其一，从财务要求上看，创业板更为严格。例如，所有品种均要求最近两年盈利（非公开发行股票募集资金用于收购兼并的除外）、最近一期期末资产负债率高于45%（非公开发行股票的除外）。但对个别品种而言，例如配股（主板、中小企业板要求三年盈利）、转债（主板、中小企业板要求三年盈利且平均净利润收益率不低于6%），要求有所降低。

其二，创业板特别要求"前次募集资金基本使用完毕，且使用进度和效果与披露情况基本一致"，方可再融资。

（2）创业板上市公司不允许被借壳。根据《上市公司重大资产重组管理办法》（2016年）第十三条的规定，创业板上市公司不能被借壳上市（"重组上市"），这限制了创业板上市公司的"壳"价值。

而且需要说明的是，尽管此规定早已有之，但在2016年修改关于借壳上市的规定之前，由于大量规避借壳的交易行为的存在（不构成借壳的条件，但在实质上属于借壳），创业板不能被借壳的限制并不明显。但新规执行之后，规避借壳的交易大为减少，创业板的这一劣势趋于明显。

7. 退市要求的严格程度

在退市制度方面，创业板也更为严格。其中最大的区别在于，创业板没有重新上市的制度安排。也就是说，上市公司因为业绩原因等被终止上市后，主板、中小企业板公司满足一定条件后可以申请重新上市（直接向交易所提出申请而不需要履行IPO的申报程序），而创业板上市公司则不可行。

8. 地域方便程度

上交所主板位于上海；深交所中小企业板与创业板位于深圳。企业从地域方便程度来看，特别是对于本身就位于长三角、深三角的发行人而言，就近选择交易所也可能带来一定的方便。

四、结论与建议

总体上讲,当前创业板的优势主要在于二级市场市盈率相对较高,劣势主要在于资本运作受限程度更高、退市制度更为严格。

因此在当前 A 股仍然是核准制审核方式的背景下,在行业与业务没有明显不适合的情况下,本着以通过审核为第一要务的选择原则,建议主要考虑净利润规模问题。净利润规模较小的企业,选择创业板审核通过的概率可能更高。

在首先确定选择主板、中小企业板还是创业板通道之后,如果选择了主板、中小企业板通道,建议可以优先根据地域方便程度选择具体板块。

第七节 IPO 前股东所持股份的锁定期和减持限制

一、IPO 前股东所持股份的锁定期

为了避免大股东和主要管理人员的变动而给新上市的公司带来经营的不确定性和业务的不稳定性,同时为了避免 IPO 前持股股东大比例减持股份而给新上市公司的股价带来冲击导致损害其他股东权益,A 股 IPO 一直对 IPO 前股东所持股份强制规定锁定期限制。这些股东所持股份在锁定期届满后才能在二级市场上流通。在锁定期内,这些股东所持股份在股本结构里面体现为"有限售条件股份"。

目前,针对股份限售的规定散见于《公司法》、证监会的部门规章、交易所的《上市规则》及规范性文件,以及审核方的窗口指导意见中。

(一)控股股东、实际控制人及其关联方

(1)自上市之日起锁定 36 个月,主板、中小企业板、创业板均适用。例外情况:转让双方存在控制关系或者均受同一实际控制人控制的,可以豁免此锁定期。

对中小企业板公司而言,还有一种特殊豁免情况:因上市公司陷入危机或者面临严重财务困难,受让人提出的挽救公司的重组方案获得公司股东大会审议通过和有关部门批准,且受让人承诺继续遵守锁定承诺,也可以豁免。

依据包括上交所《股票上市规则》(2014年)5.1.5、深交所《股票上市规则》(2014年)5.1.6、深交所《创业板股票上市规则》(2014年)5.1.6。

(2)上市后6个月内股票连续20个交易日的收盘价均低于发行价或者上市后6个月期末收盘价低于发行价,持有公司股票的锁定期自动延长至少6个月。

本项锁定的依据为证监会《关于进一步推进新股发行体制改革的意见》(2013年)。发行人控股股东、持有发行人股份的董事和高级管理人员应在公开募集及上市文件中公开承诺:所持股票在锁定期满后两年内减持的,其减持价格不低于发行价;公司上市后6个月内如公司股票连续20个交易日的收盘价均低于发行价,或者上市后6个月期末收盘价低于发行价,持有公司股票的锁定期限自动延长至少6个月。

(二)普通股东(非控股股东、实际控制人及其关联方,也不存在突击入股情况)

自股票上市交易之日起锁定一年,本项规定对于主板、中小企业板、创业板均适用。

依据为《公司法》(2013年)第一百四十一条:公司公开发行股份前已发行的股份,自公司股票在证券交易所上市交易之日起一年内不得转让。

(三)不存在实际控制人的公司的股东

对于发行人没有或难以认定实际控制人的,要求发行人的股东按持股比例从高到低依次承诺其所持股份自上市之日起锁定 36 个月，直至锁定股份的总数不低于发行前股份总数的 51%。本项规定对主板、中小企业板、创业板均适用。

依据为发行部 2017 年 6 月发布的《发行监管问答——关于首发企业中创业投资基金股东的锁定期安排》，其主旨是防止发行人借认定自身为无实际控制人来规避锁定期限制，确保发行人股权结构稳定，正常生产经营不因发行人控制权发生变化而受到影响。

(四) 突击入股的股东

（1）以增资扩股方式进入的股东。

创业板要求：申报材料前 6 个月内增资扩股进入的股东，该等增资部分的股份自完成增资工商变更登记之日起应锁定 36 个月。

主板、中小企业板要求：刊登招股意向书之日前 12 个月内增资扩股进入的股东，该等增资部分的股份自完成增资工商变更登记之日起应锁定 36 个月。

（2）以受让老股方式进入的股东。

创业板要求：申报材料前 6 个月内受让股份进入的股东，若该等股份受让自控股股东、实际控制人及其关联方，则该等股份自上市之日起应锁定 36 个月；若该等股份受让自非控股股东、实际控制人及其关联方，则该等股份自上市之日起应锁定 12 个月。

主板、中小企业板要求：刊登招股意向书之日前 12 个月内受让股份进入的股东，若该等股份受让自控股股东、实际控制人及其关联方，则该等股份自上市之日起应锁定 36 个月；若该等股份受让自非控股股东、实际控制人及其关联方，则该等股份自上市之日起应锁定 12 个月。

需要注意的是，以上规定均依据为证监会发行部的窗口指导意见（例如保代培训）。这些监管要求也可有随时发生变化或者被弹性处理。

例如，考虑到审核需要一定的时间，其中部分情况下的"刊登招股意向书之日前"换算成"申报材料前"应有一定的时间减少，但也可能在审核中将其等同，直接要求从"申报材料前"起算。又如，"自完成增资工商变更登记之日"与"自上市之日"有着明显的差异，但也有可能被按照后者要求执行。

（五）董事、监事、高级管理人员

（1）主板、中小企业板、创业板均要求：自上市之日起锁定一年，离职后锁定半年。

本项规定的依据，除交易所股票上市规则外，还有《上市公司董事、监事和高级管理人员所持本公司股份及其变动管理规则》（2007年）第四条，上市公司董事、监事和高级管理人员所持公司股份在下列情形下不得转让：①本公司股票上市交易之日起1年内；②董事、监事和高级管理人员离职后半年内；③董事、监事和高级管理人员承诺一定期限内不转让并在该期限内的；④法律、法规、中国证监会和证券交易所规定的其他情形。

第五条：上市公司董事、监事和高级管理人员在任职期间，每年通过集中竞价、大宗交易、协议转让等方式转让的股份不得超过其所持本公司股份总数的25%，因司法强制执行、继承、遗赠、依法分割财产等导致股份变动的除外。上市公司董事、监事和高级管理人员所持股份不超过1000股的，可一次全部转让，不受前款转让比例的限制。

中小企业板还特别规定：离任半年后的12月内锁定其所持本公司股份总数的50%。

其依据为《深圳证券交易所中小企业板上市公司规范运作指引》（2015年）：3.8.3 上市公司董事、监事和高级管理人员在申报离任6个月后的12个月内通过证券交易所挂牌交易出售本公司股票数量占其所持有本公司股票总数的比例不得超过50%。

创业板还特别规定：上市之日起6个月内申报离职，则申报之日起锁定18个月；上市之日起第7个月至第12个月内申报离职，则申报之日起锁定12个月。

其依据为《关于进一步规范创业板上市公司董事、监事和高级管理人员买卖本公司股票行为的通知》（2010年）：三、上市公司董事、监事和高级管理人员在首次公开发行股票上市之日起6个月内申报离职的，自申报离职之日起18个月内不得转让其直接持有的本公司股份；在首次公开发行股票上市之日起第7个月至第12个月之间申报离职的，自申报离职之日起12个月内不得转让其直接持有的本公司股份。上市公司进行权益分派等导致其董事、监事和高级管理人员直接持有本公司股份发生变化的，仍应遵守上述规定。上市公司董事、监事和高级管理人员应当在《董事（监事、高级管理人员）声明及承诺书》中做出以上承诺。

（2）上市后6个月内股票连续20个交易日的收盘价均低于发行价或者上市后6个月期末收盘价低于发行价，持有公司股票的锁定期自动延长至少6个月。

依据为证监会《关于进一步推进新股发行体制改革的意见》（2013年）：发行人控股股东、持有发行人股份的董事和高级管理人员应在公开募集及上市文件中公开承诺：所持股票在锁定期满后两年内减持的，其减持价格不低于发行价；公司上市后6个月内如公司股票连续20个交易日的收盘价均低于发行价，或者上市后6个月期末收盘价低于发行价，持有公司股票的锁定期限自动延长至少6个月。

（六）对于创业投资基金股东锁定期的特殊安排

根据发行部2017年6月发布的《发行监管问答——关于首发企业中创业投资基金股东的锁定期安排》。

为支持创业投资持续健康发展，对于创业投资基金作为发行人股东的股份限售期做出特殊安排，包括：

（1）发行人有实际控制人的，非实际控制人的创业投资基金股东，按照《公司法》第一百四十一条的有关规定，自发行人股票在证券交易所上市交易之日起一年内不得转让。

（2）发行人没有或难以认定实际控制人的，对于非发行人第一大股东但位列合计持股51%以上股东范围，并且符合一定条件的创业投资基金股东，按照《公司法》第一百四十一条的有关规定，自发行人股票在证券交易所上市交易之日起一年内不得转让。

（3）上述"符合一定条件的创业投资基金股东"的认定程序，由创业投资基金股东向保荐机构提出书面申请，经保荐机构和发行人律师核查后认为符合相关认定标准的，在收到相关首发项目反馈意见后由保荐机构向证监会发行审核部门提出书面申请，证监会发行审核部门在认定时应当征求证监会相关职能部门的意见。

（4）对于存在刻意规避股份限售期要求的，证监会将按照实质重于形式的原则，要求相关股东参照控股股东、实际控制人的限售期进行股份锁定。

二、锁定期届满后的减持限制

理论上，IPO前持股股东所持股份在锁定期内的性质为"有限售条件股份"，之后为"无限售条件流通股份"。虽然性质已变化，成为流通股份，但其仍然要受到"特定股东"减持股份的限制。

根据2017年新修订的《上市公司股东、董监高减持股份的若干规定》（证监会公告〔2017〕9号）及深沪交易所相关细则，持有公司IPO前发行股份的所有股东均都被纳入监管范围（修订前仅限制持股5%以上股东及董事、监事和高级管理人员），需要遵守相关减持规定。主要规定包括任意连续 90 天内通过集中竞价交易和大宗交易减持的股份各不能超过总股本的 1%、2%（大宗交易的受让方受让后 6 个月内不得转让所受让的股份）等。

其相关规定具体包括以下内容。

1. 适用对象

（1）大股东（包括上市公司控股股东、持股 5% 以上的股东）减持，但其减持通过集中竞价交易取得的股份除外。

（2）特定股东（除上市公司大股东外，持有公司 IPO 前发行股份的股东、持有上市公司非公开发行股份的股东）减持。

（3）董事、监事、高级管理人员（简称董监高）减持所持有的股份。

因司法强制执行、执行股权质押协议、赠予、可交换公司债券换股、股票收益互换等方式取得股份的减持，特定股份在解除限售前发生非交易过户，受让方后续对该部分股份的减持，也遵守相关细则。

相关减持对应比例计算参考的股份总数为上市公司人民币普通股票（A 股）、人民币特种股票（B 股）、境外上市股票（含 H 股等）的股份数量之和。

2. 集中竞价减持

大股东或特定股东采用集中竞价交易方式减持，在任意连续 90 日内，减持股份的总数不得超过公司股份总数的 1%，但其减持通过集中竞价交易取得的股份除外。

上市公司非公开发行股份的股东，通过集中竞价交易减持该部分股份的，除遵守前款规定外，自股份解除限售之日起 12 个月内，减持数量不得超过其持有该次非公开发行股份数量的 50%。

3. 大宗交易减持

大股东或特定股东采用大宗交易方式减持，在任意连续 90 日内，减持股份的总数不得超过公司股份总数的2%，受让方在受让后6个月内，不得转让所受让的股份。

关于特定股东集中竞价减持持股数量的50%后，采用大宗交易方式减持剩余股份的事宜，相关细则未做详细约定，仅提及大宗交易的出让方与受让方，应当明确其所买卖股份的数量、性质、种类、价格，并遵守细则的相关规定。

4. 协议转让减持

大股东或特定股东采用协议转让方式减持，单个受让方的受让比例不得低于公司股份总数的5%，转让价格下限比照大宗交易的规定执行。

大股东减持采用协议转让方式，减持后不再具有大股东身份的，出让方、受让方在6个月内应当遵守细则中关于大股东集中竞价减持比例的规定，并履行大股东的信息披露义务。

受让方在6个月内减持所受让股份的，应当遵守细则中关于大股东集中竞价减持比例的规定，并履行大股东的信息披露义务。

5. 董事、监事、高级管理人员减持

董事、监事和高级管理人员在任期届满前离职的，应当在其就任时确定的任期内和任期届满后6个月内，遵守：①离职后半年内，不得转让其所持本公司股份；②每年转让的股份不得超过其所持有本公司股份总数的25%；③法律、行政法规、部门规章、规范性文件以及交易所业务规则对董监高股份转让的其他规定。

6. 合并计算

关于多证券账户及信用账户的合并计算应遵守：①股东开立多个证券账户的，对各证券账户的持股合并计算；②股东开立客户信用证券账户的，对客户信用证券账户与普通证券账户的持股合并计算；③股东开立多个证券账户、客户信用证券账户的，各账户可减持数量按各账户内有关股份数量的比例分配确定。

大股东与其一致行动人的持股合并计算,在集中竞价减持和大宗交易减持的减持比例上合并计算。

7. 信息披露

集中竞价交易减持时,大股东、董监高应当在首次卖出股份的 15 个交易日前向交易所报告备案减持计划,并予以公告。减持计划的内容,应当包括但不限于拟减持股份的数量、来源、减持时间区间、方式、价格区间、减持原因等信息,且每次披露的减持时间区间不得超过 6 个月。

减持数量过半或减持时间过半时,大股东、董监高应当披露减持进展情况,在股份减持计划实施完毕或者披露的减持时间区间届满后的 2 个交易日内公告具体减持情况。

控股股东、实际控制人及其一致行动人减持达到公司股份总数 1% 的,还应当在该事实发生之日起 2 个交易日内就该事项做出公告。

在减持时间区间内,上市公司披露高送转或筹划并购重组等重大事项的,大股东、董监高应当立即披露减持进展情况,并说明本次减持与前述重大事项是否有关。

上市公司大股东的股权被质押的,该股东应当在该事实发生之日起 2 日内通知上市公司,并按本所有关股东股份质押事项的披露要求予以公告。

8. 减持限制

上市公司大股东不得减持股份的情形:①上市公司或者大股东因涉嫌证券期货违法犯罪,在被中国证监会立案调查或者被司法机关立案侦查期间,以及在行政处罚决定、刑事判决做出之后未满 6 个月的;②大股东因违反交易所业务规则,被交易所公开谴责未满 3 个月的;③法律、行政法规、部门规章、规范性文件以及本所业务规则规定的其他情形。

上市公司董事、监事和高级管理人员不得减持股份的情形：①董监高因涉嫌证券期货违法犯罪，在被中国证监会立案调查或者被司法机关立案侦查期间，以及在行政处罚决定、刑事判决做出之后未满 6 个月的；②董监高因违反交易所业务规则，被交易所公开谴责未满 3 个月的；③法律、行政法规、部门规章、规范性文件以及本所业务规则规定的其他情形。

上市公司因下列事项触及退市风险警示标准的，自相关决定做出之日起至公司股票终止上市或者恢复上市前，其控股股东、实际控制人、董监高及其一致行动人不得减持：①上市公司因欺诈发行或者因重大信息披露违法受到中国证监会行政处罚；②上市公司因涉嫌欺诈发行罪或者因涉嫌违规披露、不披露重要信息罪被依法移送公安机关；③其他重大违法退市情形；④上市公司披露公司无控股股东、实际控制人的，其第一大股东及第一大股东的实际控制人应当遵守相关规定。

9. 处罚措施

股东、董监高减持股份违反细则规定，或者通过交易、转让或者其他安排规避减持细则规定，或者违反交易所其他业务规则规定的，交易所可以采取书面警示、通报批评、公开谴责、限制交易等监管措施或者纪律处分。

违规减持行为导致股价异常波动、严重影响市场交易秩序或者损害投资者利益的，交易所将从重予以处分。减持行为涉嫌违反法律、法规、规章、规范性文件的，交易所将按规定报中国证监会查处。

三、IPO 国有股转持要求不再执行

1. IPO 国有股转持政策的由来

2009 年 6 月，《财政部 国资委 证监会 全国社保基金理事会关于印

发〈境内证券市场转持部分国有股充实全国社会保障基金实施办法〉的通知》(财企〔2009〕94号)规定：凡在境内证券市场首次公开发行股票并上市的含国有股的股份有限公司，除国务院另有规定的，均须按首次公开发行时实际发行股份数量的10%，将股份有限公司部分国有股转由社保基金理事会持有，国有股东持股数量少于应转持股份数量的，按实际持股数量转持。国有股是指国有股东持有的上市公司股份。

需要提醒注意的是，这个10%是指实际发行股份数量的10%，而不是该国有股东持有股份的10%。假设一个拟上市公司发行前股本7500万股，拟发行2500万股，唯一一个国有股东持有发行前股本的3%(225万股)，由于225万股低于发行股份的10%(250万股)，则会出现该国有股东全部持股被转持的情况。

2.IPO 国有股减持政策不再执行

2017年11月国务院发布了《关于印发划转部分国有资本充实社保基金实施方案的通知》(国发〔2017〕49号)。该文件规定的《划转部分国有资本充实社保基金实施方案》规定，将中央和地方国有及国有控股大中型企业、金融机构纳入划转范围，划转比例统一为企业国有股权的10%。

该文件还明确规定，自本方案印发之日起，《国务院关于印发减持国有股筹集社会保障资金管理暂行办法的通知》(国发〔2001〕22号)和《财政部 国资委 证监会 社保基金会关于印发〈境内证券市场转持部分国有股充实全国社会保障基金实施办法〉的通知》(财企〔2009〕94号)等现行国有股转(减)持政策停止执行。

也就是说，原来仅在企业IPO时存在的国有股转持义务整体上移至中央及地方国资企业集团的层面，企业IPO时的国有股转持不再进行。

该等政策变化对于提升国有企业在A股IPO的积极性，特别是对于国有创业投资企业而言，意义巨大。在过去，国有创投企业如果完全履行 IPO 国有股转持业务，投资收益将受到巨大影响，甚至可能出现"颗粒无收"的情况。原因在于，目前 IPO 企业以民营企业为主，国有股权一般较少。一旦按照发行量的 10% 来履行转持义务，国有创业投资企业很可能大部分甚至全部股权被划走。为了应对这种局面，国有创业投资企业被迫采用降低自身或者基金国资成分（例如引入社会资本从而将股权比例或者出资份额控制在 50% 以下）以避免被认定为转持主体，在 IPO 申报前转让拟 IPO 企业股权等方式。这些举措无疑会对国有创业投资企业的运作及业绩带来影响。IPO 国有股不再进行转持，对于国有创业投资企业是巨大的利好。

第三章

过 程

第一节 确定中介机构与引进私募

第二节 A股IPO的必经程序

第一节　确定中介机构与引进私募

一、选择中介机构

(一) IPO 需要聘请的主要中介机构

贯穿 A 股 IPO 全过程需要聘请的中介机构主要包括三类：证券公司、会计师事务所和律师事务所。

目前，会计师事务所从事股票发行上市业务必须具有证券从业资格，证券公司须具有保荐机构业务资格，对律师事务所已不再要求证券从业资格。

(二) 各中介机构的主要工作内容

1. 证券公司（保荐机构、主承销商）

保荐机构是 A 股 IPO 最重要的中介机构，是企业上市过程中的总设计师和总协调人。实践中，其在企业上市过程中也拥有不同的身份，例如在股份公司设立阶段也被称为"财务顾问"；在辅导阶段也被称为"辅导机构"；在申报审核阶段是"保荐机构"；在发行阶段担任股票发行的"主承销商"。在《证券发行上市保荐业务管理办法》（以下简称《办法》）（中国证券监督管理委员会令第 63 号，2009 年）中，其前三个阶段的角色都被称为"保荐机构"。

根据该《办法》第二十三条至三十四条的规定，保荐机构主要承担的职责包括以下内容。

（1）尽职调查：保荐机构推荐发行人证券发行上市，应当遵循诚实守信、勤勉尽责的原则，按照中国证监会对保荐机构尽职调查工作的要求，对发行人进行全面调查，充分了解发行人的经营状况及其面临的风险和问题。

（2）辅导发行人：保荐机构在推荐发行人首次公开发行股票并上市前，应当对发行人进行辅导，对发行人的董事、监事和高级管理人员、持有 5% 以上股份的股东和实际控制人（或者其法定代表人）进行系统的法规知识、证券市场知识培训，使其全面掌握发行上市、规范运作等方面的有关法律法规和规则，知悉信息披露和履行承诺等方面的责任和义务，树立进入证券市场的诚信意识、自律意识和法制意识。

（3）签订保荐协议：保荐机构应当与发行人签订保荐协议，明确双方的权利和义务，按照行业规范协商确定履行保荐职责的相关费用。保荐协议签订后，保荐机构应在 5 个工作日内报发行人所在地的中国证监会派出机构备案。

（4）出具发行人发行和上市的推荐文件：保荐机构应当确信发行人符合法律、行政法规和中国证监会的有关规定，方可推荐其证券发行上市。保荐机构决定推荐发行人证券发行上市的，可以根据发行人的委托，组织编制申请文件并出具推荐文件。

保荐机构推荐发行人发行证券，应当向中国证监会提交发行保荐书、保荐代表人专项授权书以及中国证监会要求的其他与保荐业务有关的文件。

保荐机构推荐发行人证券上市，应当向证券交易所提交上市保荐书以及证券交易所要求的其他与保荐业务有关的文件，并报中国证监会备案。

（5）对发行人提供的资料和披露的内容进行独立判断：对发行人申请文件、证券发行募集文件中有证券服务机构及其签字人员出具专业意见的内容，保荐机构应当结合尽职调查过程中获得的信息对其进行审慎核查，对发行人提供的资料和披露的内容进行独立判断。保荐机构所做的判断与证券服务机构的专业意见存在重大差异的，应当对有关事项进行调查、复核，并可聘请其他证券服务机构提供专业服务。

对发行人申请文件、证券发行募集文件中无证券服务机构及其签字人员专业意见支持的内容，保荐机构应当获得充分的尽职调查证据，在对各种证据进行综合分析的基础上对发行人提供的资料和披露的内容进行独立判断，并有充分理由确信所做的判断与发行人申请文件、证券发行募集文件的内容不存在实质性差异。

（6）配合中国证监会的审核工作：组织发行人及证券服务机构对中国证监会的意见进行答复；按照中国证监会的要求对涉及本次证券发行上市的特定事项进行尽职调查或者核查；指定保荐代表人与中国证监会职能部门进行专业沟通，保荐代表人在发行审核委员会会议上接受委员质询；中国证监会规定的其他工作。

需要特别注意的是，与国外成熟市场有所区别的是，证监会要求保荐机构不能完全依赖其他中介机构的工作。对其他中介机构出具专业意见的内容，保荐机构也必须对其进行审慎核查，进行独立判断。

2. 会计师事务所与律师事务所

会计师事务所的主要工作包括协助企业完善财务管理、会计核算和内控制度，就改制上市过程中的财务、税务问题提供专业意见，协助申报材料制作，出具审计报告和验资报告等。具体工作主要包括：负责企业财务报表审计，出具三年及一期审计报告；负责企业盈利预测报告审核（特殊情况下需要），并出具盈利预测审核报告；负责企业内部控制鉴证，并出具内部控制鉴证报告；负责核验企业的非经营性损益明细项目和金额；对发行人主要税种纳税情况出具专项意见；对发行人原始报表与申报财务报表的差异情况出具专项意见。

律师事务所的主要工作包括解决改制上市过程中的有关法律问题，协助企业准备报批所需的各项法律文件，出具法律意见书和律师工作报告等，具体包括：对改制重组方案的合法性进行论证；指导股份公司设立或者有限公司变更为股份公司；对设立相关的法律事项进行审核并协助企业规范、调整和完善;对发行人的历史沿革、股权结构、资产、组织机构运作、独立性、税务等法律事项的合法性进行判断;对股票发行上市各种法律文件的合规性进行判断;协助和指导发行人起草公司章程等公司法律文件;出具法律意见书和律师工作报告,及根据反馈意见出具补充法律意见书;对有关申请文件提供鉴证意见等。

(三)选择中介机构的一般标准

一般认为,选择中介机构主要考虑以下因素。

第一,中介机构本身的综合实力、声誉、项目运作机制、资源投入情况及对本项目的重视程度。

第二,具体承做团队(派驻发行人的项目组)的声誉、执业能力、执业经验、执业质量和勤勉尽责度。需要提醒注意的是,中介机构与其派出具体承做团队并不能完全画等号。

第三,中介机构团队之间的历史合作情况、沟通便利性和配合协调度。

第四,中介机构的收费情况。中介机构的收费并非越低越好,协商确定一个与市场水平相符,并根据具体情况予以酌情调整的公允合理价格是最优选择。

第五,中介机构当前是否有项目已经被证监会立案调查或者有风险项目已经被媒体报道。

根据相关规定,如果中介机构有其他项目被证监会立案调查,那么在调查结束并给出正式处罚意见之前,该中介机构不能向证监会申报项目。如果处罚不涉及停止该中介机构的业务资格,那么在此之后可以申报。如果发行人的项目已经申报,在审核期间遭遇中介机构其他项目"涉案"而受到影响,中介机构需要对发行人的项目进行审慎的全面复核之后,方可继续审核进程。也就是说,如果发行人选择的中介机构在项目申报前因其他项目被调查，那么其不能正常申报发行人的项目；如果发行人选择的中介机构在申报后因其他项目被调查，也会因为复核程序而耽误时间。

(四) 如何选择保荐机构的实务建议

保荐机构是整个中介机构的"班长"，是最为重要的中介机构。在中国当前 A 股 IPO 审核机制下，对于选择保荐机构有两个建议。

1. 选择最合适的，而非简单看"颜值"和"块头"

（1）为什么选择"合适的"最为重要？

选择保荐机构的首要目的是顺利实现发行人的发行上市。在成熟市场国家，由于 IPO 的审核机制是注册制或者类似机制，一般来说通过注册或者审核不存在不确定性。保荐机构最重要的任务是讲出好的投资故事与发出一个好价格。

而在中国，目前审核阶段是严格的核准制审核，通过审核有较大的不确定性。严格审核带来的"管制溢价"，加上发行阶段采用严格的市盈率倍数管制发行价格，导致当前 A 股的新股发行既不会出现发行失败，也没有提升发行价格的空间（23 倍市盈率为上限）。所以，在当前中国，保荐机构的任务基本上就是通过审核，而发行上市只是一个走程序的过程。

在这种情况下，保荐机构做的工作其实具有很大的"同质化"。在具备基本的专业能力与执业经验的基础上，能否通过审核的关键不在于保荐机构的能力有多强，而在于保荐机构（及承做团队）的重视程度。原因在于：

第一，如果保荐机构足够重视这个项目，有可能派出专业水平与敬业程度高的具体承做团队。如果承做团队也足够重视这个项目，那么可能在实际承做过程中投入更多的精力与人力，更加认真与勤勉地完成项目。这才是项目能够顺利推进与通过审核的最重要因素。

第二,如果保荐机构足够重视这个项目,那么在内部审核(例如券商内核)环节会相对顺利,后续在与监管部门的审核反馈与合法沟通过程中,也容易得到整个保荐机构的资源支持。如果与之相反,就只能靠项目承做团队(项目组)自身的力量。如果项目组本身对这个项目也不够重视,那么这个项目的推进过程与审核结果就会很不乐观。

所以,发行人选择保荐机构不能简单追求"块头"或者"颜值",而是要寻找最适合自己的。

(2)如何选择"合适的"?

什么是最适合自己的保荐机构,有两点最为重要。

第一,选择最重视自己的保荐机构与承做团队。民间有一句俗语,"与你爱的人谈恋爱,与爱你的人结婚"。这用在婚姻选择上有点草率,但作为当前中国选择保荐机构的标准却是十分合适的。发行人选择的应该是对发行人自身充分认可与看好,愿意全力以赴、认真努力投入工作的保荐机构及承做团队。这样,无论是在人员调派与投入程度、尽职调查与申报材料质量、保荐机构内部审核、与证监会的沟通等环节都能够获得较好的效果,成为最终通过审核的有力保障。上海证券交易所副总经理刘啸东也曾经说过:对于拟上市公司来说,选择适合自己的保荐机构,不仅要看券商的资质、实力和以往的承销业绩,更要弄清楚自己在这家保荐机构心目中的地位。

一些发行人盲目迷信品牌,不惜"低声下气"请求保荐机构来承做自己的项目,甚至愿意答应苛刻的条件,这样就有可能出现项目进程被耽误、承做过程被粗糙应付的情况,是不足取的。

此外还需要特别提醒的有两点:①部分保荐机构承揽项目与承做项目的完全是不同的人员,这里讲的承做团队是指具体承做项目的项目组;②基于当前中国对保荐机构严格加强监管的特殊形势,一定要提防保荐机构其他项目"涉案"对发行人自身项目的影响。

第二，选择对发行人特别是发行人创始人（董事长）相互认可、能够较好合作的承做团队。

发行上市过程是一个较长的历时，这种相互认可除了可以增加承做团队的重视与投入程度，也能够更好地提升项目承做质量，保障项目进程的顺利推进。

该事项不仅在当前的中国资本市场特别重要，就是在成熟市场也很有意义。大家都熟悉的一个著名案例是星巴克的 IPO。星巴克拒绝了一帮华尔街大牌投行，而选择了没有太大知名度的马里兰州的一家精品投行，其中一个重要原因就是这家投行的负责人和星巴克的创始人对咖啡文化有相同的爱好和迷恋。

2. 选择能够长期合作，而非只愿意做"一次性买卖"的保荐机构

与国外很多企业与一家证券公司（投资银行）长期合作不同，中国资本市场很多企业与证券公司的关系经常是"一次性买卖"。这既与中国很多企业家对中介机构的作用重视程度不够有关，也与中国很多证券公司采用产品制（将一个 IPO 项目仅视为一个融资产品）而非客户制（将发行人视为一个客户长期服务）的运行机制有关。

事实上，资本市场对于一家企业的长期发展至关重要。如果一个企业 IPO 成功，其利用资本市场的要求会更多也更迫切，也更需要投资银行为其长期服务。理想的企业与投资银行的关系不是企业提出融资或者并购需求后再去选择投资银行承做，而应该是与投资银行事先就有长期的合作关系，该投资银行长期关注企业，能够协助企业制定发展战略与利用资本市场的长期规划，随时根据企业的需求和资本市场的形势，主动为企业提出资本运作方案。企业与投资银行这样的融合关系才能有助于企业更好地利用资本市场。

基于这样的考虑，企业在选择保荐机构时如果能够既考虑到即时

IPO 申报审核的需求，也能够考虑到长期资本运作的需求，从一开始就选择一定能够长期合作的保荐机构，是更为有利的选择。

二、引进私募投资基金

(一) 引进私募不是 IPO 的必选项

从财务学角度讲，股权融资是比债务融资成本更为昂贵的融资方式。而从股权摊薄的角度讲，鉴于一个企业随着其成熟度的提升和越来越接近资本市场，估值应该越来越高。那么融资时间越靠后，同样的股权摊薄就能够融到更多的资金，或者说融到同样的资金所需的股权摊薄更少。

所以，拟 IPO 企业是否需要在 IPO 前引进私募股权投资，应该根据各自的实际情况和需求合理判断。引进私募不是 A 股 IPO 的必选程序。

(二) 引进私募的原因与动机

1. 确实的资金需求

很多企业基于其业务开展的资金需求而确实需要融资，但又难以通过债权方式融资（可能是因为固定资产少、无担保难以取得银行信贷，也可能因为规模太小无法通过债券方式融资等），或者因为自身财务结构限制不适宜通过债权方式融资（例如资产负债率过高、财务成本过于沉重等），那么通过引入私募投资基金以股权方式融资就成为必要的选择。

一些新经济、新业态的企业，基于其自身商业模式（例如前期发展中需要以客户积累换取竞争优势）甚至可能在其成长期需要多轮、持续的私募基金资金支持。

此外，基于 A 股资本市场监管的特殊性，以下三个因素需要企业提前予以前瞻性的考虑。

第一，考虑到 IPO 申报审核期间的资金需求。由于 A 股企业 IPO 申报期间股权结构原则上不能变化（包括不能进行股权融资），企业须提前考虑到此阶段的资金需求，可能需要通过提前引进私募投资基金以储备资金。这在过去 A 股 IPO "堰塞湖"问题严重，审核及排队时间过长时尤为重要。

第二，A 股 IPO 时的融资额不能满足资金需求。由于目前 A 股 IPO 的发行额度（发行后股本的 25%）、发行价格（23 倍市盈率的窗口指导性规定）均受到管制，IPO 时的融资额受限，可能无法满足资金需求。

第三，上市后的资金需求。与成熟市场 IPO 上市之后资本运作成为公司自治事项，无须监管部门审批不同，A 股上市公司仍然受到严格的监管。例如，根据现行上市公司再融资的规定，IPO 之后如果要选择非公开发行方式融资，需要间隔 18 个月。在审核中，监管部门还会对非公开发行的融资用途进行严格审核。

2. 为企业带来现实的帮助

除了直接带来资金，引进私募投资基金或者其他投资者，还可能给企业带来各方面的好处，包括：

（1）有助于企业产业链完善，提升战略规划水平。

例如，一些产业投资者或者在某些行业布局完整、产业经验丰富的私募投资基金可能具备帮助企业完善企业战略，改善供应链管理，为企业的原材料供应、产品销售等方面带来便利。

但需要注意的是，私募投资基金给企业此方面带来的益处应该出于正常、长期的商业考虑，而不能是短期的业绩粉饰。在证监会《关于做好首次公开发行股票公司 2012 年度财务报告专项检查工作的通知》（发行监管函〔2012〕551 号）中提到粉饰业绩或财务造假情形的 12 项重点核查工作中包括："……PE 投资机构及其关联方、PE 投资机构的股东或实际控制人控制或投资的其他企业在申报期内最后一年与发行人发生大额交易从而导致发行人在申报期内最后一年收入、利润出现较大幅度增长"。

此外，部分拟 IPO 企业希望引入公司上下游的供应商、经销商作为股东，以稳固公司与供应商和经销商的合作关系，保证公司原材料的优先供应和销售渠道的畅通。这本身是正常的商业考虑。但需要提醒注意的是，考虑到中国 A 股 IPO 当前的实质性审核（特别是在高度防范财务舞弊的大背景下），这种考虑需要谨慎。如果拟上市企业与这些类型的股东有交易行为，同时可能受到重点审查。

（2）有助于帮助企业优化公司治理水平，改善企业经营管理。

部分拟上市企业公司治理与内控比较薄弱，甚至是完全的家族企业管理模式。在这种情况下，引进经验丰富，特别是具备强大投后管理能力的私募投资基金，有助于企业提升公司治理水平、建立内部激励机制和提升生产经营管理水平。

需要说明的是，尽管 A 股 IPO 审核并没有对大股东的持股比例有具体的上限或者下限要求。但从公司治理结构的角度来说，发行前如果大股东持股比例过于集中且有较多家庭成员在企业任职，则可能危及公司治理与内控的有效性。在这种情况下，引进私募投资基金是一种解决办法。

（3）有声望的 PE 投资者带来"背书"效应。

如果引入的私募投资者为知名大型企业或有影响的私募投资基金，在资本市场上对公众投资者具有明显的号召力，则有利于提升公司整体形象，提高 IPO 成功上市的概率。如果发行价格管制放开，还可能有助于提升发行价格。

3. 原股东合理的"套现"需求

由于具体情况千差万别，不能简单认为在上市前大股东减持股权就是不看好企业、不负责任。对于一些创业期较长，创始人股东持股比较高的企业来说,创业始人股东因为生活原因需要套现是可以理解的。此外,部分前期进入的私募投资基金也可能因为基金年限、提升当期业绩等原因考虑提前退出。

(三) 引进私募投资基金的方式选择

引进私募投资基金的途径包括原股东转让存量股份(老股转让)和拟上市企业增发新的股份(增资扩股)。

在目前实践中,以增资扩股方式为主。具体来看,对这两种方式的选择取决于以下因素:

第一,引进私募投资基金的目的。转让存量股份方式资金由原股东获得,而增资扩股的资金由拟上市企业获得。因此,如果是拟上市企业需要融资则只能采用增资扩股方式;如果原股东是为了套现则只能采用老股转让方式。

第二,考虑对拟上市企业净资产收益率和每股收益的摊薄。采用增资扩股方式,拟上市企业股本增加,净资产增加,可能带来净资产收益率和每股收益的摊薄。而转让老股方式不影响拟上市企业的股本和净资产。

第三,引进私募的时间。由于《公司法》规定股份公司设立后发起人股权一年内不能转让,因而如果在设立股份公司后引进私募,就只能采用增资扩股方式。

(四) 估值定价

由于拟 IPO 企业通常已经比较成熟,属于成长期或者成熟期的企业,加上简单易行、易于比较,目前实践中最常用的是采用市盈率法。此外,也可能根据企业行业属性与商业模式等选择市净率法、市销率法、企业价值倍数法、现金流折现法等。

除了企业所处的行业与商业模式、核心竞争力、团队等估值定价通常予以考虑的因素外,距离 IPO 的成熟度(预期申报 IPO 的时间)、所处行业当前 A 股二级市场市盈率状况也是重点予以关注的因素。

必须注意的是,中国 A 股市场的锁定期与特定股东减持的规定等会对私募投资基金的退出时间产生较大的影响,这也是估值时必须考虑的因素。私募投资基金至少要在 IPO 上市之后锁定 12 个月,还可能根据入股时间和股份来源的具体情况被锁定 36 个月。

此外,根据《上市公司股东、董监高减持股份的若干规定》(证监会公告〔2017〕9 号)及交易所相关细则,除了持股 5% 以上的股东外,持有公司 IPO 前发行股份的股东也纳入监管范围,90 天内通过集中竞价交易和大宗交易减持的股份分别不能超过总股本的 1%、2%(对大宗交易的接盘方还有限制性要求)。这样的规定可能导致 PE 退出的时间延长,单个 PE 的入股比例降低等。部分 PE 出于规避减持规定的考虑,还可能试图通过代持等方式,将可能违反 IPO 股权清晰的发行条件,带来事后的审核与信息披露风险,需要谨慎。

(五)拟上市企业引进私募投资基金的一些注意事项

1. 关于"对赌"

狭义的对赌协议在成熟市场被称为估值调整机制(valuation adjustment mechanism,VAM)。其主要是指基于标的未来财务绩效目标的实现与否而对原来确定的标的估值进行调整,导致以股权或者现金等方式对投资者进行补偿的条款。广义的对赌协议还包括约定退出时间(例如规定上市时间,逾期须对投资者股权予以回购)、特殊管理权(例如投资者在董事会的一票否决权安排)等条款。

基于最高法院对"海富投资"诉"甘肃世恒"案的终审判决,实践中一般认为:在我国,投资机构与被投资公司之间的业绩对赌条款无效,投资机构与股东之间的条款有效。

在上市公司发行股份购买资产时,《上市公司重组管理办法》明确要求在部分情况下上市公司必须与交易对方就相关资产实际盈利数不足利润预测数的情况签订明确可行的补偿协议。

2016年8月8日,股转系统颁布《挂牌公司股票发行常见问题解答(三)——募集资金管理、认购协议中特殊条款、特殊类型挂牌公司融资》。该文件首次专门就对赌事项进行了规定。根据该文件,新三板挂牌公司股票发行认购协议中存在特殊条款的,应当满足以下监管要求:……(二)认购协议不存在以下情形:①挂牌公司作为特殊条款的义务承担主体。②限制挂牌公司未来股票发行融资的价格。③强制要求挂牌公司进行权益分派,或不能进行权益分派。④挂牌公司未来再融资时,如果新投资方与挂牌公司约定了优于本次发行的条款,则相关条款自动适用于本次发行认购方。⑤发行认购方有权不经挂牌公司内部决策程序直接向挂牌公司派驻董事或者派驻的董事对挂牌公司经营决策享有一票否决权。⑥不符合相关法律法规规定的优先清算权条款。⑦其他损害挂牌公司或者挂牌公司股东合法权益的特殊条款。

基于目前A股IPO发行条件中对发行人股权清晰的要求,IPO审核时明确要求对赌协议应当予以终止。不仅不允许存在盈利补偿条款,也不允许管理权的特殊安排(例如公司章程中的一票否决权等)等,以消除股权和经营的不确定性。

在实践中,私募投资基金一般会在投资入股时与拟上市企业正常签订对赌协议,但会有默契地在IPO申报材料申报证监会前予以解除。部分证监局也将是否清理对赌协议作为辅导验收的标准之一。所以,多数保荐机构一般会要求私募投资基金与拟上市企业在券商内核前或者证监局辅导验收前终止对赌协议。

下面是2017年两个涉及对赌协议清理问题的IPO审核反馈问题。

浙江康隆达特种防护科技股份有限公司首次公开发行股票申请文件反馈意见：招股说明书披露，发行人历史沿革中有五次增资和四次股权转让，涉及多个境外主体，现有股东中东大控股为外资股东，且保荐工作报告披露发行人存在对赌协议但招股说明书未披露。高磊投资于 2014 年 9 月入股，但招股说明书未披露高磊投资具体情况。请保荐机构、发行人律师核查并披露……（5）发行人历史沿革中存在的对赌协议的背景原因、协议主体、主要内容、履行情况，对发行人有何影响，发行人是否会有损失，是否存在纠纷或潜在纠纷。请保荐机构、发行人律师就……对赌协议是否会对发行人股权清晰造成不利影响并对本次发行上市构成障碍发表明确意见。^㊀

福建海峡环保集团股份有限公司首次公开发行股票申请文件反馈意见。招股说明书披露，发行人 2013 年 12 月增资并引入四家战略投资者。请保荐机构、发行人律师核查并披露：①上述股东的股权结构、实际控制人基本信息，引入上述股东的原因，增资定价依据，是否履行了相应的程序，资金来源及其合法性，增资是否真实有效，是否存在纠纷或潜在纠纷；②上述股东与发行人及其控股股东、实际控制人之间是否存在对赌协议或其他特殊协议安排；③股权结构中自然人合伙人近五年的个人经历，发行人股东及其各层自然人股东或合伙人与发行人及其控股股东、实际控制人、其他股东、董监高、核心技术人员、本次发行中介机构负责人及其签字人员之间是否存在亲属关系、关联关系、委托持股、信托持股或其他利益输送安排。^㊁

㊀ 资料来源：中国证监会官网 "浙江康隆达特种防护科技股份有限公司首次公开发行股票申请文件反馈意见"（http://www.csrc.gov.cn/pub/newsite/fxjgb/scgkfxfkyj/201611/t20161115_305942.html），访问于 2017 年 12 月 28 日。

㊁ 资料来源：中国证监会官网 "福建海峡环保集团股份有限公司首次公开发行股票申请文件反馈意见"（http://www.csrc.gov.cn/pub/newsite/fxjgb/scgkfxfkyj/201610/t20161014_304576.html），访问于 2017 年 12 月 28 日。

2. 对私募投资基金身份的核查及备案要求

根据 IPO 申报材料的披露要求，保荐机构须对企业拟引入的私募投资基金的身份进行核查。前引"福建海峡环保集团股份有限公司首次公开发行股票申请文件反馈意见"就体现了这一要求。

此外，"三类股东"（契约型基金、信托计划、资产管理计划）作为拟 IPO 企业的直接股东，需要谨慎。

根据《发行监管问答——关于与发行监管工作相关的私募投资基金备案问题的解答》(2015 年 1 月 23 日)，保荐机构和发行人律师（以下称中介机构）在开展证券发行业务的过程中，应对投资者是否属于《私募投资基金管理人登记和基金备案办法（试行）》规范的私募投资基金以及是否按规定履行备案程序进行核查并发表意见。具体来说，其要求中介机构对投资者中是否有私募投资基金，是否按规定履行备案程序进行核查，并分别在《发行保荐书》《发行保荐工作报告》《法律意见书》《律师工作报告》中对核查对象、核查方式、核查结果进行说明。

由于这一核查要求是申报文件的必备内容，也就是说，私募投资基金至迟在企业 IPO 申报前必须完成备案工作。

第二节　A 股 IPO 的必经程序

一、设立股份公司

（一）设立股份公司的方式

《公司法》第七十七条规定，股份有限公司的设立可以采用发起设立或者募集设立的方式。发起设立，是指由发起人认购公司应发行的全部股份而设立公司。募集设立，是指由发起人认购公司应发行股份的一部分，其余股份向社会公开募集或者向特定对象募集而设立公司。

从目前实务操作来看，由于中国证监会要求股份公司设立后经过保荐机构辅导方可申请发行股票，因此募集设立方式并不具备可操作性。直接设立股份公司只能选择采用发起设立方式。

此外，《公司法》规定有限公司可以变更为股份公司。其规定：有限责任公司变更为股份有限公司，应当符合本法规定的股份有限公司的条件。有限责任公司变更为股份有限公司时，折合的实收股本总额不得高于公司净资产额。因此，有限公司变更为股份公司，成为产生股份公司的另一种形式。

综合起来，当前设立股份公司可以选择直接发起设立股份公司和原有限公司变更为股份公司两种形式。

由于 A 股首次公开发行的条件中包括持续运行（无论是申请主板中小板还是创业板上市均需要自股份公司设立之日起持续运行三年）的要求，如果直接发起设立股份公司则意味着需要等待三年的运行时间。发行条件同时规定，有限责任公司按原账面净资产值折股整体变更为股份有限公司的，持续经营时间可以从有限责任公司成立之日起计算。也就是说，选择由有限公司整体变更为股份公司，可以避免从头计算三年持续运行期。因此，目前申报 A 股 IPO 的绝大多数股份公司的设立方式均为有限公司整体变更。

（二）设立股份公司之前或者申报之前的资产重组

1. 确定上市主体架构的原因

如果有限公司由自然人控股，且该自然人及其关联方未控制其他经营实体或者经营其他业务，这种情况下进行整体变更最为简便。或者，有限公司由法人或者非法人组织控股，该法人或者非法人组织由自然人控制，无论是这个法人、非法人组织还是自然人均未持有其他经营实体或者经营其他业务，也可以直接将该有限公司变更为股份公司。

但是如果上述的作为控股股东或者实际控制人的法人、非法人组织、自然人还控制其他经营实体或者经营其他业务，则应该在设立股份公司之前考虑股份公司的架构问题。这时，需要先行通过资产重组的方式完成上市主体的搭建，再将上市主体变更为股份公司，或者在股份公司设立后、申报前完成资产重组。

股份公司的架构问题，其实就是确定拟申报上市股份公司的资产范围。发行条件对上市主体提出了主营业务不能发生重大变化的要求。具体包括以下两个方面。①主板、中小企业板要求上市主体三年；创业板要求两年内业务不能发生重大变化。②变化既包括业务内容的变化，也包括外沿并购引起的业务规模变化。考虑到这一时间要求，资产范围的确定越早越好，一般应在股份公司设立之前。

一般的操作方法是，在实际控制人控制的众多主体中，选择其中一个有限公司作为上市主体，然后以其为中心整合其他资产。待整合完成后再将这个有限公司变更为股份公司。如果在股份公司设立前没有完成资产整合工作，也应该在辅导验收之前完成。具体选择哪一个有限公司，一般考虑两个因素：①业务规模大小；②历史沿革是否简单清晰、运作规范。

2. 确定上市主体架构（资产重组）的总体原则

（1）整体上市是基本原则。

《证券期货法律适用意见第3号》（2008年）明确指引：发行人对同一公司控制权人下相同、类似或相关业务进行重组，多是企业集团为实现主营业务整体发行上市、降低管理成本、发挥业务协同优势、提高企业规模经济效应而实施的市场行为。从资本市场角度看，发行人在发行上市前，对同一公司控制权人下与发行人相同、类似或者相关的业务进行重组整合，有利于避免同业竞争、减少关联交易、优化公司治理、确保规范运作，对于提高上市公司质量，发挥资本市场优化资源配置功能，保护投资者特别是中小投资者的合法权益，促进资本市场健康稳定发展，具有积极作用。

从证监会的政策指引来看，整体上市是确立上市架构以及进行设立股份公司前资产重组的基本原则。通过整体上市，一方面能够避免未来的上市公司产生与大股东及实际控制人之间的内部独立性问题，避免同业竞争，减少关联交易，保持资产、人员、财务、机构、业务独立，达到发行监管对公司独立性的基本要求；另一方面有利于企业优先资源配置，提升管理效率。

从具体要求来看，其包括以下内容。

第一，若公司实际控制人拥有的业务之间有较强相似或相关性，或者业务之间有上下游关系或者有关联交易，根据整体上市的要求，需要对这些业务进行重组整合，纳入拟上市主体。

第二，选择上市主体时，将历史沿革规范、股权清晰、资产规模大、盈利能力强的公司确定为上市主体，并以此为核心构建上市架构。

第三，整体上市主体的其他业务方式包括：上市主体收购被重组方股权；上市主体收购被重组方的经营性资产；上市主体的控股股东及实际控制人以被重组方股权或经营性资产对上市主体进行增资；上市主体吸收合并被重组方。

第四，如果公司实际控制人经营的多项业务之间互不相关，既没有业务的相似性，相互之间也没有经常性的交易，可以考虑不纳入一个上市主体。

第五，整体上市是原则，主业突出不是原则。除了非经营性资产可以按照市场化方式合理剥离外，不能背离整体上市的原则，不能以某项业务盈利能力不强或者不是主业为由，将相近相似、相关联的业务剥离。

第六，除了申请在创业板上市的发行人应当主要经营一种业务外，申请在主板中小板上市的发行人可以经营多种业务。

（2）创业板上市公司的特殊规定。

《创业板首发办法》（2015年）明确要求申请创业板IPO的发行人"应当主要经营一种业务"。也就是说，申请创业板IPO的发行人在贯彻整体上市原则设计上市主体的同时，也要避免多元化经营。

根据证监会窗口指导，满足以下两种情况之一的，不违反"发行人应当主要经营一种业务"的规定。

第一，发行人经营的是同一种类别业务或相关联、相近的集成业务，如与发行人主营业务相关或上下游相关关系，或者源自同一核心技术或同一原材料（资源）的业务；面向同类销售客户、同类业务原材料供应的业务。例如，中国企业曾经流行的"技、工、贸"发展路径也可以视为一种业务。

第二，发行人在一种主要业务之外经营其他不相关业务的，最近两个会计年度合并报表计算同时符合以下标准：其他业务收入占营业收入总额不超过30%，其他业务利润占利润总额不超过30%。而且，应该视其他业务对发行人主营业务影响情况，充分提示风险。

3. 进行资产重组时须避免触及主营业务发生重大变化的发行条件

《证券期货法律适用意见第3号》（2008年）规定，发行人报告期内存在对同一公司控制权人下相同、类似或相关业务进行重组情况的，如同时符合下列条件，视为主营业务没有发生重大变化：

（1）被重组方应当自报告期期初起即与发行人受同一公司控制权人控制，如果被重组方是在报告期内新设立的，应当自成立之日即与发行人受同一公司控制权人控制。

（2）被重组进入发行人的业务与发行人重组前的业务具有相关性（相同、类似行业或同一产业链的上下游）。

发行人报告期内存在对同一公司控制权人下相同、类似或相关业务进行重组的，应关注重组对发行人资产总额、营业收入或利润总额的影响情况。发行人应根据影响情况按照以下要求执行。

第一,重组方重组前一个会计年度末的资产总额或前一个会计年度的营业收入或利润总额达到或超过重组前发行人相应项目100%的,为便于投资者了解重组后的整体运营情况,发行人重组后运行一个会计年度后方可申请发行。

第二,被重组方重组前一个会计年度末的资产总额或前一个会计年度的营业收入或利润总额达到或超过重组前发行人相应项目50%,但不超过100%的,保荐机构和发行人律师应按照相关法律法规对首次公开发行主体的要求,将被重组方纳入尽职调查范围并发表相关意见。此外,还应按照《公开发行证券的公司信息披露内容与格式准则第9号——首次公开发行股票并上市申请文件》(证监发行字〔2006〕6号)附录第四章和第八章的要求,提交会计师关于被重组方的有关文件以及与财务会计资料相关的其他文件。

第三,被重组方重组前一个会计年度末的资产总额或前一个会计年度的营业收入或利润总额达到或超过重组前发行人相应项目20%的,申报财务报表至少包含重组完成后的最近一期资产负债表。

上述规定如表3-1所示。

表3-1 同一控制人下相同、类似或相关业务进行重组情况的监管要求

	比 重	具体要求
被重组方重组前一个会计年度末的资产总额或前一个会计年度的营业收入或利润总额占重组前发行人相应项目的比重(X)	$X \geqslant 100\%$	发行人重组后运行一个会计年度后方可申请发行
	$50\% \leqslant X < 100\%$	保荐机构和发行人律师将被重组方纳入尽职调查范围并发表相关意见,提交会计师关于被重组方的有关文件以及与财务会计资料相关的其他文件
	$X \geqslant 20\%$	申报财务报表至少须包含重组完成后的最近一期资产负债表

注:1. 被重组方重组前一会计年度与重组前发行人存在关联交易的,资产总额、营业收入或利润总额按照扣除该交易后的口径计算。

2. 发行人提交首发申请文件前一个会计年度或一期内发生多次重组行为的,重组对发行人资产总额、营业收入或利润总额的影响应累计计算。

(三) 整体变更设立股份公司

《公司法》(2013年)和《公司登记管理条例》(2016年)规定了发起设立公司的程序,主要包括:确定发起人,签订发起人协议;发起人出资;召开创立大会及第一届董事会、监事会会议;办理工商注册登记手续。

有限责任整体变更为股份公司从原理上讲并不属于股份公司设立的两种方式(募集设立与发起设立)之一。但由于《公司法》等法规并未对有限公司整体变更的程序性要求进行明确规定,而且旧《公司法》还曾经规定"有限公司变更为股份公司,应当符合本法规定的股份公司的条件,并依照本法有关设立股份公司的程序办理",因此在实务中一般均按照发起设立公司的程序来进行有限公司整体变更,同样包括现有股东签署发起人协议、召开创立大会等程序。

2013年版《公司法》已删除了有限公司变更为股份公司时"依照本法有关设立股份公司的程序办理",但由于仍然缺乏其他细则规定,在实务中大多依然沿袭过去的做法,按照发起设立股份公司的程序进行有限公司整体变更。具体来讲,主要程序包括:

(1) 确定审计基准日,由具有证券期货从业资格的会计师事务所出具审计报告。

(2) 同时以审计基准日作为评估基准日,由具有证券期货从业资格的资产评估机构出具资产评估报告(对于是否需要评估报告,各地工商部门仍有不同的要求,须咨询当地工商部门的意见)。

(3) 发起人(有限公司原股东)签署发起人协议。

(4) 由会计师事务所出具验资报告。

(5) 召开第一次股东大会、董事会和监事会。

1) 召开职工代表大会,选举产生职工代表监事。

2）召开股份公司创立大会暨第一次股东大会，审议通过公司章程等文件，同时选举产生董事和股东代表监事。

3）召开第一届董事会，选举董事长；聘任总经理、副总经理、财务负责人。

4）召开第一届监事会，选举监事会主席。

（6）创立大会召开后 30 日内到工商部门办理设立登记。

（四）设立股份公司工作的实务经验

1."首长工程"与成立专门工作机构

在现代市场经济中，资本运作与产品运作共同构成企业发展的两个轮子。而 IPO 上市则在企业资本运作中具有里程碑意义，是企业的头等大事之一，是绝对的"首长工程"。

因此，在实务中，企业为上市工作（包括设立股份公司）一般须设立领导小组，通常由董事长（企业实际控制人）亲自挂帅，由财务总监或者董事会秘书牵头，汇集公司生产、技术、财务、法务等方面的部门负责人参加。领导小组全权负责研究拟订改组方案、聘请改制有关中介机构、召集中介机构协调会、提供中介机构所要求的各种文件和资料。

根据业务实践建议领导小组下设业务组、法律组和财务组三个具体工作小组。

业务组负责协调业务尽职调查，协助完成募集项目设计，负责提供招股说明书业务部分所需资料，主要对口保荐机构。

法律组负责协调法律尽职调查，办理股份公司设立相关手续，履行"三会"程序及相关文件，负责招股说明书股东、历史沿革等部分所需资料，主要对口保荐机构与律师。

财务组负责协调财务尽职调查，配合会计师事务所完成审计，完善内部控制制度，提供招股说明书财务部分所需资料，主要对口会计师事务所与保荐机构。

2. 从培养人才角度提前布局

根据现行监管要求，除了财务总监是公司高级管理人员之外，公司必须聘请董事会秘书（简称"董秘"，作为公司高级管理人员）和证券事务代表。《公司法》规定，上市公司设董事会秘书，负责公司股东大会和董事会会议的筹备、文件保管以及公司股东资料的管理，办理信息披露事务等事宜。我国上市公司实践中，董秘除了负责公司治理（包括股东大会、董事会筹备等）和信息披露工作外，一般直接负责公司的资本运作事务，包括筹备IPO的具体工作。根据交易所上市规则，上市公司董事会应当聘任证券事务代表协助董事会秘书履行职责。实践中，证券事务代表一般相当于公司中层，直接负责管理公司证券部（也有公司由董秘直接兼任证券部负责人）。目前，也有一些公司由财务总监兼任董秘。这样的配置就比较接近成熟市场的CFO（首席财务官，既负责公司财务工作，也负责公司资本运作和投融资事务，是公司IPO的直接负责人员）。

前述工作小组中，除了公司相关部门配合提供人员外，证券部人员是常设工作人员，并可能根据需要增设常设工作人员。

包括设立股份公司在内的上市过程也是企业切实规范公司治理、规范财务运作和内控体系，并且为公司培养人才的过程。企业应该提前考虑与布局未来负责企业资本运作的领军人才（包括财务总监、董秘、证券事务代表等）和具体工作人员（例如证券部、财务部的工作人员），并在整个申请上市过程中让他们通过与保荐机构等中介机构的具体工作得到提升与锻炼。

二、辅导与申报材料制作

(一)关于上市辅导的法律依据与要求

《证券发行上市保荐业务管理办法》(中国证券监督管理委员会令第63号,2009年,以下简称《保荐办法》)明确要求保荐机构在申报前应该对发行人进行辅导,并由发行人所在地的中国证监会派出机构(以下简称"证监局")辅导验收。因此,**接受保荐机构的辅导并通过验收是A股IPO的必经程序**。《保荐办法》具体条文如下所示。

第二十五条:保荐机构在推荐发行人首次公开发行股票并上市前,应当对发行人进行辅导,对发行人的董事、监事和高级管理人员、持有5%以上股份的股东和实际控制人(或者其法定代表人)进行系统的法规知识、证券市场知识培训,使其全面掌握发行上市、规范运作等方面的有关法律法规和规则,知悉信息披露和履行承诺等方面的责任和义务,树立进入证券市场的诚信意识、自律意识和法制意识。

第二十六条:保荐机构辅导工作完成后,应由发行人所在地的中国证监会派出机构进行辅导验收。

以上条文对辅导提出的明确要求包括:①辅导的对象除发行人本身外,还包括发行人的董事、监事和高级管理人员、持有5%以上股份的股东和实际控制人(或者其法定代表人);②辅导的内容包括系统的法规知识、证券市场知识培训,使其全面掌握发行上市、规范运作等方面的有关法律法规和规则,知悉信息披露和履行承诺等方面的责任和义务,树立进入证券市场的诚信意识、自律意识和法制意识。

在实践中,辅导既是上市过程的必经环节;同时辅导期也是申报前的重要筹备期。在此期间,保荐机构会进一步完成尽职调查,解决企业上市前需要解决的规范性等问题,并完成财务审计及申报材料的制作。

(二) 实践中关于辅导的通常程序与要求

中国证监会曾经颁布《首次公开发行股票辅导工作办法》(证监发〔2001〕125号,以下简称《辅导办法》),对辅导机构和辅导人员、辅导协议、辅导内容和实施方案、辅导程序、辅导工作的监管等内容进行了详细的规定。但该《辅导办法》已经被前述《保荐办法》废止,而《保荐办法》对于辅导的规定仅有前文所引的两条。

因此,目前实践中进行辅导主要是依据当地证监局的工作程序规定及保荐机构内部的相关要求,并参照原《辅导办法》的内容进行的。

实践中,辅导的主要流程如表3-2所示。

表3-2 辅导的主要流程

阶 段	工作内容
一、辅导备案	
1. 签署辅导协议	发行人与保荐资格签署辅导协议
2. 办理辅导备案	辅导协议签署后5个工作日内到证监局办理辅导备案登记手续
二、辅导实施	
1. 对发行人及辅导对象进行辅导	辅导机构对发行人进行辅导,包括但不限于法律法规和证券市场基础知识培训,按照发行上市条件的要求对发行人存在的问题进行整改等 建议辅导前期重点可以是摸底调查,全面形成具体的辅导方案并开始实施;辅导中期重点在于集中学习和培训,诊断问题并加以解决;辅导后期重点在于完成辅导计划,进行考核评估,做好IPO申请文件的准备工作 建议辅导方式可以包括组织自学、进行集中授课与考试、问题诊断与专业咨询、中介机构协调会、经验交流会、案例分析等
2. 报送辅导工作报告	依据证监局的要求,定期向其报送辅导工作报告
3. 内核	辅导机构完成辅导工作(报送辅导工作总结报告)并取得内核意见
三、辅导验收	
1. 提交辅导验收申请	在辅导协议期满或者已完成计划目标,辅导机构根据证监局的要求,向证监局报送"辅导工作总结报告",提交辅导验收申请
2. 通过验收	证监局对辅导工作进行验收(包括座谈、查看场所、检查工作底稿、对辅导对象进行书面考试)

从2001年《辅导办法》颁布实施起,中国证监会就取消了对辅导期限的要求。《保荐办法》同样也没有对辅导期限进行规定。目前,多数发行人的辅导期限为3～6个月,并在此期间按当地证监局的相关规

定提交1～3期辅导工作报告。

（三）地方证监局对于辅导备案、辅导过程与辅导验收的一般要求

根据《保荐办法》的相关规定，当地证监局对辅导的验收通过是中国证监会受理 IPO 申报材料的前置程序。在业务实践中，各地证监会局通常都会制定关于辅导程序的及相关格式文件的具体规定。这些具体规定与程序在细节上存在着不同，而且有可能随时进行修订。

因此，无论保荐机构是否在当地有过辅导经验，一旦准备对发行人进行辅导，就应该首先与发行人共同前往当地证监局的相关部门（一般是"上市处"）进行咨询，获取相关具体规定，然后根据这些规定进行具体辅导工作。

例如，深圳证监局 2017 年 7 月 11 日在其官网发布新闻稿，指出：为了深入贯彻依法全面从严的监管要求，深圳证监局拓宽"阳光监管"的范围和深度，于 2017 年 6 月新制定了《上市辅导备案及验收申请指南》，同时对原《辅导监管工作指引》予以修订，以进一步优化辅导监管流程，督促发行人提高信息披露质量，督促中介机构勤勉尽责，提升辅导监管法治化和透明化程度。㊀

根据该新闻稿，该局新制定和修订的《上市辅导备案及验收申请指南》和《辅导监管工作指引》就是对深圳辖区拟上市公司进行辅导的具体工作规定。该新闻稿还指出了该辖区辅导监管流程的三大变化。①提高辅导监管过程透明度。在外网网站新增并每月更新拟上市企业辅导工作进展总体情况；在深圳证监局和保荐机构网站同时公示企业辅导备案情况以代替报纸公示。②增强辅导监管规范性。深圳证监局对保荐机构辅导工作底稿格式进行修改，同时规范了辅导信息披露文件的内容及格

㊀ 资料来源：中国证监会官网之深圳证监局子页面"深圳证监局优化辅导企业监管流程"（http://www.csrc.gov.cn/pub/shenzhen/gzdt/201707/t20170711_320262.htm），访问于 2017 年 12 月 28 日。

式。③减轻发行相关方辅导成本。深圳证监局扩大了免于"两法"测试人员的范围，放宽了测试预约时间，改进了辅导验收方式。

下面以某证监局对于辅导流程的具体规定为例进行示例性说明。特别提醒注意的是，此处的列举只是便于实例了解，具体操作时必须以发行人所在当地证监局的规定为准。

1. 辅导备案

保荐机构与辅导对象形成辅导关系后，提交辅导备案申请。辅导备案材料应包括但不限于以下内容。①辅导备案申请报告。报告内容包括辅导备案请求，辅导对象的设立及历史沿革，发起人或者前五名股东情况，公司基本情况及主营业务介绍，公司设立的批文和营业执照等。辅导备案申请报告应由全体辅导人员和保荐机构负责人签名。②辅导人员姓名及其简历，辅导人员中应至少包含两名保荐代表人。③保荐机构及其辅导人员资格证明文件复印件，并加盖保荐机构公章。④辅导对象全体董事、监事、高级管理人员名单及其简历。⑤辅导协议、辅导工作计划及其实施方案。⑥辅导情况备案表。

经审核认为基本符合备案条件的，确认受理，并出具《保荐机构辅导工作履职提示书》一式两份，要求保荐机构辅导小组负责人签字、加盖保荐机构公章后，交保荐机构、证监局各留存一份；若认为辅导备案材料尚不齐备或存在其他问题，将要求保荐机构在规定时间内补充材料，补充完备后再行受理。

受理辅导备案申请材料后，将组织首次见面沟通会，了解辅导对象的基本情况和改制辅导工作进展情况等，并介绍辅导监管工作的基本程序及要求。保荐机构分管投行负责人、辅导对象董事长或总经理、董事会秘书（或履行该职责的其他人员）、辅导小组负责人，至少一名保荐代表人应参加首次见面会。保荐机构分管投行负责人、辅导对象董事长或总经理无法参会时，将暂缓组织首次见面会，待参会人员符合要求时，再行组织首次见面会。

首次见面会后,将出具《辅导备案登记确认书》一式三份,由保荐机构和辅导对象相关人员分别签字后,加盖证监局印章,交保荐机构、辅导对象各留存一份,证监局留存一份。首次见面会日即为辅导备案登记确认日。

辅导对象在办理辅导备案登记确认手续后,证监局将在 5 个工作日内将辅导备案企业的有关情况在互联网平台予以公示。

2. 辅导过程

保荐机构应按照提交的辅导工作计划,认真开展辅导工作,按阶段报送由辅导人员和保荐机构负责人签名、加盖保荐机构公章的辅导工作备案报告;其中,对辅导工作的评价意见应由辅导对象董事长签名,并加盖辅导对象公章。

辅导期间,保荐机构辅导人员发生变更的,应及时提交书面报告,对变更原因和工作交接手续的办理情况做出说明。

辅导期间,保荐机构与辅导对象终止辅导关系的,应分别就终止原因提交书面报告,同时提交终止辅导关系的相关协议。如辅导对象另行聘请保荐机构的,继任保荐机构应重新办理辅导备案登记手续。

辅导期间,保荐机构无故超过 6 个月未提交辅导工作备案报告,应视作自动终止辅导。

3. 辅导验收

保荐机构完成辅导工作,达到辅导计划既定的目标,可以申请辅导验收。申请材料应包括:①辅导工作总结报告;②验收申请;③辅导对象对保荐机构辅导工作的评价意见;④保荐机构改制、辅导工作核对表;⑤公司营业执照、设立批文、主要业务流程图;⑥公司及其大股东的股权结构图;⑦公司及其大股东控股、参股企业情况说明;⑧公司与控股股东及其实际控制人、关联企业之间业务、人员、机构、资产、财务等分开情况说明；⑨公司董事、监事及高级管理人员兼职情况说明；⑩公司历次验资报告、改制审计报告、最近三年及一期的审计报告；⑪关联方关系、关联交易情况说明及相关书面协议；⑫公司聘请的注册会计师对公司财务独立性，是否建立健全公司财务会计管理体系，资产产权是否明晰，关联关系及关联交易是否规范出具的专项意见；⑬公司聘请的律师对公司设立、改制重组的合法性，"三会"及经营班子运作的规范性，是否有违法违规行为，是否做到业务、资产、人员、财务、机构独立完整以及同业竞争等问题出具的专项意见；⑭环保部门出具的公司整体和募投项目环评报告；⑮国有企业、集体企业改制的，提供省政府出具的对公司转制的确权文件；⑯含有国有股权的，应提供有权部门同意公司发行上市及国有股权划转社保基金的批文。

收到保荐机构的辅导验收申请后，将在5个工作日内完成审核。若发现申请材料不完备，将该材料补充完备后再进行辅导验收；若发现辅导对象存在构成发行上市申报实质性障碍的相关问题，将该相关问题解决后再进行辅导验收。

辅导验收时，保荐机构及辅导对象需要准备并提供以下材料原件：①辅导工作底稿、辅导工作教程；②公司章程及上市后生效的公司章程草案（申报稿）；③公司"三会"议事规则；④"三会"会议记录、会议决议等资料，以及总经理办公会会议记录；⑤公司职工名单及最近一次工资发放统计表、高级管理人员聘任合同；⑥公司改制、重组资产评估报告和历次验资报告；⑦公司商标、专利、土地、房屋等资产的产权证明；⑧公司及主要子公司截至检查日贷款卡信息；⑨公司主要的管理和内控制度；⑩税务、工商、社保、海关、外汇等部门（视公司经营而定）对公司出具的近三年不存在违法违规情况的说明；⑪有关诉讼及仲裁事项的说明及相关资料，如判决书、仲裁书等；⑫公司或子公司对外担保、资产质押情况说明及相关书面协议;⑬公司是否享受税收优惠的说明及相关批文。

辅导验收期间,将履行以下工作程序:①安排进场见面会,要求辅导对象董事长或总经理、董秘、财务负责人,至少1名保荐代表人、签字会计师、主办律师参加,了解辅导工作情况和主要整改事项落实情况;②查看辅导对象的办公场所及生产经营场所;③审阅辅导工作底稿;④审阅辅导对象提供的相关材料;⑤约见有关董事、监事、高级管理人员、控股股东(或其法定代表人)以及其他相关人员进行谈话;⑥视情况要求保荐机构、其他中介机构和辅导对象提供说明或其他材料;⑦组织除独立董事外的全体董事、监事、高级管理人员进行书面闭卷考试,对因故不能参加考试的,应提交书面请假报告并由辅导对象加盖公章予以确认。辅导对象参加辅导验收书面考试人数未达到应参加人数60%的,或考试合格人数(60分为合格)未达到参加考试人数80%的,将在辅导对象有关人员补考合格后,再出具辅导监管报告。辅导监管报告将在保荐机构提交正式的内核意见后再正式发出。

(四)申报材料制作和保荐机构内核

《证券发行上市保荐业务管理办法》第二十九条规定:保荐机构决定推荐发行人证券发行上市的,可以根据发行人的委托,组织编制申请文件并出具推荐文件。

1. 制作申报文件

(1)主板、中小企业板首次公开发行股票并上市申请文件的内容。

根据《公开发行证券的公司信息披露内容与格式准则第9号——首次公开发行股票并上市申请文件》(2006年),申报主板中小板IPO审核的文件目录如表3-3所示。

表 3-3　主板、中小企业板首次公开发行股票并上市申请文件目录

	第一章　招股说明书与发行公告
1-1	招股说明书（申报稿）
1-2	招股说明书摘要（申报稿）
1-3	发行公告（发行前提供）
	第二章　发行人关于本次发行的申请及授权文件
2-1	发行人关于本次发行的申请报告
2-2	发行人董事会有关本次发行的决议
2-3	发行人股东大会有关本次发行的决议
	第三章　保荐人关于本次发行的文件
3-1	发行保荐书
	第四章　会计师关于本次发行的文件
4-1	财务报表及审计报告
4-2	盈利预测报告及审核报告
4-3	内部控制鉴证报告
4-4	经注册会计师核验的非经常性损益明细表
	第五章　发行人律师关于本次发行的文件
5-1	法律意见书
5-2	律师工作报告
	第六章　发行人的设立文件
6-1	发行人的企业法人营业执照
6-2	发起人协议
6-3	发起人或主要股东的营业执照或有关身份证明文件
6-4	发行人公司章程（草案）
	第七章　关于本次发行募集资金运用的文件
7-1	募集资金投资项目的审批、核准或备案文件
7-2	发行人拟收购资产（或股权）的财务报表、资产评估报告及审计报告
7-3	发行人拟收购资产（或股权）的合同或合同草案
	第八章　与财务会计资料相关的其他文件
8-1	发行人关于最近三年及一期的纳税情况的说明 8-1-1　发行人最近三年及一期所得税纳税申报表 8-1-2　有关发行人税收优惠、财政补贴的证明文件 8-1-3　主要税种纳税情况的说明及注册会计师出具的意见 8-1-4　主管税收征管机构出具的最近三年及一期发行人纳税情况的证明
8-2	成立不满三年的股份有限公司需报送的财务资料 8-2-1　最近三年原企业或股份公司的原始财务报表 8-2-2　原始财务报表与申报财务报表的差异比较表 8-2-3　注册会计师对差异情况出具的意见
8-3	成立已满三年的股份有限公司需报送的财务资料 8-3-1　最近三年原始财务报表 8-3-2　原始财务报表与申报财务报表的差异比较表 8-3-3　注册会计师对差异情况出具的意见

(续)

	第八章　与财务会计资料相关的其他文件
8-4	发行人设立时和最近三年及一期的资产评估报告（含土地评估报告）
8-5	发行人的历次验资报告
8-6	发行人大股东或控股股东最近一年及一期的原始财务报表及审计报告
	第九章　其他文件
9-1	产权和特许经营权证书 9-1-1　发行人拥有或使用的商标、专利、计算机软件著作权等知识产权以及土地使用权、房屋所有权、采矿权等产权证书清单（须列明证书所有者或使用者名称、证书号码、权利期限、取得方式，是否及存在何种他项权利等内容，并由发行人律师对全部产权证书的真实性、合法性和有效性出具鉴证意见） 9-1-2　特许经营权证书
9-2	有关消除或避免同业竞争的协议以及发行人的控股股东和实际控制人出具的相关承诺
9-3	国有资产管理部门出具的国有股权设置批复文件及商务部出具的外资股确认文件
9-4	发行人生产经营和募集资金投资项目符合环境保护要求的证明文件（重污染行业的发行人需提供省级环保部门出具的证明文件）
9-5	重要合同 9-5-1　重组协议 9-5-2　商标、专利、专有技术等知识产权许可使用协议 9-5-3　重大关联交易协议 9-3-4　其他重要商务合同
9-6	保荐协议和承销协议
9-7	发行人全体董事对发行申请文件真实性、准确性和完整性的承诺书
9-8	特定行业（或企业）的管理部门出具的相关意见
	第十章　定向募集公司还应提供的文件
10-1	有关内部职工股发行和演变情况的文件 10-1-1　历次发行内部职工股的批准文件 10-1-2　内部职工股发行的证明文件 10-1-3　托管机构出具的历次托管证明 10-1-4　有关违规清理情况的文件 10-1-5　发行人律师对前述文件真实性的鉴证意见
10-2	省级人民政府或国务院有关部门关于发行人内部职工股审批、发行、托管、清理以及是否存在潜在隐患等情况的确认文件
10-3	中介机构的意见 10-3-1　发行人律师关于发行人内部职工股审批、发行、托管和清理情况的核查意见 10-3-2　保荐人关于发行人内部职工股审批、发行、托管和清理情况的核查意见

（2）创业板首次公开发行股票并上市申请文件的内容。

根据《公开发行证券的公司信息披露内容与格式准则第 29 号——首次公开发行股票并在创业板上市申请文件》（2014 年），申报创业板 IPO 审核的文件目录如表 3-4 所示。

表 3-4 创业板首次公开发行股票并上市申请文件目录

	第一章 招股说明书与发行公告
1-1	招股说明书（申报稿）
1-2	发行人控股股东、实际控制人对招股说明书的确认意见
1-3	发行公告（发行前提供）
	第二章 发行人关于本次发行的申请及授权文件
2-1	发行人关于本次发行的申请报告
2-2	发行人董事会有关本次发行的决议
2-3	发行人股东大会有关本次发行的决议
	第三章 保荐人和证券服务机构文件
3-1	保荐人关于本次发行的文件 3-1-1 发行保荐书（附：发行人成长性专项意见） 3-1-2 发行保荐工作报告（附：关于保荐项目重要事项尽职调查情况问核表）
3-2	注册会计师关于本次发行的文件 3-2-1 财务报表及审计报告 3-2-2 发行人审计报告基准日至招股说明书签署日之间的相关财务报表及审阅报告（发行前提供） 3-2-3 盈利预测报告及审核报告 3-2-4 内部控制鉴证报告 3-2-5 经注册会计师鉴证的非经常性损益明细表
3-3	发行人律师关于本次发行的文件 3-3-1 法律意见书 3-3-2 律师工作报告
	第四章 发行人的设立文件
4-1	发行人的企业法人营业执照
4-2	发起人协议
4-3	发起人或主要股东的营业执照或有关身份证明文件
4-4	发行人公司章程（草案）
4-5	发行人关于公司设立以来股本演变情况的说明及其董事、监事、高级管理人员的确认意见
4-6	国有资产管理部门出具的国有股权设置及转持批复文件及商务主管部门出具的外资股确认文件
	第五章 与财务会计资料相关的其他文件
5-1	发行人关于最近三年及一期的纳税情况的说明 5-1-1 发行人最近三年及一期所得税纳税申报表 5-1-2 有关发行人税收优惠、财政补贴的证明文件 5-1-3 主要税种纳税情况的说明及注册会计师出具的意见 5-1-4 主管税收征管机构出具的最近三年及一期发行人纳税情况的证明
5-2	成立不满三年的股份有限公司需报送的财务资料 5-2-1 最近三年原企业或股份公司的原始财务报表 5-2-2 原始财务报表与申报财务报表的差异比较表 5-2-3 注册会计师对差异情况出具的意见

（续）

	第五章 与财务会计资料相关的其他文件
5-3	成立已满三年的股份有限公司需要报送的财务资料 5-3-1 最近三年原始财务报表 5-3-2 原始财务报表与申报财务报表的差异比较表 5-3-3 注册会计师对差异情况出具的意见
5-4	发行人设立时和最近三年及一期的资产评估报告（含土地评估报告）
5-5	发行人的历次验资报告
5-6	发行人大股东或控股股东最近一年及一期的原始财务报表及审计报告
	第六章 其他文件
6-1	关于本次发行募集资金运用的文件 6-1-1 发行人关于募集资金运用的总体安排说明 6-1-2 募集资金投资项目的审批、核准或备案文件 6-1-3 发行人拟收购资产（或股权）的财务报表、资产评估报告及审计报告 6-1-4 发行人拟收购资产（或股权）的合同或合同草案
6-2	产权和特许经营权证书 6-2-1 发行人拥有或使用的商标、专利、计算机软件著作权等知识产权以及土地使用权、房屋所有权、采矿权等产权证书清单（须列明证书所有者或使用者名称、证书号码、权利期限、取得方式、是否及存在何种他项权利等内容，并由发行人律师对全部产权证书的真实性、合法性和有效性出具鉴证意见） 6-2-2 特许经营权证书
6-3	重要合同 6-3-1 商标、专利、专有技术等知识产权许可使用协议 6-3-2 重大关联交易协议 6-3-3 重组协议 6-3-4 其他重要商务合同
6-4	承诺事项 6-4-1 发行人及其实际控制人、控股股东、持股5%以上股东以及发行人董事、监事、高级管理人员等责任主体的重要承诺以及未履行承诺的约束措施 6-4-2 有关消除或避免同业竞争的协议以及发行人的控股股东和实际控制人出具的相关承诺 6-4-3 发行人全体董事、监事、高级管理人员对发行申请文件真实性、准确性、完整性、及时性的承诺书
6-5	发行人律师关于发行人董事、监事、高级管理人员、发行人控股股东和实际控制人在相关文件上签名盖章的真实性的鉴证意见
6-6	发行人生产经营和募集资金投资项目符合环境保护要求的证明文件（重污染行业的发行人须提供符合国家环保部门规定的证明文件）
6-7	特定行业（或企业）的管理部门出具的相关意见
6-8	保荐协议和承销协议

2. 保荐机构内核

在保荐机构向证监会报送首次公开发行股票并上市申请文件之前，

须经过保荐机构设立的内核机构通过。实践中，地方证监局一般也会要求在保荐机构提交正式的内核意见后再出具辅导监管报告并报送证监会。也就是说，在保荐机构完成尽职调整和申报材料制作后，须先行经过保荐机构的内核机构审核通过之后，并且由地方证监局完成辅导验收并将辅导监管报告上报证监会之后，申报材料才会被中国证监会正式受理。

《证券发行上市保荐业务管理办法》（2009年）规定，保荐机构推荐发行人发行证券，应当向中国证监会提交发行保荐书。发行保荐书应当包括保荐机构内部审核程序简介及内核意见。《关于进一步加强保荐业务监管有关问题的意见》（2012年）也明确要求：保荐机构的内核小组应切实发挥内核把关作用，对发行人存在的问题和风险进行仔细研判，确信发行人符合法定发行上市条件，信息披露真实、准确、完整。

发行部2017年9月发布的《发行监管问答——关于进一步强化保荐机构管理层对保荐项目签字责任的监管要求》进一步要求：保荐机构在执行立项、尽职调查、质量控制、内核、持续督导等保荐业务各个环节相关制度的基础上，进一步强化保荐项目的风险控制，保荐项目的风险控制应当纳入保荐机构公司整体层面的合规和风险控制体系。风险控制应当贯彻保荐业务各个环节，反馈意见回复报告、举报信核查报告和发审委意见回复报告均应履行公司整体层面相应决策和风险控制程序。保荐机构推荐首发和再融资项目，应当履行公司内部决策程序，保荐机构董事长、总经理（或类似职责人员）应当在保荐项目首次申报文件，包括招股说明书（募集说明书）、发行保荐书、保荐工作报告（保荐机构尽职调查报告）等文件中签字确认，并在招股说明书（募集说明书）中出具声明；保荐机构董事长或总经理应当在反馈意见回复报告、举报信核查报告和发审委意见回复报告等文件中出具声明并签字确认，承担相应的法律责任。

3. 申请文件申报

发行部2017年发布的《发行监管问答——关于首发、再融资申报文件相关问题与解答》规定首次公开发行书面申报文件改为电子版光盘报送，并提出具体要求。

（1）受理环节：申报文件应包括1份全套书面材料（原件）、2份全套申报文件电子版及2套部分申报文件单行本（包括招股说明书、发行保荐书、法律意见书、财务报告和审计报告，复印件）。

（2）反馈环节：反馈回复的申报文件应包括2套部分书面文件单行本（包括书面回复意见及相应修改后的招股说明书、复印件）及2份全套书面文件电子版。

（3）初审环节：申请文件上会稿及招股说明书预先披露更新稿2份电子版。

（4）发审环节：提交告知函回复的申报文件应包括9套书面回复意见单行本（包括相应修改后的招股说明书、复印件）及9份电子版。

初审会后发审会前的申报文件有更新的，申报文件应包括9份电子版；补充或更新报送文件时，如无特别要求，报送的申报文件应包括2份电子版。

审核过程中的申请文件相关原件由保荐机构在封卷材料及会后事项中一并提供存档。

上述电子版文件应为非加密的 Word 等可编辑、可索引模式，并应具有结构清晰的文档结构图；申报文件使用标准 A4 纸张；复印件简易胶装，厚度不超过5厘米；不使用金属夹、硬纸板等材料，并且应该确保电子版报送文件（包括签字盖章页扫描件）与纸质原件的一致性。

三、审核

（一）A 股 IPO 审核的特点

中国证监会发行监管部门审核发行人 IPO 的申请依据《证券法》的授权，按照《中华人民共和国行政许可法》《中国证券监督管理委员会行政许可实施程序规定》规定的程序进行。《证券法》第十条规定：公开发行证券，必须符合法律、行政法规规定的条件，并依法报经国务院证券监督管理机构或者国务院授权的部门核准；未经依法核准，任何单位和个人不得公开发行证券。有下列情形之一的，为公开发行：①向不特定对象发行证券的；②向特定对象发行证券累计超过200人的；③法律、行政法规规定的其他发行行为。首次公开发行股票是一种公开发行证券的行为。

根据多年的制度演进与优化，A股的IPO审核呈现出了与其他行政部门的行政许可（行政审批）不同的特点，主要体现在两个方面。

第一，严格的程序化。A股IPO审核工作流程由多个环节组成，由多人参与，相互配合也相互制约。其具体体现为每一个环节、每一个岗位的监督和多层级的审核决策。这一机制使得任何一个个人都不能单独决定一家企业能否上市。特别是发行审核的重要环节与决定均通过会议形式以集体讨论（例如反馈会、预审会）和投票表决（例如发审会）的方式提出意见或者做出决定。

第二，透明基础上的严格舆论监督与公众及利益相关者的参与。这主要表现在审核程序的透明度和实施申报材料的预先披露制度。

具体来说，包括以下措施：

（1）中国证监会发行监管部门每周五均会在其官网公布"首次公开发行股票审核工作流程及申请企业情况"，每个企业的审核进展均可以得到及时查询。

（2）发行人申报IPO审核前须接受辅导并进行公告。发行人申报材料被中国证监会受理后需要披露招股说明书。发行人回复反馈意见后，证监会官网会公布反馈意见全文。发行监管部门通知发行人上报"上会稿"之后会在证监会官网更新披露招股说明书。

（3）发行监管部门安排发审会之后，会在证监会官网公布发审会召开时间及出席委员名单。发审会召开当天,发行监管部门会在证监会官网公布审核结果及发审会上的聆讯问题。证监会还专门发布《发行监管问答——关于反馈意见和发审会询问问题等公开的相关要求》(2015年1月23日)和《发行监管问答——关于首次公开发行股票预先披露等问题》(2017年12月6日),对反馈意见和发审会询问问题公开、股票预先披露等事项进行明文规定。

2017年6月9日,证监会公布了2017年1~4月终止审查(申请撤回)和未通过发审会(被否决)IPO企业情况。其具体公布了每一家终止审查企业和被否决企业在审核中被关注的主要问题。新闻发言人当天表示:今后,证监会将继续定期公布终止审查和未通过发审会的IPO企业名单及审核中关注的主要问题,持续提高发行监管工作的透明度。

从以上两个特点可以看出,尽管证监会的IPO发行审核仍然需要个人完成,每个参与审核人员的主观能动性对审核结果仍然会具有较大影响,但就审核过程的程序性与透明性而言,在中国所有的行政许可中相对更加突出。

(二) A 股 IPO 审核的主要流程

1. 受理和预先披露

中国证监会对IPO的发行监管部门是其发行监管部。IPO审核由中国证监会发行监管部负责,但受理是由中国证监会行政许可受理部门统一进行。受理部门根据《首发办法》《创业板首发办法》等规则的要求受理首发申请文件,并按程序转发行部。保荐机构在提交申请文件的同时,一并提交预先披露材料。

发行部在正式受理IPO申请材料后即会在证监会官网预先披露招股说明书,并将申请文件分发至相关审核处室(目前发行部审核一处、二处分别负责主板中小板申报企业的非财务和财务事项审核;发行部审核三处、四处分别负责创业板申报企业的非财务和财务事项审核），相关审核处室安排非财务事项和财务事项各一名预审员具体负责审核工作。

中国证监会于 2017 年 12 月 7 日发布《发行监管问答——关于首次公开发行股票预先披露等问题》，专门对预先披露事项进行了规范。

根据该监管问答，保荐机构应当按照下列时点要求提交用于预先披露的材料：

第一，保荐机构应在向中国证监会提交首发申请文件的同时，一并提交预先披露材料。

第二，保荐机构应在报送上会材料的同时报送预先披露更新材料。

用于预先披露的材料包括：招股说明书（申报稿），关于公司设立以来股本演变情况的说明及其董事、监事、高级管理人员的确认意见（仅限创业板），以及承诺函（具体格式要求见附件）等。中国证监会发行监管部门收到上述材料后，即按程序安排预先披露。

2. 召开反馈会，发出反馈意见

两名预审员审阅发行人申请文件后，从非财务和财务两个角度撰写审核报告，提交发行部组织的反馈会讨论。

反馈会按照申请文件受理顺序安排。反馈会主要讨论初步审核中关注的主要问题，确定需要发行人补充披露以及中介机构进一步核查说明的问题。反馈会参会人员有两名预审员、相关审核处室负责人、分管相关审核处室的发行部副主任等。反馈会后将形成书面意见反馈给保荐机构。

何时能够拿到反馈意见，对申报企业把握审核进程非常重要。因为这个时间一旦确定，整个审核过程的历时就能有一个大致的预期。在 IPO 排队"堰塞湖"问题严重的时候，往往要等待一两年的时间才能拿到反馈意见。而所谓发行审核的常态化，一个重要的指标就是能否做到"即报即审"。这是指发行申请材料被受理后，无须等待，就能够分发给预审员，预审员能够开始审阅材料。随着 A 股 IPO 审核进程的加快，到 2017 年第四季度，发行人大概三个月能够拿到反馈意见，已经基本实现了"即报即审"。

保荐机构收到反馈意见后，组织发行人及相关中介机构按照要求进行回复。根据《发行监管问答——首次公开发行股票申请审核过程中有关中止审查等事项的要求》（2017 年 12 月 7 日），发行人及保荐机构应当在第一次书面反馈意见发出之日起一个月内提交书面回复意见，确有困难的，可以申请延期，延期原则上不超过两个月。三个月内未提交书面回复意见且未说明理由或理由不充分的，发行监管部门将视情节轻重对发行人及保荐机构依法采取相应的措施。发行部综合处收到反馈意见回复材料进行登记后转相关监管处室。预审员按要求对申请文件以及回复材料进行审核。

如果发行部发出第二次书面反馈意见的，发行人及保荐机构应当在第二次书面反馈意见发出之日起 30 个工作日内提交书面回复意见，30 个工作日内未提交的，发行监管部门将视情节轻重对发行人及保荐机构依法采取相应的措施。

3. 召开见面会

根据证监会 2017 年 12 月公示的《中国证监会发行监管部首次公开发行股票审核工作流程》，反馈会后按照申请文件受理顺序安排见面会。见面会的任务包括向发行人传达发行审核纪律等，建立发行人与发行部的初步沟通机制等；参会人员包括发行人代表、发行部相关负责人、相关审核处室负责人等。

在审核实践中，见面会的重要性在逐渐下降。历史上，见面会先于反馈会，关系到企业留给审核人员的第一印象，被企业高度重视。后来，见面会被挪到反馈会之后，逐渐变成可有可无的程序。从审核实践看，见面会实际已不再召开。

4. 预先披露更新

反馈意见已按要求回复,财务资料未过有效期,且须征求意见的相关政府部门无异议的,进入预先披露更新阶段。

根据中国证监会于 2017 年 12 月 7 号发布的《发行监管问答——首次公开发行股票申请审核过程中有关中止审查等事项的要求》和《发行监管问答——关于首次公开发行股票预先披露等问题》,发行人及保荐机构按要求提交反馈意见的书面回复意见后,中国证监会发行监管部门根据审核进程在中国证监会网站对外公示书面反馈意见,并于公示当日通知保荐机构报送上会材料。发行人及保荐机构应当在书面反馈意见公示之日起 10 个工作日内将上会材料报送至发行监管部门,确有困难的,可以申请延期,延期原则上不超过 20 个工作日。30 个工作日内未报送且未说明理由或理由不充分的,发行监管部门将视情节轻重对发行人及保荐机构依法采取相应的措施。保荐机构应在报送上会材料的同时报送预先披露更新材料。预先披露的材料包括招股说明书(申报稿)、关于公司设立以来股本演变情况的说明及其董事、监事、高级管理人员的确认意见(仅限创业板),以及承诺函(具体格式要求见附件)等。中国证监会发行监管部门收到上述材料后,即按程序安排预先披露。

对于整个审核进程而言,预披露更新是承上启下的关键节点。因为,对于企业来说,进入这个阶段就意味着应对审核的主要工作已经完成,即将迎来决定自己命运的初审会和发审会阶段。

5. 召开初审会

预先披露更新完成后,将按受理顺序安排初审会。

初审会由两名预审员、相关审核处室负责人(主板、中小企业板由审核一处、二处负责人;创业板由审核三处、四处负责人)、发行部分管相关审核处室的副主任、发审委委员等参加,将讨论由预审员形成的初审报告,并由预审员汇报发行人的基本情况、初步审核中发现的主要问题及反馈意见回复情况。

根据初审会讨论情况,预审员修改、完善初审报告。初审报告是发行监管部初审工作的总结,履行内部程序后与申请材料一并提交发审会。

初审会讨论决定提交发审会审核的,将书面告知保荐机构需要进一步说明的事项以及做好上发审会的准备工作(发出"告知函")。发行人及保荐机构应当在告知函发出之日起30个工作日内提交书面回复意见,30个工作日内未提交的,发行监管部门将视情节轻重对发行人及保荐机构依法采取相应的措施。

初审会讨论后认为发行人尚有需要进一步披露和说明的重大问题,暂不提交发审会审核的,将再次发出书面反馈意见。

中国证监会于2017年12月7日发布《发行监管问答——关于首次公开发行股票预先披露等问题》,专门规定了初审会后发行监管部门、发行人及相关中介机构还需履行的事项,具体包括以下内容。

发行监管部门在发行人预先披露更新后安排初审会。初审会结束后,发行监管部门以书面形式将需要发行人及其中介机构进一步说明的事项告知保荐机构,并告知发行人及其保荐机构做好提请发审会审议的准备工作。

发审会前,发行人及其保荐机构无须根据发行监管部门的意见修改已提交的上会材料和预先披露材料。涉及修改招股说明书等文件的,在申请文件封卷材料中一并反映。

发审会前,相关保荐机构应持续关注媒体报道情况,并主动就媒体报道对信息披露真实性、准确性、完整性提出的质疑进行核查。

6. 召开发审会

发审委通过召开发审会进行审核。2017年7月7日,中国证监会颁布了新修订的《中国证券监督管理委员会发行审核委员会办法》。该办法对发审委制度做了较大的调整。最大的变化是对原有的审核主板中小板 IPO 的发审委与审核创业板的发审委予以合并，成立一个统一的发审委负责所有 IPO 项目的审核。同时，对发审委员的任职规定进行了调整，规定：发审委委员每届任期一年，可以连任，但连续任期最长不超过两届。发审委委员每年至少更换一半。

2017年9月30日，证监会正式公布聘任63人为中国证券监督管理委员会第十七届发行审核委员会委员，其中专职委员42人，兼职委员21人。第十七届发审委成为合并主板、中小企业板与创业板发审委之后的第一届"大"发审委。根据证监会网站提供的公示信息，第十七届发审委组成情况如表 3-5 所示。

表 3-5 第十七届发审委组成情况

一、专职委员（42人）

序号	姓名	性别	工作单位	类别	基本情况
1	郭旭东	女	中国证监会	会机关和会管单位	发审委正局级委员、发行监管部副主任
2	陈闯	男	中国证券业协会		会员服务三部主任
3	李东平	男	中证金融研究院		党委委员、副院长
4	何玲	女	中国证券业协会		会员管理部主任，会计师、注册会计师
5	柳艺	女	北京证监局	证监局	公司二处处长，高级会计师
6	刘佳	女	四川证监局		公司处处长，高级会计师
7	陈瑜	男	云南证监局		稽查处处长
8	蒋隐丽	女	吉林证监局		公司监管处处长，会计师、注册会计师
9	周芊	女	浙江证监局		机构监管处调研员，高级会计师、注册会计师
10	金勇熊	男	宁波证监局		公司监管处处长，高级会计师
11	朱琳	女	陕西证监局		投保处处长，高级审计师、高级会计师
12	曾宏武	男	广东证监局		稽查一处处长，会计师
13	金文泉	男	湖南证监局		稽查处处长，高级会计师
14	马小曼	女	河南证监局		综合业务监管处处长
15	王玉宝	男	甘肃证监局		综合业务监管处、公司监管处处长（兼），会计师
16	龚俊	男	福建证监局		投保处处长，中级会计师
17	关丽	女	辽宁证监局		综合业务监管处处长，高级会计师
18	母晓琴	女	山西证监局		法制处调研员（主持工作），注册会计师
19	李国春	男	黑龙江证监局		公司监管处处长，高级会计师

（续）

序号	姓名	性别	工作单位	类别	基本情况
20	赵文进	男	上海证券交易所	交易所	人事部副总监，特许金融分析师
21	洪泳	男	上海证券交易所		风控与内审部副总监（主持工作）
22	陈硕	男	上海证券交易所		会员部副总监
23	程建宏	男	上海证券交易所		国际发展部总监助理，注册会计师
24	付冰	男	上海证券交易所		产品创新中心总监助理
25	廖士光	男	上海证券交易所		资本市场研究所副所长（副总监）
26	宋洪流	男	上海证券交易所		市场监察二部总监
27	龚剑	男	深圳证券交易所		稽核审计部副总监，中级经济师
28	周辉	男	深圳证券交易所		投资者教育中心副总监
29	丁晓东	男	深圳证券交易所		会员管理部副总监，会计师
30	赵磊	男	深圳证券交易所		市场监察部副总监
31	阙紫康	男	深圳证券交易所		深圳证券信息有限公司副总经理，正高级研究员
32	蔡琦梁	男	深圳证券交易所		创业板公司管理部副总监，高级会计师
33	黄少军	男	深圳证券交易所		综合研究所执行经理，副教授
34	马哲	女	北京国枫律师事务所	律师事务所	证券从业经历12年，担任合伙人7年
35	陈巍	男	上海市通力律师事务所		证券从业经历16年，担任合伙人10年
36	张建伟	男	北京市君合律师事务所		证券从业经历15年，担任合伙人8年
37	黄侦武	男	北京市德恒律师事务所		证券从业经历20年，担任合伙人14年
38	许成宝	男	江苏世纪同仁律师事务所		证券从业经历23年，担任合伙人16年
39	钟建国	男	天健会计师事务所	会计师事务所	高级会计师，证券从业经历17年，担任合伙人15年
40	周海斌	男	中汇会计师事务所		高级会计师，证券从业经历15年，担任合伙人5年
41	祝小兰	女	德勤华永会计师事务所		会计师，证券从业经历23年，担任合伙人10年
42	朱清滨	男	上会会计师事务所		高级会计师，证券从业经历16年，担任合伙人13年

二、兼职委员（21人）

序号	姓名	性别	工作单位	类别	基本情况
1	卜永祥	男	人民银行	国家部委	金融研究所副所长，研究员
2	伍浩	男	国家发展和改革委员会		高技术产业司副司长
3	杨显武	男	科学技术部		高新技术发展及产业化司副司长

（续）

序号	姓名	性别	工作单位	类别	基本情况
4	肖世君	男	全国社会保障基金理事会	国家部委	股权资产部（实业投资部）主任
5	徐晓波	女	国家发展和改革委员会		财政金融司副司长
6	谢小兵	男	国务院国资委		产权管理局副局长，高级会计师
7	郭雳	男	北京大学	高等院校	法学院副院长，教授
8	杨之曙	男	清华大学		经管学院金融系系主任，教授
9	谢德仁	男	清华大学		经管学院会计系，教授
10	姜国华	男	北京大学		研究生院副院长，教授
11	刘俏	男	北京大学		光华管理学院院长，教授
12	张晓燕	女	清华大学		五道口金融学院讲席教授，正高级
13	张永祥	男	军事医学科学院科技部	科研院所	院科技委务副主任，研究员
14	李秀清	男	清华大学工程物理系		所长助理，研究员
15	霍达	男	招商证券股份有限公司	证券公司	党委书记、董事长，经济师
16	祝献忠	男	华融证券股份有限公司		党委书记、董事长
17	王松	男	国泰君安证券股份有限公司		党委副书记、副董事长、总裁，经济师
18	毕明建	男	中国国际金融有限责任公司		首席执行官
19	何伟	男	长城基金管理有限公司	基金公司	董事长，经济师
20	张辉	男	光大永明资产管理股份有限公司	保险资管	党委副书记、总经理，经济师
21	杨平	男	华泰资产管理有限公司		总经理、CEO，经济师

发审会以投票方式对首发申请进行表决。对于IPO项目，参会发审委委员7名，5票通过视为通过。发审委委员投票表决采用记名投票方式，会前须撰写工作底稿，会议全程录音。

发审会召开5天前由证监会官网发布会议公告，公布发审会审核的发行人名单、会议时间、参会发审委委员名单等。

发审会由预审员和发审委委员参加。预审员首先向委员报告审核情况，并就有关问题提供说明，委员发表审核意见，之后是聆讯环节。

聆讯时间一般不超过45分钟，由发行人代表2名和该项目2个签字保荐代表人接受询问。实践中，发行人代表为企业负责人和另一名相关负责高管。一般情况下，企业负责人由董事长（法定代表人）参会；另一名高管是财务总监或者董秘。一般来说，董秘熟悉整个上市过程和相关准备工作；财务总监主要熟悉企业财务情况。选董秘还是财务总监参加发审会往往成为一个头疼的问题。虽然实践中发审会问题一般不会超过初审会问题的范围（初审会的问题会以告知函的方式通知发行人），但考虑到财务相关事项仍然是占主体的否决原因，多数企业仍然会安排财务总监上会。

聆讯结束后由委员投票表决。发审会认为发行人有需要进一步披露和说明问题的，形成书面审核意见后告知保荐机构。保荐机构收到发审委审核意见后，组织发行人及相关中介机构按照要求回复。

综合处收到审核意见回复材料后转相关监管处室。审核人员按要求对回复材料进行审核并履行内部程序。

7. 封卷

发行人的首发申请通过发审会审核后，进行封卷工作。封卷是指将申请文件原件重新归类后存档备查。

8. 会后事项申报

会后事项是指发行人IPO申请通过发审会审核之后、招股说明书刊登之前发生的，可能影响本次发行上市及对投资者做出投资决策有重大影响的，应予披露的事项。

保荐机构及发行人律师、会计师要对发行人在通过发审会审核后是否发生重大事项分别出具专业意见。

发生会后事项的须履行会后事项程序，发行人及其中介机构应按规定向发行部综合处提交会后事项材料。综合处接收相关材料后转相关审核处室。预审员按要求及时提出处理意见。

9. 核准发行

核准发行前,发行人及保荐机构应及时向发行部相关处室报送发行承销方案。

发行人领取核准发行批文后,无重大会后事项或已履行完会后事项程序的,可按相关规定启动招股说明书刊登工作。

2017年第四季度起,A股IPO审核基本实现了"即审即发",即发行人通过发审会后,只要履行了封卷、会后事项申报等必经程序,就可取得发行批文,不需要再经历较长时间的排队等待。

(三) A股IPO审核流程中的特殊事项

1. 征求相关政府部门意见

发行审核过程中,证监会将征求发行人注册地省级人民政府是否同意其发行股票的意见。

主板和中小企业板申报企业,证监会还要就发行人募集资金投资项目是否符合国家产业政策和投资管理规定征求国家发改委的意见。《发行监管问答——关于调整首次公开发行股票企业征求国家发改委意见材料的要求》(2014年)规定主板和中小板首发企业提交用于征求国家发改委意见的材料包括:申请文件电子版光盘一份,募集资金投资项目的项目备案(核准、批复)文件、环评批复、土地预审意见、节能评估文件等固定资产投资管理文件的复印件单行本一份。上述材料须在报送预先披露材料的同时报送。

特殊行业的企业还可能根据具体情况征求相关主管部门的意见。

2. 静默期

根据《中国证券监督管理委员会行政许可实施程序规定》关于静默

期的规定("审查部门负责审查申请材料的工作人员在首次书面反馈意见告知、送达申请人之前,不得就申请事项主动与申请人或者其受托人进行接触"),在反馈意见发出前,发行人及其中介机构不能与审核人员进行沟通。

静默期结束,即发行人及其中介机构收到反馈意见后,在准备回复材料过程中如有疑问可与审核人员进行沟通。

3."绿色通道"

《中国证券监督管理委员会行政许可实施程序规定》明确规定了行政许可的审核时限。但受历史上IPO停发等因素的影响,在A股IPO常态化审核("即报即审、即审即发")完全实现之前,仍然存在企业"排队"的情况。在这种情况下,证监会对于部分特殊情况下的发行人给予"绿色通道"待遇,可以不按通常排队顺序优先审核。

目前,适用这种待遇的有两种情况。

(1)西部企业优先政策。

证监会指出:为深入贯彻落实国家西部大开发战略、支持西部地区经济社会发展,改进发行审核工作服务水平,充分发挥沪、深两家交易所的服务功能,更好地支持实体经济发展,首发审核工作整体按西部企业优先,均衡安排沪、深交易所拟上市企业审核进度的原则实施。同时,依据上述原则,并结合企业申报材料的完备情况,对具备条件进入后续审核环节的企业按受理顺序顺次安排审核进度计划。

从当前审核实践来看,西部企业优先政策的意义并不明显。

(2)贫困地区和新疆维吾尔自治区、西藏自治区的企业。

贫困地区是指国务院扶贫开发领导小组确定的国家扶贫开发工作重点县(592个)和集中连片特殊困难地区县(680个),合计共832个(680个+集中连片特殊困难地区县外的国家扶贫开发工作重点县152个)。

根据《中国证监会关于发挥资本市场作用服务国家脱贫攻坚战略的

意见》(中国证券监督管理委员会公告〔2016〕19号),对注册地和主要生产经营地均在贫困地区且开展生产经营满三年、缴纳所得税满三年的企业,或者注册地在贫困地区、最近一年在贫困地区缴纳所得税不低于2000万元且承诺上市后三年内不变更注册地的企业,申请首次公开发行股票并上市的,适用"即报即审、即审即发"政策。

以上交所主板为例,截至2017年9月30日,已有安徽集友新材、西藏卫信康、宁夏嘉泽新能等3家企业利用IPO扶贫绿色通道实现上市。

需要注意的有两点:第一,享受的"即报即审、即审即发"政策仅是在审核时间与顺序上的优待,但审核"标准不降、条件不减"。

第二,目前证监会对享受"即报即审、即审即发"优惠政策的贫困地区企业IPO企业全部均须实施现场检查。

考虑到2017年IPO审核节奏已经大幅加快,到2017年底时已经基本实现IPO发行审核的常态化,即普通企业已基本或者接近实现"即报即审、审过即发"。在这种情况下,刻意去选择适用贫困地区通道没有必要,更不需要专门迁入贫困地区。

目前新疆维吾尔自治区、西藏自治区的企业实际上也享受"即报即审、即审即发"的政策。

4. 反馈回复时间、中止审查、恢复审查、终止审查等有关事项

中国证监会于2017年12月7号发布《发行监管问答——首次公开发行股票申请审核过程中有关中止审查等事项的要求》,专门对IPO申请的反馈回复时间、中止审查、恢复审查、终止审查等有关事项进行了专门规定。

(1) 反馈回复时间。

发行人及保荐机构应当在中国证监会第一次书面反馈意见发出之日起1个月内提交书面回复意见,确有困难的,可以申请延期,延期原则上不超过2个月。3个月内未提交书面回复意见且未说明理由或理由不充分的，发行监管部门将视情节轻重对发行人及保荐机构依法采取相应的措施。

发行人及保荐机构应当在中国证监会第二次书面反馈意见、告知函发出之日起30个工作日内提交书面回复意见，30个工作日内未提交的，发行监管部门将视情节轻重对发行人及保荐机构依法采取相应的措施。

《发行监管问答——首次公开发行股票申请审核过程中有关中止审查等事项的要求》发布之日，第一次书面反馈意见发出之日起已超过3个月未提交书面回复意见的，第二次书面反馈意见、告知函发出之日起已超过30个工作日未提交书面回复意见的，发行人及保荐机构应当在该监管问答发布之日起10个工作日内补充提交。10个工作日内未补充提交且未说明理由或理由不充分的，发行监管部门将视情节轻重对发行人及保荐机构依法采取相应的措施。

（2）报送上会材料。

发行人及保荐机构按要求提交第一次书面反馈意见的书面回复意见后，中国证监会发行监管部门根据审核进程在中国证监会网站对外公示书面反馈意见，并于公示当日通知保荐机构报送上会材料。

发行人及保荐机构应当在书面反馈意见公示之日起10个工作日内将上会材料报送至发行监管部门，确有困难的，可以申请延期，延期原则上不超过20个工作日。30个工作日内未报送且未说明理由或理由不充分的，发行监管部门将视情节轻重对发行人及保荐机构依法采取相应的措施。

《发行监管问答——首次公开发行股票申请审核过程中有关中止审查等事项的要求》发布之日，自通知之日起已超过30个工作日未报送上会材料的，发行人及保荐机构应当在该监管问答发布之日起10个工作日内补充报送。10个工作日内未补充报送且未说明理由或理由不充分的，发行监管部门将视情节轻重对发行人及保荐机构依法采取相应的措施。

（3）中止审查。

发行人IPO的申请受理后至通过发审会期间，发生以下情形时将中止审查：

第一，发行人，或者发行人的控股股东、实际控制人因涉嫌违法违规被中国证监会立案调查，或者被司法机关侦查，尚未结案。

第二，发行人的保荐机构、律师事务所等中介机构因首发、再融资、并购重组业务涉嫌违法违规，或其他业务涉嫌违法违规且对市场有重大影响被中国证监会立案调查，或者被司法机关侦查，尚未结案。

第三，发行人的签字保荐代表人、签字律师等中介机构签字人员因首发、再融资、并购重组业务涉嫌违法违规，或其他业务涉嫌违法违规且对市场有重大影响被中国证监会立案调查，或者被司法机关侦查，尚未结案。

第四，发行人的保荐机构、律师事务所等中介机构被中国证监会依法采取限制业务活动、责令停业整顿、指定其他机构托管、接管等监管措施，尚未解除。

第五，发行人的签字保荐代表人、签字律师等中介机构签字人员被中国证监会依法采取市场禁入、限制证券从业资格等监管措施，尚未解除。

第六，对有关法律、行政法规、规章的规定，需要请求有关机关做出解释，进一步明确具体含义。

第七，发行人发行其他证券品种导致审核程序冲突。

第八，发行人及保荐机构主动要求中止审查，理由正当且经中国证监会批准。

发行人、保荐机构及其他相关中介机构在应当获知上述情况之日起2个工作日内提交中止审查申请，发行监管部门经核实符合中止审查情形的，履行中止审查程序；发行人、保荐机构及其他相关中介机构未提交中止审查申请，发行监管部门经核实符合中止审查情形的，直接履行中止审查程序；对于发行人、保荐机构及其他相关中介机构应当获知上述情况而未及时报告的，发行监管部门将视情节轻重依法采取相应的措施。

《发行监管问答——首次公开发行股票申请审核过程中有关中止审查等事项的要求》发布之日尚处于中止审查状态企业，不属于该监管问答规定的中止审查情形的，中国证监会在监管问答发布之日起 10 个工作日内予以恢复审查。

（4）更换中介机构或中介机构签字人员的程序。

发行人更换保荐机构的，除前述中止审查中的情形（保荐机构存在被立案调查或者执业受限等非发行人原因的情形）外，须重新履行申报及受理程序。

发行人更换律师事务所、会计师事务所、资产评估机构无须中止审查。相关中介机构应当做好更换的衔接工作，更换后的中介机构完成尽职调查并出具专业意见后，应当将齐备的文件及时提交发行监管部门，并办理中介机构更换手续。更换手续完成前，原中介机构继续承担相应法律责任。

发行人更换签字保荐代表人、签字律师、签字会计师、签字资产评估师无须中止审查。相关中介机构应当做好更换的衔接工作，更换后的中介机构签字人员完成尽职调查并出具专业意见后，相关中介机构应当将齐备的文件及时提交发行监管部门，并办理中介机构签字人员更换手续。更换手续完成前，中介机构原签字人员继续承担相应法律责任。

（5）恢复审查。

发行人中止审查事项消失后，发行人及中介机构应当在 5 个工作日内提交恢复审查申请，履行以下程序：

第一，发行人，或者发行人的控股股东、实际控制人因涉嫌违法违规被中国证监会立案调查，或者被司法机关侦查，已结案且不影响发行条件的，由发行人、保荐机构及发行人律师提交恢复审查申请。

第二，发行人的保荐机构、律师事务所等中介机构因首发、再融资、并购重组业务涉嫌违法违规，或其他业务涉嫌违法违规且对市场有重大影响被中国证监会立案调查，或者被司法机关侦查，已结案且不影响发行条件的，由发行人及保荐机构提交恢复审查申请。

第三，发行人的保荐机构等中介机构因首发、再融资、并购重组业务涉嫌违法违规被中国证监会立案调查，或者被司法机关侦查，尚未结案的，经履行复核程序后，由发行人及保荐机构提交恢复审查申请。

第四，发行人的签字保荐代表人等中介机构签字人员因首发、再融资、并购重组业务涉嫌违法违规被中国证监会立案调查，或者被司法机关侦查，尚未结案，经履行复核程序后，由发行人及保荐机构提交恢复审查申请。

第五，发行人的保荐机构、律师事务所等中介机构被中国证监会依法采取限制业务活动、责令停业整顿、指定其他机构托管、接管等监管措施已解除的，由发行人及保荐机构提交恢复审查申请。

第六，发行人其他证券品种已完成相关发行程序，由发行人及保荐机构提交恢复审查申请。

第七，发行人中止审查后更换保荐机构、律师事务所等中介机构或签字人员，完成更换程序后由发行人及保荐机构提交恢复审查申请，更换前的相关中介机构或签字人员涉嫌违法违规被中国证监会立案调查、被司法机关侦查，或执业受限等情形的，须履行复核程序。

恢复审查后，发行监管部门按照发行人申请的受理时间安排其审核顺序。

（6）需要中介机构履行复核程序的情况及如何复核。

需要中介机构履行复核程序的情况包括：

第一,发行人保荐机构等中介机构因首发、再融资、并购重组业务涉嫌违法违规被中国证监会立案调查,或者被司法机关侦查,尚未结案拟申请恢复审查的。

第二,发行人的中介机构或中介机构签字人员涉嫌违法违规被中国证监会立案调查,被司法机关侦查,或执业受限等情形,更换相关中介机构或签字人员后拟申请恢复审查的。

第三,发行人中介机构最近6个月内被中国证监会行政处罚的。

第四,发行人的签字保荐代表人、签字律师、签字会计师、签字资产评估师最近6个月内被中国证监会行政处罚的。

涉及的中介机构应对其推荐的所有在审发行申请项目进行全面复核,由独立复核人员(非专业报告签字人员)重新履行内核程序和合规程序,最终出具复核报告。复核报告须明确复核的范围、对象、程序、实施过程和相关结论,明确发表复核意见。涉及保荐机构的,保荐机构董事长或总经理、合规总监、内核负责人、独立复核人员应在复核报告上签字确认;涉及律师事务所的,律师事务所负责人、内核负责人、独立复核人员应在复核报告上签字确认;涉及会计师事务所的,会计师事务所负责人、质控负责人、独立复核人员应在复核报告上签字确认;涉及资产评估机构的,资产评估机构负责人、质控负责人、独立复核人员应在复核报告上签字确认。

(7)终止审查。

首发公开发行的申请文件中记载的财务资料已过有效期且逾期3个月未更新的,终止审查。

5. 信息披露质量抽查和现场检查

在IPO发行审核过程中,发行部将按照对首发企业信息披露质量抽查的相关要求组织抽查。

《关于组织对首发企业信息披露质量进行抽查的通知》(发行监管函

〔2014〕147号）规定：对申请首次公开发行股票的企业，将在上发审会前对发行人信息披露质量进行抽查，以推动各方进一步归位尽责，共同促进首发信息披露质量的提高。抽查将通过审阅申报材料及工作底稿，并以抽样的方式进行现场检查，从而核实和印证中介机构是否就发行人信息披露质量履职尽责。抽查完成后，如发现存在一般性问题的，将通过约谈提醒、下发反馈意见函等方式督促其在后续工作中予以改进。情节较重的，将依法采取监管谈话、警示函等行政监管措施。经过抽查发现明确的违法违规线索的，将移送稽查部门进一步查实查证，涉及犯罪的，将移交司法机关严肃处理。

为此，中国证券业协会2014年9月9日发布《首次公开发行股票企业信息披露质量抽签工作规程》（中证协发〔2014〕154号），对抽签的工作规程专门进行了规定。

2017年3月10日，证监会新闻发言人在新闻发布会上表示：证监会将对IPO企业实施常态化的现场检查，督促发行人提高信息披露质量，督促中介机构勤勉尽责。检查对象主要来自三个方面，一是首发企业信息披露质量抽查中抽签抽中的企业；二是在标准不降、条件不减的前提下享受"即报即审、即审即发"优惠政策的贫困地区企业；三是日常审核中认为有必要进行现场检查的企业。○

2016年第四季度，证监会对12家IPO企业进行了现场检查，其中信息披露质量抽查企业4家，日常审核发现重大疑点企业6家，贫困地区企业2家。2017年3月，证监会启动2017年第一次现场检查，对34家首发企业进行现场核查，其中信息披露质量抽查企业14家，日常审核发现重大疑点企业11家，贫困地区企业9家。这两批检查之后，先后向证监会稽查部门移送4家公司涉嫌违法违规线索，对5家企业采取

○ 资料来源：中国证监会官网"2017年3月10日新闻发布会"（http://www.csrc.gov.cn/pub/newsite/zjhxwfb/xwfbh/201703/t20170310_313454.html），访问于2017年12月28日。

了出具警示函监管措施。2017年9月以来,中国证监会又开展了新一批23家IPO企业的现场检查。

四、发行与上市

拟IPO公司取得证监会核准批文后,应当向交易所提交发行上市阶段的信息披露、发行申请文件、上市申请文件等有关发行上市的材料。

(一)发行

1. 发行方式

按照《证券发行与承销管理办法》等有关规定,目前IPO常用的发行方式包括以下三种:

第一,网下配售、网上定价相结合的发行方式。目前大多数A股IPO均采用初步询价后直接定价发行的方式,如图3-1所示。

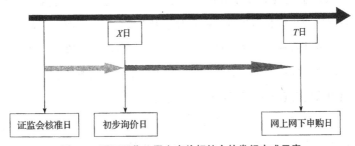

图3-1 网下配售、网上定价相结合的发行方式示意

第二,首次公开发行股票总数在2000万股以下(含2000万股)且无老股转让计划的,应通过直接定价方式确定发行价格,全部向网上投资者发行,不再安排网下询价和配售。

第三,首发4亿股以上,可以采用向战略投资者配售和网下配售、网上定价相结合的发行方式。

2. 对发行价格进行管理的特别要求

根据目前的窗口指导意见，IPO 发行条件的确定要受两个因素的影响：

第一，价格上限限制。发行市盈率不得超过 23 倍。该市盈率计算中的每股收益按照扣除非经常性损益前后孰低的发行前一个会计年度的净利润除以本次发行后总股本计算。

第二，发行价格如果超过行业市盈率，需要发布投资风险特别公告。根据《关于加强新股发行监管的措施》（2014 年），如拟定的发行价格（或发行价格区间上限）对应的市盈率高于同行业上市公司二级市场平均市盈率，发行人和主承销商应在网上申购前三周内连续发布投资风险特别公告，每周至少发布一次。风险公告内容至少包括：比较分析发行人与同行业上市公司的差异及该差异对估值的影响；提请投资者关注发行价格与网下投资者报价之间存在的差异；提请投资者关注投资风险，审慎研判发行定价的合理性，理性做出投资决策。发行人应依据《上市公司行业分类指引》确定所属行业，并选取中证指数有限公司发布的最近一个月静态平均市盈率为参考依据。

3. 发行的基本流程

（1）路演。

承销商可以和发行人采用电话、现场、互联网等合法合规的方式进行路演推介。其中，采用互联网方式向公众投资者进行公开路演推介是必需的。

在路演推介时，承销商可以和发行人向投资者介绍公司、行业及发行方案等与本次发行相关的内容。

承销商的证券分析师可以向网下投资者推介其撰写的投资价值分析报告。

承销商和发行人推介内容不得超出招股意向书及其他已公开信息的范围，不得对投资者报价、发行价格提出建议或对二级市场交易价格做出预测。

根据《关于加强新股发行监管的措施》（2014年），中国证监会将对发行人的询价、路演过程进行抽查，发现发行人和主承销商在路演推介过程中使用除招股意向书等公开信息以外的发行人其他信息的，中止其发行，并依据相关规定对发行人、主承销商采取监管措施。涉嫌违法违规的，依法处理。

（2）定价。

除首次公开发行股票总数在2000万股以下（含2000万股）且无老股转让计划的通过直接定价方式确定发行价格外，需要主承销商与发行人采用向网下投资者初步询价的方式确定股票发行价格。

网下投资者报价应当包括每股价格和该价格对应的拟申购股数，每个投资者只能有一个报价。非个人投资者应当以机构为单位进行报价，报价对应的拟申购股数应当为拟参与申购的投资产品拟申购数量总和。网下投资者报价后，主承销商与发行人应当剔除拟申购总量中报价最高的部分，剔除比例不得低于所有网下投资者拟申购总量的10%，然后根据剩余报价及拟申购数量协商确定发行价格。剔除部分不得参与网下申购。当最高申报价格与确定的发行价格相同时，对该价格的申报可不再剔除。

发行价格确定后，提供有效报价的投资者方可参与申购。有效报价是指网下投资者所申报的价格不低于主承销商和发行人确定的发行价格或发行价格区间下限，且符合主承销商和发行人事先确定且公告的其他条件的报价。

主承销商应当对网下投资者的报价进行簿记建档，记录投资者的申购价格和申购数量，并根据簿记建档结果确定发行价格或发行价格区间。主承销商应当选定专门的场地用于簿记建档，簿记场所应当与其他业务区域保持相对独立，且具备完善可靠的通信系统和记录系统，符合安全保密要求。

根据《关于加强新股发行监管的措施》（2014年），中国证监会和中国证券业协会将对网下报价投资者的报价过程进行抽查。发现网下报价投资者不具备定价能力，或没有严格履行报价评估和决策程序、未能审慎报价的，中国证券业协会应将其列入黑名单并定期公布，禁止参与首次公开发行股票的网下询价。主承销商允许不符合其事先公布条件的网下投资者参与询价和配售的，中国证监会依据有关规定严肃处理。

（3）配售。

机构投资者应当以其管理的投资产品为单位参与申购、缴款和配售。

首次公开发行股票采用询价方式的，公开发行股票后总股本4亿股（含4亿股）以下的，网下初始发行比例不低于本次公开发行股票数量的60%；发行后总股本超过4亿股的，网下初始发行比例不低于本次公开发行股票数量的70%。部分投资者具有优先配售的权利。

根据中国证监会2017年8月新修订的《证券发行与承销管理办法》，"应当安排不低于本次网下发行股票数量的40%优先向通过公开募集方式设立的证券投资基金（以下简称公募基金）、全国社会保障基金（以下简称社保基金）和基本养老保险基金（以下简称养老金）配售，安排一定比例的股票向根据《企业年金基金管理办法》设立的企业年金基金和符合《保险资金运用管理暂行办法》等相关规定的保险资金（以下简称保险资金）配售。公募基金、社保基金、养老金、企业年金基金和保险资金有效申购不足安排数量的，发行人和主承销商可以向其他符合条件的网下投资者配售剩余部分"。

对网下投资者进行分类配售的，同类投资者获得配售的比例应当相同。公募基金、社保基金、养老金、企业年金基金和保险资金的配售比例应当不低于其他投资者。

(二) 上市

股票上市是指经证监会核准发行的股票在证券交易所挂牌交易。

根据《证券法》（2013年）的规定，申请证券上市交易，应当向证券交易所提出申请，由证券交易所依法审核同意，并由双方签订上市协议；申请股票上市交易，应当聘请具有保荐资格的机构担任保荐人。《证券法》还规定了股票上市的条件。

从法律设计看，我国的股票公开发行与上市是两个过程，前者由中国证监会核准，后者由证券交易所审核同意。但在实践中，拟IPO的企业在证监会审核时的标准其实就已经包括了上市条件。发行人领取发行核准批文当日就须与证券交易所联系确定证券简称及证券代码。《证券发行上市保荐业务管理办法》直接将保荐机构的保荐工作定义为证券发行上市保荐业务，涵盖股票发行与上市两个过程。因此，当前交易所对股票上市的审核更多是一种形式上的意义。

根据相关规定，保荐机构保荐股票上市时，应当向证券交易所提交上市保荐书、保荐协议等内容。

股票发行结束后，发行人可向证券交易所申请其股票上市。申请时，应当按照相关规定编制上市公告书。

深沪交易所均有详细的流程指南规定股票上市的相关过程及要求。例如深交所制定的《深圳证券交易所首次公开发行股票发行与上市指南》（2016年修订）、上交所制定的《上海证券交易所证券发行上市业务指引》（2017年修订）。

(三) 持续督导

股票上市完成后，即进入持续督导期。

1. 持续督导的内容

根据《证券发行上市保荐业务管理办法》(2009年) 的相关规定，保荐机构应当针对发行人的具体情况，确定证券发行上市后持续督导的内容，督导发行人履行有关上市公司规范运作、信守承诺和信息披露等义务，审阅信息披露文件及向中国证监会、证券交易所提交的其他文件，并承担下列工作：

第一，督导发行人有效执行并完善防止控股股东、实际控制人、其他关联方违规占用发行人资源的制度；

第二，督导发行人有效执行并完善防止其董事、监事、高级管理人员利用职务之便损害发行人利益的内控制度；

第三，督导发行人有效执行并完善保障关联交易公允性和合规性的制度，并对关联交易发表意见；

第四，持续关注发行人募集资金的专户存储、投资项目的实施等承诺事项；

第五，持续关注发行人为他人提供担保等事项，并发表意见；

第六，中国证监会、证券交易所规定及保荐协议约定的其他工作。

2. 持续督导的期限

首次公开发行股票并在主板、中小板上市的，持续督导的期间为证券上市当年剩余时间及其后2个完整会计年度。

首次公开发行股票并在创业板上市的，持续督导的期间为证券上市当年剩余时间及其后3个完整会计年度。首次公开发行股票并在创业板上市的，持续督导期内保荐机构应当自发行人披露年度报告、中期报告之日起 15 个工作日内在中国证监会指定网站披露跟踪报告。发行人临时报告披露的信息涉及募集资金、关联交易、委托理财、为他人提供担保等重大事项的，保荐机构应当自临时报告披露之日起 10 个工作日内进行分析并在中国证监会指定网站发表独立意见。

持续督导的期间自证券上市之日起计算。持续督导期届满，如有尚未完结的保荐工作，保荐机构应当继续完成。保荐机构在履行保荐职责期间未勤勉尽责的，其责任不因持续督导期届满而免除或者终止。

第四章

审　核

第一节　A股IPO的审核理念
第二节　财务审核
第三节　非财务事项审核

第一节　A股IPO的审核理念

2017年前三季度发审委共审核267家企业的A股IPO申请，相比2016年全年的267家大为增加。从审核通过率来看，2016年的通过率为93.2%（其中主板96.7%、中小板93.9%、创业板87.4%），2017年上半年为85.5%（其中主板91.7%、中小板85.1%、创业板77.7%），第三季度为81.3%（其中主板83.3%、中小板87.5%、创业板68.2%）。

根据多年的投行业务实践，当前IPO审核的核心理念包括三个方面：实质性审核、风险导向审核和多因素综合判断。

一、核心理念之一：实质性审核

从理论上讲，实质性审核是我国当前实施的股票发行核准制（"实质性审核主义"）与注册制（"完全信息披露主义"）的根本区别。与注册制仅对信息披露的齐备性、一致性、可理解性进行审核不同，我国现行的核准制是以强制性信息披露和合规性审查为核心，并对发行人的投资价值进行实质性审核。

目前我国IPO的实质性审核主要体现在两个方面：

第一，总体上对公司发展前景以及投资价值进行实质性判断。尽管这一判断不会直接体现在发行部的初审报告和发审委的否决意见中，但这一总体印象对于企业能否通过审核具有重要意义。简单来说，这一判断其实就是在总体上看发行人是不是一个"好"企业。从这个意义上讲，发行人及申报材料体现的商业逻辑的合理性非常重要。

第二，对是否符合发行条件进行实质性判断。现行发行条件（主要体现在《证券法》《首发办法》《创业板首发办法》中）除少量的定量条件外，主要体现为定性条件。是否满足这些定性条件，除了证监会的一些官方解释和窗口指导外，主要取决于审核方的实质性判断。而且，发审委的否决意见最终均要体现为具体的发行条件条文。

二、核心理念之二：风险导向审核

从历史上看，我国选择实施股票发行核准制的一个重要理论依据就是我国的证券市场处于新兴＋转轨阶段，市场及投资者不够成熟，为了充分保护投资者利益，需要加强入口的审核力度。

尽管成熟市场的 IPO 仍然需要进行审核，成熟市场的证券监管机构也被认为是市场的"看门狗"，但在审核逻辑上却有着截然不同的区别。在成熟市场，证券监管机构会倾向于认为发行人是"好人"，投资者也是成熟的，证监部门的任务主要是让信息披露材料更清晰，避免误解，以节约市场的交易成本。当然，如果发行人确实是"坏人"，有后续的事后监管措施让其承担严重的法律责任。

而在中国，证券监管机构更倾向于假设发行人是"坏人"，审核的目的就是通过发现疑点，把"坏人"揪出来和拒之门外，因此对于任何疑点都不能放过。同时，证券监管机构认为投资者不具备足够的风险识别能力，是需要保护的对象，因此对于发行人的任何可能导致风险的因素必须加倍审视。

这两点结合起来，就构成了我国现行 IPO 审核中的风险导向审核理念，即对于发行人的任何疑点均不放过，识别其可能导致的最大风险。只有经过最严格的审查仍然没有发现问题，或者最大化风险可能导致的后果仍然符合发行条件，才能顺利通过审核。

为了严防发行人财务造假和上市后业绩迅速"变脸"，审核方要求发行人具备一定的体量以防止行业、自身经营环境的重大变化导致的风险，同时从各个方面严控企业进行财务粉饰，力图通过这种"严审"将企业业绩变脸的风险尽量降低，就是风险导向审核理念的典型表现。

三、核心理念之三：多因素综合考量

发行人能否通过审核往往是审核方多因素综合考量的结果。具体来说，其体现为：

第一，一票否决因素。财务问题往往构成发行人被否决的致命伤和一票否决因素。财务问题反映的是公司经营问题。而为了掩盖公司经营问题，发行人往往会实施财务操纵（包括财务舞弊和过于明显的财务粉饰）。本章财务审核部分将详细分析财务审核的"四轮驱动"。

第二，相互联系。很多审核中被关注的事项之间是相互联系，或者相互依存、相互影响的。例如，关联交易问题既是独立性问题，也往往成为财务操纵的重要手段。又如，员工社保与劳务派遣问题，既是规范运作问题，也会对财务利润构成影响。

第三，叠加效应，小毛病可能变成大毛病。如果说，可能被一票否决的大毛病像"癌症"，一些规范运作事项就像"牛皮癣"。"牛皮癣"从单个来看，虽然不致命，只要披露和"担责"（例如大股东承担兜底责任）即可，但牛皮癣过多，也可能导致对大股东及发行人诚信和内控的整体怀疑。而且，其叠加起来，也可能对财务数据构成较大影响。

第四，综合效应。除了一些具有明显"硬伤"的企业可能是被一票否决外，大多数发行人无法通过发行部初审会和发审会的原因往往是多个因素复合交织的结果。公司在往往不同方面存在多个问题。同意与否实质上体现了审核中对多个问题综合影响的容忍度。例如，同样是出现了影响持续盈利能力的某个重大不确定性，如果发行人体量够大，没有明显的财务操纵迹象就有可能通过；反之则很难被容忍。总体来讲，一个规模大、前景好的公司，相对容忍度就高。

据统计，仅从证监会正式公布的否决理由（并不是该发行人被否决的全部原因）来看，因同时多种原因而被否的案例增加在20%以上，尤其是财务与会计、规范运行、信息披露三方面的问题往往互相关联。例如，内部控制问题出现疑点后，往往会在会计处理等方面有所体现，进而影响到信息披露的一致性等。反过来，其他方面的问题又可能体现为内控方面的问题。又如，对持续盈利能力的质疑主要是因为发行人规模过小同时又不能完全排除财务操纵的嫌疑。

第二节 财务审核

一、财务审核是 IPO 审核的核心

基于当前 A 股 IPO 审核的核心理念（实质性审核、风险导向审核、多因素综合考量），财务事项成为发行人能否通过审核的核心与关键。原因在于，这三个理念其实都指向了财务审核。

从实质性判断来看，企业是不是一个"好"企业，最关键的是经营问题，而财务事项是经营的集中反映。从这个意义上讲，申报材料一定要将企业的商业模式（包括产供销模式）描述清楚，方便审核方在此基础上理解财务数据，了解企业商业模式的合理性。

从风险导向审核来看，为了防止企业财务舞弊和上市后业绩"变脸"，审核方会使用分析性复核的方法，考虑会计信息各构成要素之间的关系、会计信息与相关非会计信息之间的关系，运用各种方法发现一切可能的问题与疑点。

从多因素综合考量来看，发行人大多数事项都与财务问题相关或者与财务问题相互影响，要么会影响企业的经营业绩，要么可能构成财务操纵的疑点，要么不利于企业的持续经营能力，要么揭示企业内控方面的薄弱环节。

一份统计研究指出，自 2010 年以来，财务与会计方面问题是 IPO 审核未通过的主要原因。2010～2016 年，直接因财务与会计方面的问题而未通过 IPO 审核的意见共计 128 次，占 IPO 审核未通过意见总数的 48.3%。

2017 年 6 月 9 日，证监会新闻发言人公布的 2017 年 1～4 月 18 家

未通过发审会的拟 IPO 企业共存在 5 类问题（内控制度的有效性及会计基础的规范性存疑，6 家，占比 33.33%；经营状况或财务状况异常，5 家，占比 27.78%；持续盈利能力存疑，3 家，占比 16.67%；关联交易及关联关系存疑，3 家，占比 16.67%；申请文件的真实、准确、完整和及时性存疑，1 家，占比 5.55%），大多与财务问题直接相关。显然，财务问题是 A 股 IPO 审核最重要的因素。

二、IPO 财务审核的"四轮驱动"模型

IPO 财务审核可以总结为一个"四轮驱动"模型。

这"四轮"包括：第一，"块头"，要求发行人具备一定的净利润规模；第二，"增长"，要求发行人具备一定的成长性，至少不能业绩下滑；第三，"实在"，要求防范财务操纵（包括财务舞弊和过度的财务粉饰），保证盈利真实性；第四，"持续"，要求避免影响持续盈利的不确定事项。具体如图 4-1 所示。

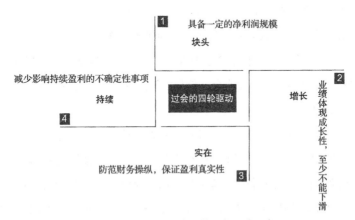

图 4-1 A 股 IPO 财务审核四轮驱动示意

具体理解这一"四轮驱动"模式，包括以下这些方面。

第一，审核理念中的"多因素综合考量"不仅体现在对发行人整体

的判断上,也体现在财务审核上。财务审核上的多因素考量主要就体现为"块头""增长""实在""持续"这四个因素上。

第二,综合考量四个因素均具有较好表现的发行人,有很大的把握通过审核会。也就是说,一个具有一定的净利润体量,保持业绩增长,财务操纵嫌疑小,没有明显影响持续盈利能力的不确定性事项的发行人,容易通过 IPO 审核。

第三,具体分析这四个因素,"块头""增长"偏定量,"实在""持续"偏定性。如果企业无法在四个因素上均具有良好的"表现",那么前两个因素决定了对后两个因素的容忍度。同时,如果后两个因素特别"过硬",那么前两个因素的影响程度就会变低。

以两个 2017 年被发审委否决的具体案例来分析财务审核"四轮驱动"模型如表 4-1 所示。

三、"块头":具备一定的利润水平

(一) 财务条件中的盈利要求只是最低要求

根据 A 股 IPO 发行条件中的定量规定,主板、中小企业板要求最近 3 年连续盈利且净利润累计不少于 3000 万元。创业板的要求更低一些。

在实务中,对 IPO 企业的盈利能力通常要远远超过这个底线,即需要发行人具备一个远高于上述法定要求的"块头"。这主要是基于 IPO 审核中的风险导向审核理念,具体来说是出于以下考虑:

第一,会计核算本身是具有一定弹性空间,例如包含会计估计、会计政策选择等,如果企业的盈利能力仅仅刚达到底线,会计估计变化、前期差错追溯调整等原因造成的任何大额的账务调整都可能导致财务条件不达标(例如收入费用跨期、补缴社保/税费、预提负债、充分计提资产减值等)。

表 4-1 两个 2017 年被发审委否决的具体案例

项目	否决理由	发审委询问问题	备注	分析
西藏国策环保科技股份有限公司	尚未公布	1. 发行人存在以下情形：①发行人的部分会计凭证制单、审核以及过账均为财务总监某一人操作；②发行人昌都分公司财务人员唐某于 2015 年 2 月 17 日从昌都市财政局领取现金支票后，除支付 188 250 元给卫工人外，其余款项 633 856 元均私自挪用，而发行人直到 2015 年 8 月才发现唐某挪用公款行为；③建筑施工项目未建立项目预算制度和体系，对于建筑施工项目财务核算不规范；④昂仁县城垃圾填埋场工程跨期确认收入，存在部分政府拥有实际产权的部分固定资产权属不清楚；⑤未计提安全生产费；⑥公司的部分在发行人名下的情况。第十七条、第十八条规定行为是否符合《创业板首发办法》第十七条、第十八条规定。2. 发行人报告期扣非后净利润分别为 1 281.89 万元、1 368.37 万元，1 786.63 万元。报告期高管薪酬总额逐年下降，董事长薪酬大幅下降。2016 年管理费用中研发费用大幅下降。截至 2016 年 12 月 31 日，发行人 1 153 名员工中，仅为 70 名员工缴纳了住房公积金，未缴纳住房公积金的员工占比为 93.93%。请发行人代表说明高管薪酬和研发费用大幅下降是否符合高新技术企业的认定条件，说明发行人社保公积金的缴纳是否符合我国劳动保险法的相关规定。	反馈意见要求说明发行人及其分公司员工人数大幅减少、子公司及其分公司员工人数大幅增加的原因，是否按照相关法律法规的要求支付了与员工辞退相关的薪酬，是否存在薪酬的具体构成降低的情形。申报期内发行人享受的税收优惠和政府补助占净利润比重均接近 50%	从发行人"块头"看，净利润体量过小从披露的规范性较差，不能完全排除从会计基础的规范性较差对其可能存在财务粉饰的嫌疑由于近年利润来自政府补贴和税收减免，持续性也存在疑问
		1. 进一步说明：①报告期主营业务收入大幅波动及不同地区差异销售收入的原因和合理性，是否与报告期收入增长趋势一致和合理性；发行人报告期收入增长趋势与同行业上市公司项目是否符合实际情况；②报告期毛利率与同行业不同毛利率差异不同的原因及其合理性，发行人毛利率与同行业上市公司变动不一致的原因及其合理性，较高毛利率的可持续性和相关风险是否充分披露；③报告期营业收入、营业成本的准确、完整，相关内控核算方法及其有效执行情况、成本核算是否真实、准确；④业绩是否已经说明反映其客观真实情况及报告期业绩是否存在重大不确定性、持续盈利能力是否存在重大风险，公司的经营风险是否在招股说明书中充分客观披露。		

公司	关注问题	具体问询内容	补充说明
美联钢结构建筑系统（上海）股份有限公司	发行人收入、毛利率波动较大，与同行业可比公司存在较大差异；2016年发行人在收入取得较大增长的情形下销售费用及管理费用减少	2. 进一步说明：①报告期内外协加工比重持续上升的原因，与同行业公司情况是否一致。②外协单位成本低于自产成本的原因，发行人在承接外地订单方面相比外协厂商具有优势的原因；报告期内各期以及报告期前十大外协加工单位产品协议采购单价、自产生产成本情况以及报告期内外协加工费用的费率情况，外协加工金额比重与外协加工产量的比重不一致的原因及其合理性，相关比重差异是否真实合理，是否存在低估成本和特殊费用的情形。③发行人与主要外协厂商之间是否存在关联关系和利益安排，外协加工的定价机制和定价公允性。④营业收入与机器设备成本的比值大幅高于同行业公司平均水平的原因 3. 进一步说明2016年营业收入相比上年实现较大增长的情况下管理费用和销售费用下降的原因和合理性，是否具有可持续性，费用确认是否准确、完整 4. 进一步说明报告期劳务外包的情况；发行人不具备资质的劳务外包合作项目的家数和合作存在的法律风险，不具备资质的劳务外包合作存在的影响情况，是否存在诉讼或纠纷，对发行人经营和财务及其后续处理情况，是否存在合作是否发生安全伤亡事故及其后续处理情况，是否存在合作可能受到行政处罚的情形，相关信息和风险是否充分、准确披露 5. 进一步说明应收账款金额较大的原因、应收账款相关会计准则的规范，存货减值预计不计提坏账准备是否符合相关会计准则的规范，存货减值准备和坏账准备计提是否充分、谨慎；应收账款涉诉情况，应收账款存在无法回收的风险；相关信息和风险披露是否充分	根据预披露材料，发行人2013~2015年度净利润分别为2 859万元、3 152万元和2 754万元 从发行人的"块头"和"增长"来看，均表现不佳，不仅净利润水平低于申报的通常标准，而且业绩出现下滑。从聆讯问题对收入、期间费用、毛利率等的反复质疑来看，发审委对其"实在"（盈利真实性和是否存在财务操纵）、"持续"也持明显的存疑态度

第二，如果仅仅达到底线标准，若未来经营情况发生不利变化则很容易不达标，甚至出现"变脸"。也就是说，从最大程度防范风险角度出发，审核方会认为盈利能力弱的企业抗风险能力普遍更差，企业的经营环境、自身经营状况的动态变化会对企业的业绩影响更大，企业由盈利到亏损甚至破产的概率也会更大。

需要指出的是，在证监会实施发行体制改革，提出"对发行申请文件和信息披露内容的合法合规性进行审核，不对发行人的盈利能力和投资价值做出判断"(《关于进一步推进新股发行体制改革的意见》(证监会公告〔2013〕42号))后的一段时间，曾经出现过一批净利润规模较小的企业过会率明显提升的现象。但随着2016年下半年IPO发行提速后，审核明显加严，"风险导向审核"理念重新被强化，对"块头"(发行人净利润规模)的要求也重新得到了加强。

(二) 实务中一般认可的最低"块头"要求

经统计，2015～2016年申报IPO的企业报告期内的年均营业收入和年均净利润的中位数(由于不同企业规模差距较大，为了避免出现"被平均"的失真，考察中位数更为合理)如下所示。

(1) 上交所主板：营业收入4.6亿元，净利润6114万元。

(2) 深交所中小板：营业收入3.5亿元，净利润5034万元。

(3) 深交所创业板：营业收入2.82亿元，净利润4482万元。

达到这一水平的企业，会被认为在"块头"上相对优质。而在业务实践中，多数券商一般会设置一个最低的立项标准，即低于这一标准的企业，往往一般不会被券商立项(根据工作流程，券商对项目进行立项是签约的前提)。

根据审核实践得出的信息，当前一些券商将立项的最低标准设置为：

(1) 要求申报主板、中小板的企业，最后一年扣非后净利润不低于

5000万元。

（2）要求申报创业板的企业，最后一年扣非后净利润不低于4000万元。

除了对最后一年扣非净利润的要求，一般还会要求报告期三年合计净利润水平不得低于1亿元。基于自身定位和对客户对象选择的较高要求，券商还有可能进一步提高立项标准，对发行人净利润水平的要求更高。

我们认为，"块头"作为IPO财务审核的"四轮"之一，其优劣决定了在审核中是否会被"歧视"。从IPO审核的三个理念来看，这个"歧视"的含义为：由于是实质性审核，"块头"会成为审核方对发行人的第一印象，即认为其是不是一个盈利能力强、抗风险能力高的"好企业"；由于是风险导向审核，"块头"过小会使得审核方对发行人可能的疑点和风险加倍重视；由于是多因素综合考量，"块头"过小会使得审核方对发行人其他事项的容忍度更低。

当然，在另一方面，"块头"也仅是"四轮"中的一轮。虽然从总体上讲，"块头"不到一定标准的企业通过审核的概率较低；但就个体而言，其仍然是一个多因素综合考量的结果，不能简单认为不具备一定"块头"的发行人就一定不能通过审核。但是，其难度会非常大。而且在审核加严的情况下，如果没有特殊情况（例如企业是得到广泛认可的新业态、新模式的"明星"企业），那么突破的空间就较小。

（三）关于"块头"对审核影响的实证分析

这里以2017年6月9日证监会公布的2017年1～4月未通过发审会的18家企业为例来进行分析。㊀这些企业预披露材料揭示的财务数据如表4-2所示。

㊀ 资料来源：中国证监会官网"证监会集中公布35家终止审查及18家未通过发审会的IPO企业情况"(http://www.csrc.gov.cn/pub/newsite/zjhxwfb/xwdd/201706/t20170609_318109.html)及中国证监会在该页面提供的两个附件（附件1：2017年1～4月35家终止审查的IPO企业名单及审核中关注的主要问题；附件2：2017年1～4月18家未通过发审会的IPO企业名单及审核中关注的主要问题），均访问于2017年12月28日。

表 4-2　2017 年 1～4 月末通过发审会的 18 家企业财务数据

序号	公司名称	营业收入（万元）				净利润（万元）			
1	南京圣和药业股份有限公司	2016年度 112 785.40	2015年度 90 880.12	2014年度 69 959.22	—	2016年度 17 050.09	2015年度 17 841.69	2014年度 14 210.37	—
2	山东元利科技股份有限公司	2016年1～6月 43 370.35	2015年度 77 069.05	2014年度 98 273.16	2013年度 88 406.96	2016年1～6月 7 605.85	2015年度 6 531.73	2014年度 3 071.64	2013年度 4 516.62
3	广东百合医疗科技股份有限公司	—	2015年度 43 925.24	2014年度 33 037.10	2013年度 24 112.72	—	2015年度 11 576.85	2014年度 7 167.20	2013年度 4 901.30
4	柳州欧维姆机械股份有限公司	2016年1～6月 64 263.11	2015年度 149 289.02	2014年度 149 288.16	2013年度 132 471.68	2016年1～6月 1 469.40	2015年度 3 131.25	2014年度 4 563.79	2013年度 3 109.26
5	长春普华制药股份有限公司	2016年1～6月 6 951.29	2015年度 15 573.76	2014年度 10 868.78	2013年度 9 459.85	2016年1～6月 1 646.86	2015年度 3 064.03	2014年度 3 539.12	2013年度 2 640.25
6	苏州金枪新材料股份有限公司	2016年度 10 376.27	2015年度 10 137.67	2014年度 9 620.02	—	2016年度 2 504.84	2015年度 3 119.08	2014年度 2 258.69	—
7	广东日丰电缆股份有限公司	2016年1～6月 36 682.75	2015年度 67 708.10	2014年度 85 559.55	2013年度 81 154.94	2016年1～6月 2 484.35	2015年度 2 310.03	2014年度 3 206.04	2013年度 3 168.83
8	杭州华光焊接新材料股份有限公司	2016年1～9月 31 505.63	2015年度 37 152.27	2014年度 48 949.36	2013年度 57 029.11	2016年1～9月 2 361.95	2015年度 1 654.39	2014年度 3 088.11	2013年度 4 030.40
9	美联钢结构建筑系统股份有限公司	—	2015年度 58 038.91	2014年度 91 318.35	2013年度 65 068.54	—	2015年度 2 754.07	2014年度 3 152.29	2013年度 2 858.55
10	北京新水源景科技股份有限公司	2016年度 14 117.26	2015年度 12 191.34	2014年度 9 424.90	—	2016年度 2 523.55	2015年度 2 781.72	2014年度 1 597.41	—
11	宁波震裕科技股份有限公司	2016年度 22 418.39	2015年度 18 718.22	2014年度 14 696.61	—	2016年度 2 280.61	2015年度 2 379.56	2014年度 2 295.58	—

第四章 审 核 161

序号	公司名称								
12	四川里伍铜业股份有限公司	2015年1~6月 21 019.09	2014年度 45 080.67	2013年度 49 376.42	2012年度 48 025.86	2015年1~6月 3 516.30	2014年度 11 268.40	2013年度 13 350.12	2012年度 18 464.44
13	深圳西龙同辉技术股份有限公司	2016年度 24 867.27	2015年度 24 754.74	2014年度 26 611.62	—	2016年度 2 455.35	2015年度 2 019.03	2014年度 2 350.59	—
14	浙江科维节能技术股份有限公司	2016年度 10 622.68	2015年度 9 880.74	2014年度 10 778.62	—	2016年度 3 258.09	2015年度 3 447.52	2014年度 5 303.03	—
15	上海思华科技股份有限公司	—	2015年度 17 792.85	2014年度 18 856.44	2013年度 17 650.64	—	2015年度 3 999.67	2014年度 3 826.93	2013年度 4 341.05
16	深圳清溢光电股份有限公司	2016年度 31 466.32	2015年度 33 409.23	2014年度 31 710.64	—	2016年度 4 573.60	2015年度 5 572.25	2014年度 5 543.76	—
17	深圳华龙讯达信息技术股份有限公司	2016年1~6月 4 656.04	2015年度 11 241.73	2014年度 10 861.09	2013年度 10 856.33	2016年1~6月 518.81	2015年度 2 334.51	2014年度 1 829.85	2013年度 1 671.92
18	浙江永泰隆电子股份有限公司	2016年1~6月 13 645.96	2015年度 22 717.99	2014年度 25 606.98	2013年度 19 277.99	2016年1~6月 2 808.31	2015年度 4 728.68	2014年度 3 581.90	2013年度 2 603.99

从 18 家企业的上会前最后 1 年的净利润数据（部分企业为模拟数据，如表 4-3 所示）来看，最后 1 年净利润低于 3000 万元的有 8 家，占比 44%；最后 1 年净利润低于 5000 万元的合计有 13 家，占比 72%。从这一数据来看，"块头"确实对财务审核有着重要的影响。

表 4-3　2017 年 1～4 月未通过发审会的 18 家企业报告期最后 1 年营业收入与最后 1 年净利润数据表　　　（单位：万元）

类别	序号	公司名称	最后一次营业收入	最后一年净利润
第一类：内控制度的有效性及会计基础的规范性存疑	1	南京圣和药业股份有限公司	112 785.40	17 050.09
	2	山东元利科技股份有限公司	86 740.70	15 211.70
	3	广东百合医疗科技股份有限公司	43 925.24	11 576.85
	4	柳州欧维姆机械股份有限公司	128 526.22	2 938.80
	5	长春普华制药股份有限公司	13 902.58	3 293.72
	6	苏州金枪新材料股份有限公司	10 376.27	2 504.84
		平均数	66 042.74	8 762.67
		中位数	65 332.97	7 435.29
第二类：经营状况或财务状况异常	1	广东日丰电缆股份有限公司	73 365.50	2 484.35
	2	杭州华光焊接新材料股份有限公司	42 007.51	3 149.27
	3	美联钢结构建筑系统股份有限公司	58 038.91	2 754.07
	4	北京新水源景科技股份有限公司	14 117.26	2 523.55
	5	宁波震裕科技股份有限公司	22 418.39	2 280.61
		平均数	41 989.51	2 638.37
		中位数	42 007.51	2 523.55
第三类：持续盈利能力存疑	1	四川里伍铜业股份有限公司	42 038.18	7 032.60
	2	深圳西龙同辉技术股份有限公司	24 867.27	2 455.35
	3	浙江科维节能技术股份有限公司	10 622.68	3 258.09
		平均数	25 842.71	4 248.68
		中位数	24 867.27	3 258.09
第四类：关联交易及关联关系存疑	1	上海思华科技股份有限公司	17 792.85	3 999.67
	2	深圳清溢光电股份有限公司	31 466.32	4 573.60
	3	深圳华龙讯达信息技术股份有限公司	9 312.08	1 037.62
		平均数	19 523.75	3 203.63
		中位数	17 792.85	3 999.67
第五类：申请文件的真实、准确、完整和及时性	1	浙江永泰隆电子股份有限公司	27 291.92	5 616.62
		平均数	27 291.92	5 616.62
		中位数	27 291.92	5 616.62

注：部分企业预披露的是中期数据，全年数据为简单模拟（中期数据乘以 2）。由于季节性的影响和不同企业的商业模式差异，简单模拟并不准确，只是为了方便分析而进行的简化处理，仅供参考。

此外，根据《21世纪经济报道》的统计，截至2017年9月13日，2017年发审委共审核376家IPO企业。以上发审会前最近一年扣非后净利润进行分类统计，低于3000万元净利润的企业共31家，仅7家通过，过会率为22.58%。而净利润在3000万～4000万元的，过会率为78.57%；4000万～5000万元净利润的，过会率为79.55%；5000万～8000万元净利润的，过会率为92.86%；8000万元以上的，过会率为88.97%。

(四) 对申报的实务建议：充分考虑审核常态化的因素，避免盲目提前排队

历史上，为了缩短审核历时，在预期发行人具备较高的成长性的情况下券商可能会建议企业尽早申报、排前排队。虽然申报时将业绩不理想的年份纳入了报告期，最后一期的净利润水平也较低，但随着企业的业绩增长，只要财务数据更新，最终上发审会的报告期数据会不一样。

但自2017年以来，由于审核速度大为加快，企业获得反馈意见和从申报到上会的历时都大为缩短。例如，获得反馈意见的时间从过去"堰塞湖"问题高峰时的一两年变成两三个月。在这种形势下，提前排队的意义就不大而且可能给审核带来负面影响。需要提醒的是，不仅是上会前（初审会与发审会）的财务数据需要"块头"，申报时留给审核人员的第一印象就非常重要。

四、"增长"：成长，至少不能下滑

(一) 成长性仍然重要，业绩下滑很危险

除了修订前的创业板发行条件中对成长性（利润增长或营业收入）有要求外，目前适用的主板、中小企业板和创业板发行条件均对成长性

没有定量的要求。新旧创业板发行条件的比较如表 4-4 所示。

表 4-4 新旧创业板发行条件对成长性的不同要求分析

	2009 年创业板发行条件	现行创业板发行条件	说明
标准一	最近两年连续盈利,最近两年净利润累计不少于 1000 万元,且持续增长	最近两年连续盈利,最近两年净利润累计不少于 1000 万元	去掉了净利润持续增长要求
标准一	最近一年盈利,且净利润不少于 500 万元,最近一年营业收入不少于 5000 万元,最近两年营业收入增长率均不低于 30%	最近一年盈利,最近一年营业收入不少于 5000 万元	去掉了年营业收入增长 30% 的要求

但是,根据当前 IPO 审核的三大核心理念,成长性在目前的 IPO 审核中仍然重要。原因在于:

第一,基于实质性审核理念,一个历史上业绩保持增长的发行人仍然容易给予审核方"好企业"的整体印象。

第二,基于风险导向审核理念,发行人在报告期业绩下滑或者大幅波动,容易使审核方对其未来是否具有持续盈利能力以及是否会继续恶化出现"变脸"产生重大疑虑。

第三,基于多因素综合考量审核理念,如果发行人在报告期业绩下滑或者大幅波动,那么对于其"块头"的要求会相对更高("块头"大的话至少出现业绩"亏损"的可能性会变小),对于其财务数据的实在性会要求更谨慎(是否有在业绩操纵的嫌疑下也止不住业绩下滑的情况),对于影响其持续盈利的不确定性也会看得更重。

当然,必须指出的是,从总体上讲,具备成长性的企业通过审核的概率会高于业绩下滑的企业,业绩下滑的企业被否率较高,但就个体而言,这仍然是一个多因素综合考量的结果,不能简单地认为业绩下滑的发行人就一定不能通过审核。

需要说明的是,成长性不仅体现在财务数字上,其应该与发行人的业务经营状况相匹配,财务数字与非财务数字能够得到相互验证。如果两者出现严重背离,这样的增长不仅不能为审核加分,反而构成业绩粉饰的重大嫌疑。

还需要顺便指出的是，在2008年金融危机后，面对企业业绩普遍下滑的状况，面对当时创业板成长性的要求，审核部门曾经提出过"NIKE型"的标准，即报告期三年里，如果中间一年较第一年有所下滑，但第三年超过第一年的话，即为"NIKE型"（形状类似NIKE的商标），这是符合发行条件的。但是，如果第三年较中间一年有所增长，但仍然低于第一年的话，则不符合发行条件关于成长性的要求。虽然现在创业板发行条件已经取消成长性的要求，这一窗口指导意见也已经生效，但其中体现的审核思路仍然可以借鉴。

（二）审核中对报告期业绩下滑的窗口指导意见及对其的认识

2016年年底，证监会发行部曾经有一个窗口指导意见，提出了对拟上会的和过会后企业的业绩下滑分类处理的措施。其具体内容如下所示。

（1）业绩下滑不超30%。发行人需要出具业绩专项分析报告，分析业绩下滑的原因，经营和财务是否发生重大不利变化，是否影响持续经营能力和其他发行条件，提示风险，并提供下一报告期的业绩预计；保荐机构出具核查报告，发表明确核查意见。在此基础上，推进后续审核或发行工作。

（2）下滑超过30%，但未超过50%。发行人除出具业绩专项分析报告、保荐机构出具核查报告外，发行人可以出具会计师审核的盈利预测报告。在此基础上，可以安排上会或发行。但经会计师审核的盈利预测报告中利润总额预测数据如较上一期数据下滑超过30%，需要参照"下滑超过50%"，等后续财务数据更新情况再处理。

（3）业绩下滑幅度超过50%。不安排后续审核，需要等下一报告期财务数据补充后看情况再审核。

就该窗口指导意见，可以看出：

第一，从业绩下滑幅度看，凡是下滑就要采取措施，下滑 30%～50% 问题很严重，下滑 50% 是不可容忍的。

第二，虽然下滑及下滑 30%～50% 不会被采取暂停审核的措施，但也不能证明只要下滑不超过 50% 就没有问题。

总体上讲，近年来审核部门对于企业成长性的认识更加理性而全面，对业绩是否增长的容忍度有所增强，但并不等于可以忽视成长性特别是业绩下滑的状况。

个人认为，除非下面两种情况，否则业绩下滑对于审核仍然是比较致命的关键问题。

第一种情况为，业绩下滑并非是企业自身的原因，例如其是周期性行业，暂时受行业周期的不利影响；又例如其受到整体经济周期、产业政策的明显影响，但这一影响将来可以消除或者缓解。如果发行人身处一个完全竞争性行业，仅因为自身经营原因出现业绩下滑，是很难被容忍的。

第二种情况为，其"块头"非常大，业绩也非常"实在"（存在业绩操纵的嫌疑较小）。基于多因素综合考量理念和风险导向审核理念，这种企业总体风险较小，更应该交给市场去判断。

（三）被否企业的实证分析

这里仍然以 2017 年 6 月 9 日证监会公布的 2017 年 1～4 月未通过发审会的 18 家企业为例来进行分析。

从 18 家企业的上会前后两年的净利润数据（参见表 4-5，部分企业最后一年为模拟数据）来看，出现净利润下滑或者基本持平的有 10 家，占比 56%。从这一数据来看，"增长"（至少业绩不能下滑）确实对财务审核有着重要的影响。

表 4-5 2017 年 1~4 月末通过发审会的 18 家企业报告期内营收与净利润数据

(单位:万元)

公司	年度	2014 年度	2015 年度	2016 年度
南京圣和药业股份有限公司	营业收入	69 959.22	90 880.12	112 785.40
	净利润	14 210.37	17 841.69	17 050.09
山东元利科技股份有限公司	营业收入	98 273.16	77 069.05	86 740.70
	净利润	3 071.64	6 531.73	15 211.70
广东百合医疗科技股份有限公司(创业板)	营业收入	33 037.10	43 925.24	—
	净利润	7 167.20	11 576.85	—
柳州欧维姆机械股份有限公司(创业板)	营业收入	149 288.16	149 289.02	128 526.22
	净利润	4 563.79	3 131.25	2 938.80
长春普华制药股份有限公司(创业板)	营业收入	10 868.78	15 573.76	13 902.58
	净利润	3 539.12	3 064.03	3293.72
苏州金枪新材料股份有限公司(创业板)	营业收入	9 620.02	10 137.67	10 376.27
	净利润	2 258.69	3 119.08	2 504.84
广东日丰电缆股份有限公司	营业收入	85 559.55	67 708.10	73 365.50
	净利润	3 206.04	2 310.03	2484.35
杭州华光焊接新材料股份有限公司	营业收入	48 949.36	37 152.27	42 007.51
	净利润	3 088.11	1 654.39	3 149.27
美联钢结构建筑系统股份有限公司	营业收入	91 318.35	58 038.91	—
	净利润	3 152.29	2 754.07	—
北京新水源景科技股份有限公司(创业板)	营业收入	9 424.90	12 191.34	14 117.26
	净利润	1 597.41	2 781.72	2 523.55
宁波震裕科技股份有限公司(创业板)	营业收入	14 696.61	18 718.22	22 418.39
	净利润	2 295.58	2 379.56	2 280.61

（续）

年度		2014年度	2015年度	2016年度
四川里伍铜业股份有限公司	营业收入	49 376.42	45 080.67	42 038.18
	净利润	13 350.12	11 268.40	7 032.60
深圳西龙同辉技术股份有限公司（创业板）	营业收入	26 611.62	24 754.74	24 867.27
	净利润	2 350.59	2 019.03	2 455.35
浙江科维节能技术股份有限公司（创业板）	营业收入	10 778.62	9 880.74	10 622.68
	净利润	5 303.03	3 447.52	3 258.09
上海思华科技股份有限公司	营业收入	18 856.44	17 792.85	—
	净利润	3 826.93	3 999.67	—
深圳清溢光电股份有限公司	营业收入	31 710.64	33 409.23	31 466.32
	净利润	5 543.76	5 572.25	4 573.60
深圳华讯达信息技术股份有限公司（创业板）	营业收入	10 861.09	11 241.73	9 312.08
	净利润	1 829.85	2 334.51	1037.62
浙江永泰隆电子股份有限公司（创业板）	营业收入	25 606.98	22 717.99	27 291.92
	净利润	3 581.90	4 728.68	5 616.62

注：部分企业预披露的是中期数据，全年数据为简单模拟（中期数据乘以2）。由于季节性的影响和不同企业的商业模式差异，简单模拟并不准确，只是为了方便分析而进行的简化处理，仅供参考。

2017年6月9日，证监会新闻发言人也公布了2017年1~4月35家终止审查的IPO企业情况。发言人指出的这些企业存在的问题包括4方面，其中业绩下滑4家，占比11.43%。

证监会第十七届发行审核委员会2017年第70次发审委会议于2017年12月12日召开，上海悉地工程设计顾问股份有限公司未通过审核。其中一个聆讯问题为：发行人报告期内营业收入及净利润呈下降趋势，应收账款余额及占营业收入比例呈逐年上升趋势，信用期外应收账款金额持续增长，且应收账款周转率低于同行业可比公司。请发行人代表说明：①业绩持续下滑的原因；②外部的经营环境是否已经发生了重大变化，是否对发行人的持续盈利能力构成重大不利影响；③信用期外应收账款持续增长的原因及合理性，应收账款信用政策前后是否一致；④应收账款周转率低于同行业可比公司的原因及合理性；⑤应收账款坏账准备计提是否谨慎、充分。请保荐代表人说明核查过程、依据，并发表明确的核查意见。⊖

五、"实在"：防范财务操纵

（一）发行条件关于防范财务操纵的相关规定

《首发办法》和《创业板首发办法》均要求发行人会计基础工作规范，财务报表的编制符合企业会计准则等的相关规定，在所有重大方面公允地反映了发行人的财务状况、经营成果和现金流量。

《首发办法》第二十九条规定发行人申报文件中不得有下列情形：①故意遗漏或虚构交易、事项或者其他重要信息；②滥用会计政策或者会计估计；③操纵、伪造或篡改编制财务报表所依据的会计记录或者相

⊖ 资料来源：中国证监会官网 "第十七届发审委2017年第70次会议审核结果公告"（http://www.csrc.gov.cn/pub/zjhpublic/G00306202/201712/t20171212_328785.htm），访问于2017年12月28日。

关凭证。

这些规定的主旨就是要关注发行人是否存在财务操纵的情形。从第二十九条的规定来看，第①、③项属于财务舞弊行为，第②项属于过度的业绩粉饰行为。

2017年6月9日，中国证监会宣布：下一步，证监会将进一步强化发行监管，严格审核，在严防企业造假的同时，严密关注企业通过短期缩减人员、降低工资、减少费用、放宽信用政策促进销售等方式粉饰业绩的情况，一经发现，将综合运用专项问核、现场检查、采用监管措施、移送稽查等方式严肃处理。㊀

（二）经营业绩"实在"（防范财务操纵）是财务审核"四轮"中最重要的一轮

一般认为，财务舞弊和过度的业绩粉饰，共同构成IPO过程中的财务操纵。IPO拟发行人操纵申报报表主要以虚增报告期内的利润为目的。

证监会发行部财务审核初审人员所使用的审核方法类似于注册会计师在审计过程中进行的会计报表整体分析性复核，重点考虑会计信息各构成要素之间的关系、会计信息与相关非会计信息之间的关系，主要运用简易比较、比率分析、结构百分比分析、趋势分析等方法发现问题与疑点。基于风险导向审核理念，凡是可能构成财务舞弊和业绩粉饰的疑点均会被重点关注。

一般认为，财务操纵的主要方法分为会计方法与非会计方法。会计方法主要是指利用会计政策、会计估计变更和会计差错更正，不当地进行收入确认，或成本、费用、损失的处理；非会计方法主要是通过不正当的商业手段虚构或歪曲销售，通过不正当的行为影响成本费用的计

㊀ 资料来源：中国证监会官网"证监会集中公布35家终止审查及18家未通过发审会的IPO企业情况"http://www.csrc.gov.cn/pub/newsite/zjhxwfb/xwdd/201706/t20170609_318109.html），访问于2017年12月28日。

量等。

从会计方法来看,常见的财务操纵包括以下手段:①在收入方面,将不该确认的收入进行确认;提前或推迟确认收入;签订复杂的交易合同把销售收入、维护收入、融资收入等进行捆绑混同。②在成本、费用方面,随意变动发出存货的计价方法;违背配比原则和权责发生制不及时结转或少结转销售成本;少提或不提折旧;少提或不提资产减值准备;少提或不提安全生产费用等费用科目;通过过激的资本化政策不计或少计当期利息;不当地研发费用资本化;将应确认为当期的费用列入"待摊费用""长期待摊费用"科目等。

从非会计方法来看,常见的财务操纵手段包括:通过伪造销售合同、商品出货单、银行账单、税务发票、海关报关单等资料虚构收入;利用关联关系或特殊业务关系,先销后退,对开增值税发票,利用过桥交易一条龙虚构收入;销货退回及折让不入账;利用法律纠纷带来的违约金或定金、赔偿金虚构收入;伪造虚假的加工费、咨询费、技术服务费、品牌使用费等收入;供应商减价、经销商加价提货或囤货、职工降薪、皮包公司报销费用或虚增收入、地方政府减税或增加补贴等。

在 IPO 财务审核四个轮子中,"实在"(避免财务操纵,包括防范财务舞弊和过度的财务粉饰)是最重要的一轮。

存在财务舞弊嫌疑的发行人,基于风险导向审核理念,基本上是会被"一票否决"、无法通过审核的。存在财务舞弊嫌疑的发行人,一般在发行部初审环节就很难通过。即便能够提交发审委审核,发行部的初审报告一般也会将相关事项列为关注问题,提请发审委员注意。其结果通常是不言而喻的。尽管公开的否决理由中很少直接出现因财务"造假"(财务舞弊)被否决的表述,一般会委婉地表达为会计基础的规范性存疑、内控制度的有效性不足,等等,但实质问题很可能就是因为对存在财务舞弊的疑虑。

是否属于明显的财务粉饰,则更多地受实质性审核理念和多因素综合考量的影响。在"块头"不达标,无法做到"增长"(甚至下滑)的情况下,审核对财务粉饰的容忍度就会小一些,会基于风险导向审核理念从严把关。反之,如果企业基本面良好,"块头"大、增长趋势明显(不仅体现在财务数字上,也体现在申报材料披露的业务实际经营状况中),审核对是否存在过度的财务粉饰的容忍度就相对大一些。例如,同样是研发费用资本化,如果发行人体量够大,资本化数额占净利润比重很小,审核可能就能够相对尺度较宽,但如果发行人体量很小,资本化数额占净利润比重很大,扣除就可能危及发行条件,那么审核中对其是否能够资本化的条件要求就会非常高,甚至完全不能容忍。

(三)从财务核查看证监会对防范财务操纵的具体要求

2012年证监会启动了财务专项核查。在当时,这是一项有时限的专项任务。之后,其过程中的具体要求被程序化、固定化,成为目前保荐机构从事IPO保荐工作必须进行的尽职调查的内容与核查要求。

因此,专项财务核查期间证监会出台的相关规范性文件既是目前保荐机构从事IPO保荐工作的工作指南,也是防范财务操纵的最好指导性文件,反映了财务审核的重点要求。这些文件最主要包括:

(1)《关于进一步提高首次公开发行股票公司财务信息披露质量有关问题的意见》(证监会公告〔2012〕14号)。

这个文件非常重要,一般被简称为14号公告。该文件指出财务信息是发行人招股说明书的编制基础,目前少数发行人存在业绩造假、利润操纵等可疑情形,明确提出了如何关注申报期内的盈利增长情况和异常交易,如何进行关联方认定和充分披露关联方关系及其交易,如何结合经济交易的实际情况进行收入确认,如何对发行人主要客户和供应商进行核查,如何完善存货盘点制度,如何关注现金收付交易等七方面的重点工作。

（2）《关于做好首次公开发行股票公司 2012 年度财务报告专项检查工作的通知》（发行监管函〔2012〕551 号）。

该文件要求重点关注发行人报告期内收入、盈利是否真实、准确，是否存在粉饰业绩或财务造假等情形，而且以列举的方式要求对 11 种常见的财务操纵事项进行重点核查。这些方式包括：以自我交易的方式实现收入、利润的虚假增长；发行人或关联方与其客户或供应商以私下利益交换等方法进行恶意串通以实现收入、盈利的虚假增长；关联方或其他利益相关方代发行人支付成本、费用或者采用无偿或不公允的交易价格向发行人提供经济资源；保荐机构及其关联方、PE 投资机构及其关联方、PE 投资机构的股东或实际控制人控制或投资的其他企业在申报期内最后一年与发行人发生大额交易从而导致发行人在申报期内最后一年收入、利润出现较大幅度增长；利用体外资金支付货款，少计原材料采购数量及金额，虚减当期成本，虚构利润；采用技术手段或其他方法指使关联方或其他法人、自然人冒充互联网或移动互联网客户与发行人（互联网或移动互联网服务企业）进行交易以实现收入、盈利的虚假增长等；将本应计入当期成本、费用的支出混入存货、在建工程等资产项目的归集和分配过程以达到少计当期成本费用的目的；压低员工薪金，阶段性降低人工成本粉饰业绩；推迟正常经营管理所需费用开支，通过延迟成本费用发生期间，增加利润，粉饰报表；期末对欠款坏账、存货跌价等资产减值可能估计不足；推迟在建工程转固时间或外购固定资产达到预定使用状态时间等，延迟固定资产开始计提折旧时间。

（3）《会计监管风险提示第 4 号——首次公开发行股票公司审计》（证监办发〔2012〕89 号）。

该文件就会计师执行 IPO 审计业务的监管风险进行提示，要求重点关注财务信息披露和非财务信息披露的相互印证，申报期内的盈利增长和异常交易，关联方认定及其交易，收入确认和成本核算，主要客户和供应商，资产盘点和资产权属等事项。

除了这三个重要文件外，还有两个与财务审核相关的重要文件需要提醒注意。第一个是《关于首次公开发行股票并上市公司招股说明书中与盈利能力相关的信息披露指引》（2013年），要求保荐机构结合发行人所处的行业、经营模式等有针对性地分析和披露盈利能力相关信息，主要解决过于财务信息披露过于"粗糙"的问题。第二个是《关于首次公开发行股票并上市公司招股说明书财务报告审计截止日后主要财务信息及经营状况信息披露指引》（2013年），又称及时性指引，主要解决报告期后的"业绩变脸"问题。

（四）对保荐机构做好财务核查与尽职调查工作的对策与建议

（1）充分获取外部证据以应对内部舞弊。

对客户、供应商进行实地走访：实地走访（涵盖70%以上+前20大客户/供应商）+函证（关注真实性+及时性+发函90%/回函70%的范围）+经销商极度分散情况下的全面核查（建议至少50%）；充分核查客户、供应商、主要股东的关联关系。

对报告期内的货币资金进行全面核查。五大循环（收入循环、固定资产和在建工程、成本循环、资金循环、费用循环）中，资金循环是相对最容易发现问题的，所以资金检查是最关键的部分。发行人及实际控制人（董事长）、核心人员的所有账户流水都应该被查到。

其中特别需要提醒的是，函证很重要，要做到充分且合理，而且需要注意寄送方式，员工直接携带、没有快递留痕、单据保留不完整等方式均不合适。

（2）以"有限"应对"无限"。

对发行人及其下属子公司的全部财务科目进行全面核查；对发行人

主要的业务流程进行穿行测试和控制测试；根据发行人特点和法规要求，设计一些专项核查程序等。

（3）提高立项标准，从源头上控制风险。

保荐机构也在提高立项标准，按照"四轮"驱动（"块头""增长""实在""持续"）的标准进行综合判断。

尤其是要注重对企业实际控制人和核心高管的诚信度判断。

对部分无法满足财务专项核查的企业，现阶段可能不适合进行A股IPO，或者要对其工作投入度予以充分考虑（例如连锁店/加盟店经营模式，终端客户极度分散，核查工作量过于巨大导致无法进行；海外销售占比很高，但客户小而分散在很多国家，难以充分走访核实或者得到外方配合等）。

对部分特殊行业需要高度谨慎（例如存在较多现金收支和存货难以计量的类农业企业；存货价值大但难以盘点估价的，如黄金制品企业等）。

六、"持续"：具备持续盈利能力

（一）发行条件关于持续盈利能力的规定

"具有持续盈利能力，财务状况良好"是现行《证券法》规定的公司公开发行股票的条件。

《首发办法》第二十八条规定：发行人不存在重大偿债风险，不存在影响持续经营的担保、诉讼以及仲裁等重大或有事项。

第三十条规定：发行人不得有下列影响持续盈利能力的情形：①发行人的经营模式、产品或服务的品种结构已经或者将发生重大变化，并对发行人的持续盈利能力构成重大不利影响；②发行人的行业地位或发行人所处行业的经营环境已经或者将发生重大变化，并对发行人的持续盈利能力构成重大不利影响；③发行人最近一个会计年度的营业收入或净利润对关联方或者存在重大不确定性的客户存在重大依赖；④发行人最近一个会计年度的净利润主要来自合并财务报表范围以外的投资收益；⑤发行人在用的商标、专利、专有技术以及特许经营权等重要资产或技术的取得或者使用存在重大不利变化的风险；⑥其他可能对发行人持续盈利能力构成重大不利影响的情形。

2009年版的《创业板首发办法》有着类似的规定，也是五条具体情形（只是排列顺序有的有差别）加一条兜底条款。《创业板首发办法》修订后，将具体情形的规定挪到了《公开发行证券的公司信息披露内容与格式准则第28号——创业板公司招股说明书》且与《首发办法》的规定一致，同时在发行条件中仍然保留了判断发行人是否持续盈利能力的要求及要求完整披露影响持续盈利的因素。

《首发办法》第六条：保荐人及其保荐代表人应当严格履行法定职责，遵守业务规则和行业规范，对发行人的申请文件和信息披露资料进行审慎核查，督导发行人规范运行，对证券服务机构出具的专业意见进行核查，对发行人是否具备持续盈利能力，是否符合法定发行条件做出专业判断，并确保发行人的申请文件和招股说明书等信息披露资料真实、准确、完整、及时。

第三十三条：发行人应当在招股说明书中分析并完整披露对其持续盈利能力产生重大不利影响的所有因素，充分揭示相关风险，并披露保荐人对发行人是否具备持续盈利能力的核查结论意见。

《公开发行证券的公司信息披露内容与格式准则第28号——创业板公司招股说明书》（2015年）第七十九条：发行人应分析并完整披露对其持续盈利能力产生重大不利影响的所有因素，包括报告期内实际发生以及未来可能发生的重大不利影响，披露保荐人对发行人是否具备持续盈利能力的核查结论意见，并在招股说明书首页做"重大事项提示"。

对发行人持续盈利能力构成重大不利影响的因素包括但不限于下列情形：①发行人的经营模式、产品或服务的品种结构已经或者将发生重大变化，并对发行人的持续盈利能力构成重大不利影响；②发行人的行业地位或发行人所处行业的经营环境已经或者将发生重大变化，并对发行人的持续盈利能力构成重大不利影响；③发行人在用的商标、专利、专有技术、特许经营权等重要资产或者技术的取得或者使用存在重大不利变化的风险；④发行人最近一年的营业收入或净利润对关联方或者有重大不确定性的客户存在重大依赖；⑤发行人最近一年的净利润主要来自合并财务报表范围以外的投资收益；⑥其他可能对发行人持续盈利能力构成重大不利影响的情形。

（二）如何正确看待当前的持续盈利能力审核

居于我国 IPO 审核的实质性判断理念和风险导向审核理念，持续盈利能力问题在历史上曾经是 IPO 被否决的重灾区。持续盈利能力与独立性、募集资金投向是当时最常被使用的三大否决理由。其中，因为规定持续盈利能力条件的条文还包括一款兜底条款，更是成为一个"万能神器"。

一份统计数据显示：2010～2016 年，因财务与会计方面的问题而未通过 IPO 审核的意见数共计 128 次，占 IPO 审核未通过意见总数的 48.3%。其中，持续盈利能力问题占财务与会计方面审核未通过意见数的 75.8%。

在理论上讲，持续盈利能力是一个再怎么强调也不过分（无论是否通过审核都应该充分披露与强调持续盈利风险），但又很难实质界定与科学判断的事项，将其留给市场来决定比让监管部门把关更合理（监管部门把关这一事项，有可能给予市场一个"背书"的错觉，觉得通过审核的发行人不存在持续盈利风险）。随着本轮发行审核体制改革提出强化信息披露、淡化持续盈利能力判断的改革方向，直接以持续盈利能力作为否决理由的情形一度有所减少。但是，其仍然非常重要，仍然是构成当前 IPO 财务审核的"四轮"之一。原因在于：

第一，"持续盈利能力"仍然是现行适用的《证券法》规定的发行条件。不仅是《首发办法》，《创业板首发办法》也在实质上仍将持续盈利能力作为发行条件。

第二，基于风险导向审核理念，为了充分"把关"，将可能导致发行人"变脸"进而导致投资者损失的事项减少到最小，审核方仍然难以轻易放弃对此事项的实质性判断。

第三，影响持续盈利能力涉及的事项也往往与其他经营、财务及规范性问题交织。本着多因素综合考量的审核理念，"持续"（具备持续盈利能力，减少影响持续盈利能力的不确定性因素）仍然与"块头"（具备一定的盈利能力）、"增长"（具成长性，至少不能业绩下滑）、"实在"（业绩实在，防范财务操纵）三要素共同构成对发行人经营与财务综合判断的重要因素。从目前审核实践看，完全因为具有影响持续盈利能力的不确定性因素而被一票否决的情况比较少见（不论最终的否决理由是否直接指向持续盈利能力），大多数情况下还是一个综合考量的结果。因此，多数情况下，如果发行人"块头"够大、具备成长性，同时财务操纵的嫌疑较小，那么对影响其持续盈利不确定性可能造成风险的容忍度就会大一些。反之，则会较难容忍。

2017 年 6 月 9 日，证监会新闻发言人公布 2017 年 1～4 月 18 家未通过发审会的拟 IPO 企业存在 5 方面的问题，其中持续盈利能力存疑的为 3 家，占比为 16.67%。

（三）影响持续盈利能力的具体情况分析

1. 经营模式、产品或服务重大变化

本事项被发行条件表述为：发行人的经营模式、产品或服务的品种

结构已经或者将发生重大变化,并对发行人的持续盈利能力构成重大不利影响。其包括两个方面:

第一个方面是经营模式已经或者发生重大变化,具体指的是受经营环境(例如市场竞争、新产品出现、新技术发展、主要消费群体消费行为变化)、自身战略等的影响,发行人的商业模式(包括但不限于采购模式、销售模式、销售区域等)出现重大变化。例如,以直销为主的改为以经销为主;以自有品牌销售的变化为OEM等。

第二个方面是发行人的产品或者服务的品种结构发生重大变化。

以2017年6月7日被发审委否决的北京品恩科技股份有限公司为例,发审委在聆讯问题中非常详细地列举了发行人报告期内的主营业务收入构成情况,如表4-6所示。

表4-6 北京品恩科技报告期内的主营业务收入构成情况

收入类别	2016年度		2015年度		2014年度	
	金额(万元)	占比(%)	金额(万元)	占比(%)	金额(万元)	占比(%)
软件产品	123.93	0.58	1 842.05	15.19	4 466.44	77.56
解决方案	20 923.86	97.12	6 651.49	54.85	675.62	11.73
技术开发	369.89	1.72	2 885.64	23.80	71.82	1.25
运维服务	39.31	0.18	507.92	4.19	94.34	1.64
硬件销售	87.84	0.41	239.94	1.98	450.25	7.82
合计	21 544.83	100	12 127.04	100	5 758.47	100

聆讯问题明确指出:发行人报告期内发行人软件产品、解决方案、技术开发三项主要收入各年度差异大、分布无规律,2016年度经营性现金流为负。2016年度来自第一大客户中国电子科技集团公司某科研单位下属某单位/公司签订的合同共有63个,合同金额为2166.95万元,截至2017年4月30日,双方再次签订53个合同,合同金额合计15 312.60万元。请发行人代表说明:① 2015年度技术开发、2016年度解决方案业务内容的差异,以及收入快速增长的原因;② 2017年1~5月在手订单的签订以及收入利润的实现情况,2017年第一季度的盈亏

情况。请保荐代表人对下述问题进行说明并发表核查意见：①与中国电子科技集团公司某科研单位下属某单位/公司签订合同未招投标的原因，发行人取得上述业务是否符合法律法规，是否额外支付其他费用；②发行人对该客户是否存在重大依赖；③对发行人持续盈利能力的影响、风险等信息披露是否充分。㊀

从聆讯问题可以看出，发审委认为发行人的业务结构在报告期发生重大变化且无规律，并不属于商业模式的优化或者"迭代"进步，属于可能对持续盈利能力构成重大不利影响的情形。

同时，结合该问题及聆讯中的其他问题也可以发现，发审委的否决意见仍然是一个多因素综合考量的结果。该发行人不仅存在业务结构变化的问题，而且也有另外一个影响持续盈利能力的不确定性事项——大客户依赖（2016年对第一大客户中国电子科技集团公司某科研单位的销售额占全年收入的87.95%，而其在2014年尚不是前十大客户，2015年销售占比仅4.78%）。此外，通过其他聆讯问题也可以发现，发审委对于发行人业绩的"实在"性也存在质疑，不能完全排除发行人利润操纵的嫌疑。

2. 行业地位/行业经营环境的重大变化

本事项被发行条件表述为：发行人的行业地位或发行人所处行业的经营环境已经或者将发生重大变化，并对发行人的持续盈利能力构成重大不利影响。

行业地位变化的考量因素一般包括公司收入、利润等在行业中排名、公司产品的市场占有率、公司在行业中的竞争优势与核心竞争力变化情况等。

㊀ 资料来源：中国证监会官网"创业板发审委2017年第47次会议审核结果公告"（http://www.csrc.gov.cn/pub/zjhpublic/G00306202/201706/t20170607_317967.htm），访问于2017年12月28日。

经营环境变化的考量因素一般包括上下游行业发展状况对发行人所处行业的影响（例如下游行业大面积亏损甚至消失、原材料成本价格波动极高且对公司净利润影响的敏感度很高等）、产业政策和环保等方面的政策发生重大不利变化（例如《产业结构调整指导目录》对发行人所处行业的归类变化）、市场竞争态势变化（例如新产品新技术新商业模式的出现、行业中竞争对手之间的大规模并购重组等）、外贸环境变化（例如出口业务较大的公司受汇率波动、进口国政策调整、反垄断和反倾销等政策的影响等）、主要消费群体消费行为变化等。

以2017年5月31日发审委否决的浙江时代电影院线股份有限公司为例，发审委四个聆讯问题全部集中于财务问题，且均与持续盈利能力相关，成为影响持续盈利不确定性诸事项的"集大成者"。这些问题如下所示。

请发行人代表进一步说明：①我国电影票房2016年整体增速放缓的原因，2017年市场形势的发展变化情况，对发行人业务经营的影响，发行人采取的应对措施；②发行人报告期内分账比例、上座率、影院平均利润贡献等指标趋于下降、控股影院整体亏损、参股影院亏损面扩大的原因，对发行人业务经营的影响，发行人采取的应对措施；③发行人2016年电影放映收入和发行收入均同比下降，扣除非经常性损益后净利润比上年下降幅度加大的原因，结合扣除非经常性损益后净利润的来源情况，2016年发行人业务结构是否发生了重大变化；④结合发行人加盟影院的情况，包括加盟影院的数量、近年来的增减变化及原因、发行人来自加盟影院的收入占比及变化情况、发行人对加盟影院的管理模式等，说明加盟模式存在的风险；⑤发行人所处的行业地位和行业经营环境是否已经或者将要发生重大变化，是否对发行人的持续盈利能力构成重大不利影响，发行人2017年经营业绩是否存在大幅下滑的风险，相关信息和风险是否已充分披露。请保荐代表人发表核查意见。

请发行人代表进一步说明：①发行人报告期内广告费收入和其他业务收入大幅增长的原因及其合理性、可持续性；②与广告收入相对应的主要客户的交易背景、内容和金额，广告投放与电影放映业务规模是否相匹配；③相关风险披露是否充分。请保荐代表人发表核查意见。

请发行人代表进一步说明：①发行人通过参股影院获取投资收益在行业内是否普遍；②发行人最近一个会计年度的净利润是否主要来自合并报表范围以外的投资收益，投资收益的确认是否符合《企业会计准则》的规定；③发行人是否能够及时取得与投资收益相关的现金流入。请保荐代表人发表核查意见。

请发行人代表进一步说明：①发行人收到的政府补助的具体依据，是否符合有关法律法规和国务院相关规定；②国家对电影行业相关的补助政策是否发生或将要发生重大变化，对发行人业务经营和经营业绩的影响，发行人现有政府补助是否可持续；③发行人经营业绩对政府补助是否存在重大依赖；④相关信息和风险是否已经充分披露。请保荐代表人发表核查意见。㊀

从这些问题可以看出，发审委倾向于认为由于我国电影发行院线市场的经营环境变化（票房增长放缓、政府补助的持续性存疑等），发行人出现了行业地位、业务结构变化，影响了持续盈利能力，且可能存在净利润主要来自合并报表范围以外的投资收益的情况。

同时，该发行人被否仍然是多因素综合考量的结果。预披露材料显示，发行人报告期净利润分别为3994.40万元、4334.78万元、3356.28万元，"块头"不算大，且出现了下滑。这也导致审核方对于影响持续盈利能力的不确定性事项的容忍度有限。

㊀ 资料来源：中国证监会官网"主板发审委2017年第82次会议审核结果公告"（http://www.csrc.gov.cn/pub/zjhpublic/G00306202/201705/t20170531_317620.htm），访问于2017年12月28日。

3. 营业收入／净利润对关联方／不确定性客户重大依赖

本事项被发行条件表述为：发行人最近一个会计年度的营业收入或净利润对关联方或者存在重大不确定性的客户存在重大依赖。

本条款包括两方面，一是对关联方依赖，二是对重大不确定性的客户依赖。两者都会导致公司的独立性问题，前者是内部不独立，后者是外部不独立。独立性缺乏会被认为是有可能导致缺乏独立面对市场的能力，进而导致持续盈利能力的不确定性。

证监会2003年颁布的《关于进一步规范股票首次发行上市有关工作的通知》（证监发行字〔2003〕116号）曾经规定：发行人具有直接面向市场独立经营的能力，最近一年和最近一期，发行人与控股股东（或实际控制人）及其全资或控股企业，在产品（或服务）销售或原材料（或服务）采购方面的交易额，占发行人主营业务收入或外购原材料（或服务）金额的比例，均不超过30%。这一规定是以30%的定量标准作为红线。该规定被废止后，证监会没有提出新的定量标准，而是从实质性判断和综合考量角度来看待此问题。

对于非关联的大客户依赖问题，需要把握两个标准。第一是客户依赖的程度，这既包括数量标准（单一客户占营业收入的比例），也包括行业特征（下游客户本身是分散和高度竞争的，还是下游客户呈高度集中态势）、依赖程度（是单方面依赖大客户，还是双方相互依赖、被替代的可能性小）、合作紧密度（双方的合作方式、是否有长期可靠有约束力的协议等）。第二是客户本身是否具有重大不确定性，包括客户的行业地位、经营业绩、经营环境等。

这两个标准的具体表现决定了审核的容忍度。首先，需要判断是否有构成财务操纵的嫌疑。其次，要从风险导向审核出发，判断与单一大客户这种关系到底风险有多大。如果能够说明客户本身很靠谱，合作关系很稳固，而且在积极开拓新客户或者新领域的应用方面已经有效果,那么就有助于降低审核方对不确定性的担忧。第三,从多因素综合考量出发,整体判断发行人的财务风险。如果发行人"块头"够大,即便排除掉大客户带来的收入与利润仍然具备发行条件,则有助于审核的通过。

2017年6月有两个项目都存在大客户依赖的现象,但审核结果不一样。其原因就在于这些因素权衡的结果。

2017年6月1日召开的发审会审核通过了深圳市智动力精密技术股份有限公司的IPO申请,发审委的聆讯问题包括以下内容。

2014～2016年发行人向韩国三星电子直接销售占比分别为25.45%、44.97%、70.51%。发行人报告期内前五大客户蓝思科技、欧菲光等组件生产商的终端客户也是韩国三星电子。请发行人代表:①结合目前的国际形势、韩国三星电子的经营现状,分析说明与韩国三星电子的业务往来是否可持续发展;②说明向三星体系销售的稳定性,与三星签订的相关协议中关于有效期、三星单方终止协议的事项、发行人的赔偿责任条款等内容,说明发行人是否存在业绩出现巨大波动的可能性。㊀

2017年6月27日召开的发审会否决了上海威士顿信息技术股份有限公司的IPO申请,发审委的聆讯问题包括:①发行人客户集中且主要客户为上海烟草集团有限责任公司(以下简称上烟集团)的原因及其商业合理性,是否属于行业共有特点。②上烟集团采购的方式和发行人的主要竞争对手情况,发行人近三年高比例中标取得上烟集团项目的原因及其合理性,是否符合须通过招投标方式获取等规定。③发行人与上烟集团是否存在长期的业务合作协议或特殊利益安排,报告期发行人与上烟集团及其下属企业的主要合同条款、信用政策、结算及收款方式

㊀ 资料来源:中国证监会官网"创业板发审委2017年第46次会议审核结果公告"(http://www.csrc.gov.cn/pub/zjhpublic/G00306202/201706/t20170601_317708.htm),访问于2017年12月28日。

与其他主要客户相比的差异、原因及合理性；上烟集团及其下属企业董监高人员、相关采购部门负责人员及其亲属是否直接或间接持有发行人股权，是否存在利益输送。④在毛利率高于同行业平均毛利率的情形下，发行人与上烟集团的交易是否具有可持续性，在烟草行业"统一领导、垂直管理、专卖专营"的管理体制下，发行人产品和服务是否存在国家烟草专卖局（中国烟草总公司）统一进行信息化建设而被取代的风险，发行人的有效防范和应对措施。⑤报告期各期末预收款项波动较大的原因及其合理性，发行人在报告期各期末是否存在突击增加收入的情况，发行人向上烟集团销售的真实性，发行人的在手订单以及来自上烟集团及其下属公司的订单情况，上烟集团及其下属公司的未来信息技术系统的需求和投入情况，发行人是否对上烟集团存在严重依赖，是否对发行人的持续盈利能力构成重大影响，发行人的营业收入或净利润对存在重大不确定性的客户是否存在重大依赖；相关信息和风险是否充分披露。⊖

前者对三星电子存在大客户依赖现象，后者对上烟集团存在大客户依赖现象。发审委问题的重点都在大客户本身的稳定性和合作关系的稳固性上。这两点的不同表现对审核结果有重大影响。

4. 净利润主要来自投资收益

本事项被发行条件表述为：发行人最近一个会计年度的净利润主要来自合并财务报表范围以外的投资收益。

本条的用意在于要求发行人有自己能够掌控的主业，如果效益主要来自自己不能直接经营的参股企业，则相当于将自己的"命运"寄予他人之手，不确定性风险较大。也就是说，考虑到发行人对并表范围企业

⊖ 资料来源：中国证监会官网"主板发审委 2017 年第 97 次会议审核结果公告"（http://www.csrc.gov.cn/pub/zjhpublic/G00306202/201706/t20170627_319218.htm），访问于 2017 年 12 月 28 日。

的投资收益控制力较弱，实现投资收益的持续性难以把握，如该项占比较高，可能影响持续盈利能力。

但是，考虑到发行人出现上述事项的原因的多样性，也不能简单机械地适用。证监会发行部在保代培训中对此提出了窗口指导意见，指出报告期内如果同时满足三个条件，则对外投资收益占比高不构成对发行人持续经营能力的影响。

这三个条件包括：①扣除合并报表外的对外投资收益后，财务指标仍符合发行条件；②被投资企业主营业务与发行人主营业务具有高度关联性；③充分披露相关投资情况及对发行人的影响，即在招股说明书的"管理层讨论与分析"章节充分披露被投资方的基本情况、经营状况、业务合作关系、分红政策等。实践中，常熟汽饰（SH.603035）合并报表外的投资收益占比超过60%，但由于同时满足上述三个条件（包括其投资的均为与汽车零部件相关的上下游产业）而顺利上市。

同时，窗口指导也指出，上述政策仅适用于主板、中小板公司，创业板公司因为要求主要经营一种业务，如果有大量并表范围外投资可能涉及多种业务经营的问题，因此不适用。

5. 商标、专利、专有技术以及特许经营权等的取得/使用存在重大不利变化

本事项被发行条件表述为：发行人在用的商标、专利、专有技术以及特许经营权等重要资产或技术的取得或者使用存在重大不利变化的风险。

发行人若因商标、专利、专有技术以及特许经营权与第三方发生纠纷并出现诉讼，本着风险导向的审核理念，轻则延缓审核进程，重则构成实质性障碍。

2016年5月18日被发审委否决的吉林省西点药业科技发展股份有限公司，发审委有因为核心产品所使用的专利技术存在争议而直接指向

持续盈利能力的问题。

请发行人代表针对发行人主要产品利培酮口腔崩解片（可同）的专利技术使用事宜进一步说明：①"一种利培酮口腔崩解片及其制备方法"专利技术及其相关的商标、商品名由"万全系"企业独家、无偿授权使用的原因及合理性。②"万全系"企业无偿授权发行人独家使用相关专利，但均一直均未与发行人签订合法有效的专利许可使用协议的原因，专利权人是否有权单方面撤销《专利授权使用书》，发行人在用的关于可同产品的专利的使用是否存在重大不利变化的风险。③发行人主要产品口腔崩解片的持续合法生产、销售及其专利技术的权属是否存在争议或潜在的纠纷，其持续经营是否存在重大不确定性。④ 2006 年 3 月取得"可同"的新药证书和生产批件开始形成销售后直至 2012 年 10 月之前，公司对万德玛的销售价格低于其他经销商，是否事实上构成授权许可使用他方商标以及专有技术（专利）支付的对价（使用费）。若事实上构成商标以及专有技术（专利）使用费，相关会计处理是否符合企业会计准则的规定。⑤发行人根据《技术转让合同书》与"万全系"企业取得"利培酮口腔崩解片"新药证书并由发行人单方取得生产批件是否真实、有效，前述新药证书及生产批件及其技术的所有权和生产权归属，是否符合相关法律法规和规范性文件的规定。⑥发行人拥有的利培酮口腔崩解片（可同）药品批准文号的企业情况，利培酮口腔崩解片专有技术（专利）是否为发行人独家使用。⑦前述相关事项的信息和风险是否充分、准确披露。㊀

6. 其他可能对发行人持续盈利能力构成重大不利影响的情形

这是一个兜底条款，赋予了发行部和发审委更大的自由裁量权进行

㊀ 资料来源：中国证监会官网"主板发审委 2016 年第 77 次会议审核结果公告"（http://www.csrc.gov.cn/pub/zjhpublic/G00306202/201605/t20160518_297440.htm），访问于 2017 年 12 月 28 日。

实质性判断。

2016年3月被发审委否决的上海锦和商业经营管理股份有限公司即是明确援引这一种情况而被发审委否决的IPO企业。

发审委在审核中关注到，锦和商业存在以下情形：公司的招股说明书等申报材料显示，公司及控股子公司目前承租运营的18个园区中，有越界创意园、越界·永嘉庭等13个园区项目的土地使用权实际使用情况与规划用途不一致，并且存在9个园区的土地性质为划拨土地的情形。

发审委认为，锦和商业将承租的划拨土地用于向第三方客户租赁经营，且部分园区项目的土地使用权实际使用情况与规划用途不一致，上述情形不符合《中华人民共和国土地管理法》第五十六条关于"改变土地建设用途的，应当经有关人民政府土地行政主管部门同意，报原批准用地的人民政府批准"和《划拨土地使用权管理暂行办法》第五条关于"未经市、县人民政府土地管理部门批准并办理土地使用权出让手续，交付土地使用权出让金的土地使用者，不得转让、出租、抵押土地使用权"的规定。

锦和商业提出，根据《关于加快发展服务业若干政策措施的实施意见》（国办发〔2008〕11号）、《国务院关于推进文化创意和设计服务与相关产业融合发展的若干意见》（国发〔2014〕10号，以下简称《若干意见》）中关于"支持以划拨方式取得土地的单位利用存量房产、原有土地兴办文化创意和设计服务，在符合城乡规划前提下土地用途和使用权人可暂不变更"的规定，其承租划拨土地用于园区经营的行为应当得到政策支持。但是，在有关申报材料和聆讯中，锦和商业和保荐机构均未提出充足依据证实公司符合"以划拨方式取得土地的单位"的主体资格，以及公司承租划拨土地向第三方出租行为符合"兴办文化创意和设计服务"的行为要件，因此公司的上述主张不能采信。

此外,《若干意见》规定,"连续经营一年以上,符合划拨用地目录的,可按划拨土地办理用地手续;不符合划拨用地目录的,可采取协议出让方式办理用地手续",锦和商业承租有关划拨土地用于向第三方客户租赁经营的期限均在一年以上,但公司未提出充分依据证明其用地手续符合上述规定。上述情形可能对公司持续盈利能力构成重大不利影响。

据此,发审委认为,锦和商业首次公开发行股票的申请不符合《首发办法》第十一条、第三十条第(六)项规定的发行条件。[⊖]

最后需要再次强调的是,虽然《首发办法》对这六种可能影响持续盈利能力情况的行文是"不得",但由于对这六种情况的表述基本是定性描述,除部分条款有一定的窗口指标意见外,并没有准确的量化标准。因此,审核中对这六种情况的适用标准仍然具有较大的弹性,总体上还是一个实质性审核、风险导向审核和多因素综合考量相结合的审核理念共同作用的结果。在多因素综合考量方面,发行人的"块头""增长"和"实在"的具体情况也会对"持续"的容忍度产生重大影响。

第三节 非财务事项审核

一、独立性

1. 相关规范对发行人独立性的要求

《首发办法》(2015年)第四十二条:发行人应当在招股说明书中披露已达到发行监管对公司独立性的基本要求。

《公开发行证券的公司信息披露内容与格式准则第1号——招股说明

⊖ 资料来源:中国证监会官网"关于不予核准上海锦和商业经营管理股份有限公司首次公开发行股票申请的决定"(http://www.csrc.gov.cn/pub/zjhpublic/G00306202/201606/t20160617_299108.htm),访问于2017年12月28日。

书（2015年修订）》第五十一条：发行人应披露已达到发行监管对公司独立性的下列基本要求……（该条从资产独立、人员独立、财务独立、机构独立、业务独立五方面进行了具体规定。）

《首次公开发行股票并在创业板上市管理办法》（2015年）第三十四条：发行人应当在招股说明书中披露已达到发行监管对公司独立性的基本要求。

《公开发行证券的公司信息披露内容与格式准则第28号——创业板公司招股说明书（2015年修订）》第四十九条：发行人应披露已达到发行监管对公司独立性的下列基本要求……（该条从资产独立、人员独立、财务独立、机构独立、业务独立五方面进行了与《招股说明书准则》一样的规定。）

基于我国IPO审核的实质性判断理念和风险导向审核理念，独立性问题在历史上曾经是IPO被否决的重灾区。独立性与持续盈利能力、募集资金投向是当时最常被使用的三大否决理由。这是因为，相关规范对独立性问题的规定比较原则，主要是定性描述，缺乏定量的明确规定。这导致审核方自由裁量的空间比较大。而且独立性事项又很容易与发行人是否存在财务操纵，是否缺乏持续盈利能力，内部控制机制是否有效运行等事项联系起来，导致发行人很容易被审核方基于多因素综合考量的审核理念而否决，但将否决理由直接归因于独立性问题。

随着发行审核体制改革，2015年版的《首发办法》和《创业板首发办法》将独立性问题从发行条件中删除，但在《招股说明书准则》与《创业板招股说明书准则》中明确规定"发行人应当在招股说明书中披露已达到发行监管对公司独立性的基本要求"。因此，在实质上发行条件仍然包括对独立性的要求。

总体上讲，独立性问题主要分两类。第一类是对内独立性不够，需要解决的是发行人与控股股东、实际控制人（以下简称"公司控制权人")及关联方之间的关系问题。第二类外部独立性不够,需要解决的是发行人与其商业伙伴之间的关系问题。

独立性问题的核心是发行人是否具备独立经营能力,指在采购、生产、销售、知识产权使用、营业许可、土地厂房、财务运行、人员使用等经营活动中的重大环节中,是否存在对公司控制权人及其控制的其他企业的重大依赖,是否存在对其他方(如主要供应商、主要客户、核心技术提供方)的重大依赖,企业是否具有独立面向市场的议价和定价能力。

2. 对发行人内部独立性的要求

根据《招股说明书准则》和《创业板招股说明书准则》的规定及审核实践,对发行人内部独立性的要求一般归纳为资产、业务、机构、人员、财务的"五独立"。具体包括以下内容。

(1)资产独立。

生产型企业具备与生产经营有关的主要生产系统、辅助生产系统和配套设施,合法拥有与生产经营有关的主要土地、厂房、机器设备以及商标、专利、非专利技术的所有权或者使用权,具有独立的原料采购和产品销售系统;非生产型企业具备与经营有关的业务体系及主要相关资产。

本项主要要求发行人具备独立于控制权人之外的完整业务体系,包括独自拥有的土地、知识产权、机器设备等,独立产、供、销系统,主要原材料采购和产品销售不依赖实际控制人。

(2)人员独立。

发行人的总经理、副总经理、财务负责人和董事会秘书等高级管理人员不在控股股东、实际控制人及其控制的其他企业中担任除董事、监事以外的其他职务,不在控股股东、实际控制人及其控制的其他企业领薪;发行人的财务人员不在控股股东、实际控制人及其控制的其他企业中兼职。

关于人员独立，历史上曾经有过的禁止董事长双重任职（发行人与公司控制权人董事长由同一人担任）的规定已取消。另外，审核中要求禁止董事、监事、高级管理人员和发行人共同出资设立公司，当控股股东或实际控制人是自然人时，也同样适用。

（3）财务独立。

发行人已建立独立的财务核算体系，能够独立做出财务决策，具有规范的财务会计制度和对分公司、子公司的财务管理制度；发行人未与控股股东、实际控制人及其控制的其他企业共用银行账户。

与财务独立相关的是禁止存在公司控制权人的资金占用问题。如果存在此问题，解决是前提，而且审核会结合报告期内资金占用的形式、频率、原因等做实质性判断。此外，会进一步考察公司控制权人的业务情况，关注其自身经营或其他特殊事项对发行人资金的渴求程度，从源头上判断未来是否存在新发生资金占用的风险。

（4）机构独立。

发行人已建立健全内部经营管理机构，独立行使经营管理职权，与控股股东和实际控制人及其控制的其他企业间不存在机构混同的情形。

（5）业务独立。

发行人的业务独立于控股股东、实际控制人及其控制的其他企业，与控股股东、实际控制人及其控制的其他企业间不存在同业竞争或者显失公平的关联交易。发行人应披露保荐人对前款内容真实、准确、完整发表的结论性意见。

本项要求发行人具备直接面向市场的独立经营能力，且明确要求不存在同业竞争或者显失公平的关联交易。对于同业竞争是严格禁止的；对于关联交易是有条件禁止的。由于同业竞争与关联交易所涉及的事项比较复杂，本书分别专篇阐述。

3. 发行人内部独立性问题的形成原因及解决方案

（1）形成原因。从源头上讲，发行人内部独立性问题产生的原因主要在于：

第一，国企改制成股份公司时没有整体改制，只纳入部分业务或者优质资产，导致与之相关联的业务或者环节仍然在体外，可能产生大量关联交易等独立性问题。此等情况，在我国资本市场诞生的初期普遍存在。近年来，随着国企改革进程的推进，此等情形已经很少出现，国企本身也不再构成拟上市企业的多数。

第二，部分民企，包括少数国有企业集团，内部有多项业务，形成大集团带多个经营主体的情况。在进行股份公司设立时，没有将整个集团作为发行人，而是将部分业务或资产整合成发行人，从而形成集团控股发行人，同时集团还控制其他经营主体的局面。在此等情况下，发行人可能与集团之间产生没有做到"五独立"的情况。

第三，部分民企虽然是整体变更为股份公司，但由于是在大家族中，存在其他亲属同样拥有经营实体的情况。在这种情况下，是否产生严重的独立性问题，是否存在同业竞争，更多地要从亲属之间的实际关系、各自企业的形成历史、经营中的关联状况等多因素做具体和个别判断。

第四，部分企业还存在设立股份公司时并不存在关联交易与同业竞争问题。但是，在之后的运营中，发行人或者公司控制权人收购其他企业，导致双方新形成关联交易或者同业竞争问题。

（2）解决方案。通常的解决方案包括：

第一，在设立股份公司时，严格遵循"整体上市"的基本原则，从源头上解决独立性问题。将整个集团直接整体变更或者全部业务整体纳入发行人范围，是最好的选择。如果不能全部纳入，也要保证将相同相类似业务、上下游之间业务全部纳入发行人范围。必须明确，在股份公司改制设立方案的设计上,"整体上市"远远重要于所谓的"主业突出"等考虑因素。

第二,通过发行人设立之后的资产重组解决。此类资产重组应该在申报材料前完成,目前审核不允许将解决该类问题的资产收购等作为本次 IPO 的募集资金投资项目。

第三,严格建立规范的公司治理结构及有效的内部控制机制,严格按照"五独立"的要求规范发行人与控股股东、实际控制人及其控制的其他企业之间的关系。

4. 对发行人外部独立性的要求

发行人外部独立性不够,主要是公司的商业模式与业务经营实际状况决定的,通常表现为在技术或业务(例如采购和销售)上对其他公司的依赖,包括但不限于对供应商的依赖,对单一客户的依赖,对他方技术、商标、销售渠道的依赖等。

此等依赖可能被认为发行人存在影响持续盈利能力的情形,如果与其他财务审核相关因素结合可能对发行人通过审核造成重大影响。

二、同业竞争

同业竞争属于发行人的内部独立性问题,但由于其重要性,故单独再行对其进行分析。

1. 相关规范对发行人同业竞争的要求

《公开发行证券的公司信息披露内容与格式准则第 1 号——招股说明书(2015 年修订)》第五十一条:发行人应披露已达到发行监管对公司独立性的下列基本要求,(五)业务独立方面。发行人的业务独立于控股股东、实际控制人及其控制的其他企业,与控股股东、实际控制人及其控制的其他企业间不存在同业竞争或者显失公平的关联交易。

第五十二条：发行人应披露是否存在与控股股东、实际控制人及其控制的其他企业从事相同、相似业务的情况。对存在相同、相似业务的，发行人应对是否存在同业竞争做出合理解释。

第五十三条：发行人应披露控股股东、实际控制人做出的避免同业竞争的承诺。

《公开发行证券的公司信息披露内容与格式准则第28号——创业板公司招股说明书（2015年修订）》第四十九条至第五十一条与《公开发行证券的公司信息披露内容与格式准则第1号——招股说明书（2015年修订）》的规定一致。

尽管与同业竞争相关的条款规定在《公开发行证券的公司信息披露内容与格式准则第1号——招股说明书（2015年修订）》《公开发行证券的公司信息披露内容与格式准则第28号——创业板公司招股说明书（2015年修订）》中，但在实质要求上与发行条件并无二致。根据这些条文的规定，目前IPO对于同业竞争问题的要求包括以下三个方面。

第一，发行人不得与控股股东、实际控制人及其控制的其他企业存在同业竞争。

第二，不存在同业竞争是指发行人与竞争方之间不存在相同、相似业务或者有相同、相似业务但不存在竞争关系。

第三，发行人的控股股东、实际控制人应该做出避免同业竞争的承诺。

2. 同业竞争的构成要件

同业竞争的构成要求包括以下三个方面。

（1）"竞争方"的构成。

根据《招股说明书准则》和《创业板招股说明书准则》的规定，严格意义上讲，"竞争方"是指"控股股东、实际控制人及其控制的其他企业"。这里，其实是要考察两个条件。第一，须是发行人的控股股东、实际控制人，而非发行人的其他中小股东；第二，须是发行人的控股股东、实际控制人"控制"的企业，而非发行人的控股股东、实际控制人参股的企业。

对于"控制"的理解,一般参照《上市公司收购管理办法》(2014年)第八十四条的规定(持股50%以上的控股股东;可以实际支配表决权超过30%;能够决定公司董事会半数以上成员选任;可实际支配的股份表决权足以对股东会决议产生重大影响)执行。

但在实践中,在审核发行人的同业竞争事项时,对发行人需要披露的事项做了扩大化处理,包括以下几种情况。

第一,当发行人的控股股东、实际控制人为自然人时,扩展至其直系亲属。

从审核实践来看,一般认为控股股东、实际控制人的直系亲属必须纳入规范范围,即这些亲属控制的企业也属于竞争方。而非直系亲属则需要具体问题具体分析。如果这些亲属所控制企业的业务之前跟发行人的业务是一体化经营之后分家的,则可能不被认可,要求进行整合。同时,若两者之间业务关系特别紧密(如相互配套等)也应进行整合。如果亲戚关系不紧密,业务关系不紧密,各方面都独立运作(例如商标等)的,则可根据实际情况灵活处理,不做强制要求。但必须做好尽职调查,如实进行信息披露。

2017年年底通过保代培训传递的窗口指导意见则要求从历史溯源、业务关联两个方面进行实质分析,以判断实际控制人的近亲属从事相同业务是否构成发行障碍:①从历史溯源上看,兄弟公司是否为"一根树上长出来的两根枝",即是否同源,如果本来分开、各自独立发展,就不构成发行障碍;②从业务关联上看,实际控制人近亲属控制的公司的资产、业务是否与发行人混同,客户、供应商是否有大量重叠,如果没有,则不构成发行障碍。

需要说明的是,以上所说的近亲属包括直系亲属,如父母、子女、祖父母、孙子女等,但核查时要扩大到兄弟等近亲属范围。这里有一个问题是"直系亲属"的范围。《中华人民共和国民法通则》、自 2017 年 10 月 1 日起施行的《中华人民共和国民法总则》对此均没有规定。《中华人民共和国婚姻法》和《中华人民共和国继承法》也都没有解释这个概念。婚姻法仅提到"直系血亲",但也没有解释直系血亲的含义;继承法仅提到第一顺序的继承人是谁。从民法法理上看,直系亲属包括父母、祖父母、外祖父母、子女、孙子女、外孙子女等,但不包括兄弟姐妹。但从近期证监会的反馈意见来看,是把作为发行人控股股东、实际控制人的夫妻双方的近亲属(配偶、父母、子女、兄弟姐妹、祖父母、外祖父母、孙子女、外孙子女)均列入范围。

2017 年 3 月上市的拉芳家化(603630),发行人实际控制人吴桂谦之弟吴桂标控制的广东飘影、柏亚化妆品,吴桂谦配偶郑清英的兄弟郑凯武持股的汕头凯嘉与发行人从事相同或相似业务,证监会在反馈意见中询问其是否存在同业竞争。中介机构在反馈意见答复中认为:公司实际控制人吴桂谦家庭与吴桂标、郑凯武家庭从事相同或相似行业,与当地文化及我国日化行业的发展历程和区域集群相关。虽然从事同一行业,但因属于各自独立创业,彼此之间以及公司与广东飘影、柏亚化妆品及汕头凯嘉之间并不存在互相控制或施加重大影响关系。报告期内,公司与上述关联企业在资产、人员、业务、财务、机构等方面相互独立,不存在影响公司独立性或者构成利益冲突的情形。

又如,2017 年 9 月 12 日第 143 次发审委会议审核通过的浙江晨丰科技股份有限公司,聆讯问题就包括:①发行人实际控制人魏新娟之胞妹魏云华、胞妹夫钱红杰全资控股的海宁杰瑞灯头有限公司(以下简称海宁杰瑞)、魏新娟之舅舅宋月明持股 48% 且担任法定代表人的海宁飞宇灯头电器股份有限公司(以下简称海宁飞宇),主要经营灯头类产品,与发行人存在相同或者相似业务的情形,海宁杰瑞、海宁飞宇与发行人是否存在同业竞争,发行人的独立性是否存在缺陷;②海宁杰瑞、海宁飞宇是否存在人员、技术、资产、客户和销售渠道来源于发行人的情形；③报告期内，海宁杰瑞、海宁飞宇与发行人在技术上是否相互独立，是否存在共用采购及销售渠道，是否存在资产、人员、技术共用，产供销环节分不开的情形；④报告期内海宁杰瑞与发行人主要客户部分重叠，海宁飞宇与发行人主要供应商、主要客户部分重叠，发行人与海宁杰瑞、海宁飞宇是否存在通过重叠客户及供应商输送利益的情形；⑤不将海宁杰瑞、海宁飞宇并入发行人主体的原因，在市场、客户、供应商上是否存在其他协议安排；⑥发行人是否符合《首次公开发行股票并上市管理办法》第四十二条、《公开发行证券的公司信息披露内容与格式准则第 1 号——招股说明书（2015 年修订）》第五十一条第（五）项以及《上市公司治理准则》的相关规定。⊖

第二，对发行人有重大影响的股东以及持股 5% 以上股东控制的企业。

已废止的《股票发行审核标准备忘录第一号》(2001 年发布) 将竞争方的范围规定为"适用于一切直接、间接地控制公司或有重大影响的自然人或法人及其控制的法人单位"。另外，目前适用的《公开发行证券公司信息披露的编报规则第 12 号——公开发行证券的法律意见书和律师工作报告》（2001 年）将关联交易与同业竞争放在一起说，在将持有发行人股份 5% 以上的股东界定为关联方的同时，询问发行人与关联方之间是否存在同业竞争。

由于前一个文件已经废止，后一个文件仅是对律师工作报告的要求（该编报规则中只是在规定律师工作报告时要求就该事项进行说明和披露，但对法律意见书则无此要求），不能将其等同于发行条件的要求，但审核方可以要求进行披露。而且，存在此种情况时，审核方即便不能直接将其视为同业竞争，但也可以以实质性审核理念认为其会导致发行人

⊖ 资料来源：中国证监会官网"主板发审委 2017 年第 143 次会议审核结果公告"(http://www.csrc.gov.cn/pub/zjhpublic/G00306202/201709/t20170912_323585.htm)，访问于 2017 年 12 月 28 日。

独立性不够为由否决发行人。所以，对此仍然要进行尽调和充分重视。建议保荐机构要根据具体情况说明其他主要股东是否会对发行人的独立性有重大影响，包括结合股权结构是否分散及股东的影响力等对此进行说明。

需要补充的是，第二大股东的身份比较敏感，审核上一般将其与控股股东等齐论之，不允许存在与之的同业竞争。

第三，控股股东、实际控制人虽然不控股但能施加重大影响的企业。

此种情况与前述第二种情况类似。虽然不是严格上的"竞争方"，但仍然应该进行充分的尽职调查，考察控股股东、实际控制人对该企业的实际影响力，说明会否对发行人的独立性构成影响。

（2）关于"同业"。

根据《招股说明书准则》和《创业板招股说明书准则》的规定，只要发行人与竞争方有从事相同、相似业务的情况就构成"同业"。

业务实践中，审核方要求不能简单依据经营范围对是否"同业"做出判断，而是要对竞争方的实际经营情况充分尽职调查后从同一业务或者相似业务的实质判断出发得出结论。一般来说，只要业务之间具备替代性即可认为是相同或相似业务。此外，虽然业务不具替代性，但拥有共同采购或销售渠道等对独立性有重大影响的事项也有可能被认定为"同业"。

（3）关于"竞争"。

根据《招股说明书准则》和《创业板招股说明书准则》的规定，只要发行人与竞争方有从事相同、相似业务的情况就构成同业竞争，除非发行人能够对不存在同业竞争做出合理解释。也就是说，与竞争方同业即构成同业竞争，除非有强有力的反证来说明"同业不竞争"或者不存在"实质性同业竞争"。

从审核实践看，能够被审核方接受的同业不竞争的理由有越来越收紧的趋势。审核方明确要求不能仅以经营区域、细分产品、细分市场的不同来认定不构成同业竞争。

一般认为,如果要论证同业不竞争,就要结合生产、技术、研发、设备、渠道、客户、供应商等因素进行综合考虑。除了关注其是否存在直接竞争外,要具体看是否存在替代关系,是否存在利益冲突,是否可能争夺商业机会,是否使用相同的商号、商标、原料、销售渠道、经销商、供应商等,设备、工艺流程、技术等的通用性等。

3. 同业竞争的解决方案

包括同业竞争在内的内部独立性问题的根源往往在于发行人在股份公司设立方案(改制方案)的设计上。所以,整体上市的改制方案可以从源头上解决同业竞争问题。从目前审核实践看,反馈意见往往会询问涉嫌构成同业竞争的经营实体未纳入发行人的原因。

在股份公司设立后,如果面临同业竞争问题(包括前文所提到的不构成严格意义上的"同业竞争"但同样可能对独立性构成严重影响的情况),发行人应在提出发行上市申请前考虑采用"买"(纳入发行人)、"卖"(发行人或者竞争方出售构成竞争的业务或者经营主体)、"停"(发行人或者竞争方停止从事相竞争的业务)等三大类方式予以解决。

具体来说,"买"是三类方式里面最受鼓励的。《证券期货法律适用意见第3号》(中国证券监督管理委员会公告〔2008〕22号)对同一控制下的业务重组给予了明确支持的态度。在同一公司控制权人下相同、类似或相关业务进行重组的,只要被重组方重组前一个会计年度末的资产总额或前一个会计年度的营业收入或利润总额未超过重组前发行人相应项目100%的,将不会被要求增加运行时间。

如果选择"卖",则有卖给第三方或者发行人卖给竞争方两种选择。对于前者,审核方一般会本着风险导向审核理念,对"卖"的真实性(收购方作为非关联第三方的真实性,是否会有后续回购,仍然掌控控制权等"抽屉协议"等）提出进一步的核查与披露要求。对于后者，审核方则会关注是否影响发行人业务发展，估值定价的公允性，是否新产生关联交易等问题。

2017年7月18日召开的发审会通过了广东骏亚电子科技股份有限公司的IPO申请。从聆讯问题看，发审委对于发行人以"卖"的方式解决同业竞争问题曾经存在疑虑。这类问题包括：①发行人控股股东转让深圳万基隆电子科技有限公司（以下简称万基隆电子）股权而不是纳入发行人的原因及商业合理性，是否存在关联交易非关联化情形，程序是否合法合规；②报告期内发行人与万基隆电子是否存在同业竞争，万基隆电子的收入、资产和利润情况及其对发行人独立性和资产完整性的影响，是否构成业务重组及其会计处理是否符合会计准则的规定；③万基隆电子是否存在重大违法违规行为，股权转让和资产转让协议的具体约定情况，是否存在争议或潜在的纠纷，发行人的环保是否符合相关法律法规的要求；④股权受让方在万基隆电子已出售PCB业务相关机器设备并转移订单的情况下收购万基隆电子的目的和原因及合理性、收购价格及定价依据、目前经营情况。请保荐代表人说明对上述问题的核查方法、过程和依据。○

如果选择"停"，则最好是由竞争方停止业务；如果由发行人停止业务，则要充分说明合理性及对发行人业务发展机会不构成影响。

另外，目前审核实践不同意发行人使用募集资金解决同业竞争问题。

4. 一个相关概念：竞业禁止

竞业禁止义务，是指公司的董事和高级管理人员未经股东会或股东大会同意，利用职务便利为自己或者为他人谋取属于公司的商业机会，自营或者为他人经营与所任职公司同类的业务。

○ 资料来源：中国证监会官网"主板发审委2017年第107次会议审核结果公告"（http://www.csrc.gov.cn/pub/zjhpublic/G00306202/201707/t20170718_320693.htm），访问于2017年12月28日。

《公司法》第一百四十八条对此有明确规定：董事、高级管理人员不得有下列行为：……（四）违反公司章程的规定或者未经股东会、股东大会同意，与本公司订立合同或者进行交易；（五）未经股东会或者股东大会同意，利用职务便利为自己或者他人谋取属于公司的商业机会，自营或者为他人经营与所任职公司同类的业务……

由于董事与高管的竞业禁止义务是公司法的明确规定，因此拟 IPO 的发行人也必须遵守。

三、关联交易

1. 关联交易审核的重要性

关联交易既是非财务事项，也是财务事项，对其的审核集中体现了 A 股 IPO 的审核理念。

关联交易作为市场经济中普遍存在的经济现象，有好的一面（按照新制度经济学的理论，关联交易存在的主要意义在于节约交易成本），有中性的一面（关联企业之间通过转移定价方式实现利润转移以降低税负），也可能有明显的负面效应（例如利用关联交易来粉饰业绩甚至财务舞弊）。

因此，目前 A 股 IPO 审核对关联交易事项虽然并没有完全禁止（与同业竞争问题显著不同），但同时保持着高度"警惕"。对关联交易的审核历来是 A 股 IPO 审核的重点事项。

2017 年 6 月 9 日，证监会新闻发言人公布了 2017 年 1～4 月 18 家未通过发审会的拟 IPO 企业存在的问题。其中主要包括 5 方面的问题，而关联交易及关联关系存疑有 3 家，占比 16.67%。

就目前 A 股 IPO 审核实践来说，对关联交易的审核集中体现了三大审核理念。具体来说，其体现为：关联方的认定本来就不是一个简单的事，不仅有规则之间的交叉，还有很大的实质性判断的成分。至于关联交易的公允性、对发行人独立性的影响等更是需要进行实质性判断。

基于A股IPO的风险导向审核理念,审核方对于关联交易对于发行人报告期内乃至未来上市后独立性的影响特别关注,加上近年来利用关联交易来进行财务粉饰甚至财务舞弊的情况较为普遍,审核方总体上还是希望发行人尽可能减少关联交易。

由于关联交易与公司治理、发行人内控机制建设、业绩的真实性等密切相关,审核方往往出于多因素综合考量的理念,综合各种因素来全面看待发行人的关联交易事项,并最终得出审核结论。

2. 关联方的界定

《公司法》(2013年)第二百一十六条明确规定:关联关系,是指公司控股股东、实际控制人、董事、监事、高级管理人员与其直接或者间接控制的企业之间的关系,以及可能导致公司利益转移的其他关系。但是,国家控股的企业之间不仅因为同受国家控股而具有关联关系。

这一界定规定了认定关联关系的总体原则,其有三层意思。

第一,关联关系是指公司控股股东、实际控制人、董事、监事、高级管理人员与其直接或者间接控制的企业之间的关系。发行人与控股股东、实际控制人、董事、监事、高级管理人员及其直接或者间接控制的企业之间是关联方。

基于这一原则性规定,《上市公司信息披露管理办法》(2007年,证监会令第40号)对关联关系与关联方进行了具体规定。深沪交易所《股票上市规则》规定的信息披露办法与之基本一致。同时,发行人编制财务会计报告应当执行《企业会计准则第36号——关联方披露》的规定。

因此,在界定关联方时,首先要根据现有相关规范性文件、上市规则和《企业会计准则》的明确规定执行。这些规定的具体规定参见后附表。同时,根据《关于进一步提高首次公开发行股票公司财务信息披露质量有关问题的意见》(证监会公告〔2012〕14号)"发行人及各中介机构应严格按照《企业会计准则》《上市公司信息披露管理办法》和证券交易所颁布的相关业务规则的有关规定进行关联方认定,充分披露关联方关系及其交易"的要求,IPO申报材料对关联方的界定应同时执行会计准则和证券监管规则规定的两套标准,并以其"并集"作为关联方的范围。其中,唯一例外的是发行人的子公司。根据会计准则,子公司也是关联方。

第二,存在可能导致公司利益转移的其他关系也可能构成关联方。这一界定带有很大的实质性判断成分。

《上市公司信息披露管理办法》就此明确规定关联方包括:中国证监会、证券交易所或者上市公司根据实质重于形式的原则认定的其他与上市公司有特殊关系,可能或者已经造成上市公司利益对其倾斜的法人。2012年的保代培训也提出:按照《公司法》的定义,有可能导致公司利益转移关系的就可以认定为关联方。因此,有些情况即便按照某些规则不属于关联方,但也应按照实质重于形式的原则将其披露出来。

此外,上交所《上市公司关联交易实施指引》(2011年)规定关联法人包括:本所根据实质重于形式原则认定的其他与上市公司有特殊关系,可能导致上市公司利益对其倾斜的法人或其他组织,包括持有对上市公司具有重要影响的控股子公司10%以上股份的法人、其他组织或自然人等。这一规定把发行人的重要控股子公司的参股股东(持股10%以上)也纳入了关联方范围。

因此,即便不属于上述规则界定的关联方,在必要的情况下也要基于实质重于形式的原则,界定是否属于可能导致公司利益转移的其他关系。如果属于,就要按照关联方来披露。

第三,国家控股的企业之间不仅因为同受国家控股而具有关联关系。

经整理,证券监管规则和会计准则对于关联方界定的具体规定如表4-7所示。

表 4-7 证券监管规则和企业会计准则对关联方界定的相关规定

内容		《上市公司信息披露管理办法》、交易所《股票上市规则》	《企业会计准则第36号——关联方披露》
关联交易		是指上市公司或者其控股子公司与上市公司关联人之间发生的转移资源或者义务的事项	关联方交易，是指关联方之间转移资源、劳务或义务的行为，而不论是否收取价款
关联自然人	有股权关系的自然人	直接或者间接持有5%以上股份的自然人及与其关系密切的家庭成员（包括配偶、父母、年满18周岁的子女及其配偶、兄弟姐妹及其配偶、配偶的父母、子女配偶的父母）	主要投资者个人（能够控制、共同控制者或对一个企业施加重大影响的个人投资者）及与其关系密切的家庭成员（指在处理与企业的交易时可能影响该个人或受该个人影响的家庭成员）
	有管理关系的自然人	董事、监事及高级管理人员	控制是指有权决定一个企业的财务和经营政策，并能据以从该企业的经营活动中获取利益。共同控制，是指按照合同约定对某项经济活动所共有的控制，仅在与该项经济活动相关的重要财务和经营政策需要决策参与的共同控制方一致同意时存在。重大影响，是指对一个企业的财务和经营政策有参与决策的权力，但并不能对这些政策的制定一起共同控制决策的制定
	与母公司以上相关的自然人	直接或者间接地控制上市公司的法人的董事、监事、高级管理人员及与其关系密切的家庭成员（包括配偶、年满18周岁的子女及其配偶、兄弟姐妹及其配偶、配偶的父母、子女配偶的父母）	关键管理人员（有权力并负责计划、指挥和控制企业活动的人员）及与其关系密切的家庭成员
关联法人	母公司及以上	直接或者间接地控制上市公司的法人或其他组织	母公司的关联方
	同被控制的兄弟公司	由前项所述法人直接或者间接控制上市公司及其控股子公司以外的法人	该企业的母公司
	被关联自然人控制的公司	关联自然人直接控制的，或者担任董事、高级管理人员，除上市公司及其控股子公司以外的法人或者其他组织	与公司受一母公司控制的其他企业
			主要投资者个人、关键管理人员及其关系密切的家庭成员控制、共同控制或施加重大影响的其他企业

内容		《上市公司信息披露管理办法》、交易所《股票上市规则》	《企业会计准则第36号——关联方披露》
关联法人	其他股东	持有5%以上股份的法人或者一致行动人	对该企业实施共同控制的投资方。对该企业施加重大影响的投资方
	其他关联法人	—	该企业的子公司。该企业的合营企业。该企业的联营企业
关联方兜底条款		中国证监会、证券交易所或公司根据实质重于形式原则认定的与该公司有特殊关系,可能导致公司利益对其倾斜的其他法人或自然人	财政部关于36号准则的《指南》要求判断关联方关系时应当遵循实质重于形式的原则
关联方时效条款(潜在关联方和历史关联方)		在过去12个月内或者根据相关协议安排在未来12个月内,存在上述情形之一的	—
例外条款		受同一国有资产管理机构控制的,不因此而形成关联关系,但该法人的法定代表人、总经理或高级管理人员之一的董事兼任上市公司董事、监事或高级管理人员的除外	仅与企业存在下列关系的各方,不构成企业的关联方:与企业发生日常往来的资金提供方、公用事业部门、政府部门和机构,在经济依存关系上的单个客户、供应商、特许商、经销商或代理商;与该企业共同控制合营企业的其他合营者。仅仅同受国家控制而相互间不存在其他关联方关系的企业,不构成关联方
关联交易类型		购买或者出售资产;对外投资(含委托理财、委托贷款等);提供财务资助;提供担保;租入或者租出资产;委托或者受托管理资产和业务;赠予或者受赠资产;债务重组;签订许可使用协议;转让或者受让研究与开发项目;购买原材料、燃料、动力;销售产品、商品;提供或者接受劳务;委托或者受托销售;在关联人与该公司存在贷款、与关联人共同投资;其他通过约定可能引致资源或义务转移的事项	购买或销售商品;购买或销售商品以外的其他资产;提供或接受劳务;担保;提供资金(贷款或股权投资);租赁;代理;研究与开发项目的转移;许可协议;代表企业或由企业代表另一方进行债务结算;关键管理人员薪酬

(续)

3. 关联交易的界定

根据《上市公司信息披露管理办法》，关联交易是指上市公司或者其控股子公司与上市公司关联人之间发生的转移资源或者义务的事项。根据《企业会计准则第36号——关联方披露》，关联方交易是指关联方之间转移资源、劳务或义务的行为，而不论是否收取价款。

交易所的《股票上市规则》和《企业会计准则第36号——关联方披露》均各自列举了关联交易的具体类型。

需要注意的有两点：第一，关联交易的类型不仅限于已经列举的这些类型。只要关联方之间发生的各种形式的交易或者并非一般意义上的"交易"，只要涉及转移资源、劳务或义务的行为或事项，均构成关联交易；第二，即便是已经列举的行为，也不能简单看形式，要从实质上进行判断。

举个例子：交易所的《股票上市规则》明确列举了"与关联人共同投资"这一形式。在实际表现上，除了通常的发行人与控股股东共同投资设立企业明显符合外，也还可能有其他形式显现但实质上是"与关联人共同投资"。假如，发行人从无关联第三方购买控股股东控股的子公司的少数股权。该交易从形式上看起来，是发行人与无关联第三方的交易，不构成关联交易。但是，该交易的后果会形成发行人与控股股东共同持有同一公司股权的情形。那么，从严格意义上讲，这一交易也应该被视为关联交易，董事会或者股东大会在进行审议时关联方应该回避表决。

4. 相关规范对发行人关联交易事项的要求

《公司法》（2013年）第二十一条：公司的控股股东、实际控制人、董事、监事、高级管理人员不得利用其关联关系损害公司利益。违反前款规定，给公司造成损失的，应当承担赔偿责任。

《首发办法》（2015年）第四十二条：发行人应当在招股说明书中披露已达到发行监管对公司独立性的基本要求。

第二十五条：发行人应完整披露关联方关系并按重要性原则恰当披露关联交易。关联交易价格公允，不存在通过关联交易操纵利润的情形。

《公开发行证券的公司信息披露内容与格式准则第 1 号——招股说明书（2015 年修订）》第五十一条：发行人应披露已达到发行监管对公司独立性的下列基本要求……（五）业务独立方面。发行人的业务独立于控股股东、实际控制人及其控制的其他企业，与控股股东、实际控制人及其控制的其他企业间不存在同业竞争或者显失公平的关联交易。

第五十四条：发行人应根据《公司法》和《企业会计准则》的相关规定披露关联方、关联关系和关联交易。

第五十五条：发行人应根据交易的性质和频率，按照经常性和偶发性分类披露关联交易及关联交易对其财务状况和经营成果的影响。

购销商品、提供劳务等经常性的关联交易，应分别披露最近三年及一期关联交易方名称、交易内容、交易金额、交易价格的确定方法、占当期营业收入或营业成本的比重、占当期同类型交易的比重以及关联交易增减变化的趋势，与交易相关应收应付款项的余额及增减变化的原因，以及上述关联交易是否仍将持续进行。

偶发性的关联交易，应披露关联交易方名称、交易时间、交易内容、交易金额、交易价格的确定方法、资金的结算情况、交易产生利润及对发行人当期经营成果的影响、交易对公司主营业务的影响。

第五十六条：发行人应披露是否在章程中对关联交易决策权力与程序做出规定。公司章程是否规定关联股东或利益冲突的董事在关联交易表决中的回避制度或做必要的公允声明。

发行人应披露最近三年及一期发生的关联交易是否履行了公司章程规定的程序，以及独立董事对关联交易履行的审议程序是否合法及交易价格是否公允的意见。

第五十七条：发行人应披露拟采取的减少关联交易的措施。

《公开发行证券的公司信息披露内容与格式准则第 28 号——创业板公司招股说明书（2015 年修订）》做了与《公开发行证券的公司信息披露内容与格式准则第 1 号——招股说明书（2015 年修订）》基本相同的规定。

综合以上规范的相关规定和审核实践，目前 IPO 审核对于关联交易的主要关注点如表 4-8 所示。

表 4-8　A 股 IPO 审核对于关联交易的主要关注点

审核关注点		要求
关联交易的真实性		交易真实发生，且出于发行人正常经营需要，不存在商业以外的目的与动机
		关联销售的商品被关联方实际使用或者实现了最终销售
对发行人独立性的影响	必要性与合理性	与关联方而非市场第三方进行该项交易具有商业合理性，是必要的
	可替代性	是否可以通过非关联交易解决，即对关联方是否具有较强的依赖性
	重要性	按照性质（经常性关联交易与偶发性关联交易）分别考察，对于在销售、采购等核心业务环节发生的经常性关联交易更加重视
	比例	既考察关联交易占发行人同类业务的比例，也考察该关联交易占交易对方的比例
	对业绩的影响	来自关联销售业务收入占发行人营业收入、毛利的比重
	趋势	该关联交易占发行人同类业务的比例与数量是否呈下降趋势
关联交易的公允性	交易条件与定价	交易价格的确定公允，且有足够的证据能够证明交易条件与交易价格的公允性
	毛利率	来自关联销售的业务毛利率与非关联销售的业务毛利率没有显著差别
关联交易的合规性	决策程序	按照章程规定的程序予以决策与批准，关联方回避表决，独立董事发表意见
	充分披露	按照相关监管要求真实、准确、完整地披露关联方与关联交易
	会计处理	严格按照会计准则相关要求进行会计处理

5. 实践中关联交易审核的一些具体要求

（1）全面核查与披露关联方与关联交易。

审核高度关注关联方的认定是否合规，披露是否完整，是否存在隐瞒关联方的情况。要求根据《公司法》《企业会计准则》《上市公司信息披露管理办法》以及证券交易所颁布的相关业务规则的规定准确、完整地披露关联方及关联关系;关联关系的界定主要关注是否可能导致发行人利益转移,而不仅限于是否存在股权关系、人事关系、管理关系等。也就是说,保荐机构在关联方的尽职调查中,依据要全面,要按照实质重于形式原则,只要可能存在利益输送就可能需要被确认为关联方。

例如,直接按照《企业会计准则第36号——关联方披露》,发行人重要控股子公司的参股股东不是关联方。但是,第一,上交所的《上市公司关联交易实施指引》已经把"持有对上市公司具有重要影响的控股子公司10%以上股份的公司"列入关联方范围;第二,按照《公司法》"存在可能导致公司利益转移的其他关系"以及准则的《指南》"遵循实质重于形式的原则"来看,就是应该把发行人重要控股子公司的参股股东列入重点核查范围,按照或者比照关联方来调查和披露该参股股东详细情况和交易情况。

(2)对重要客户、供应商关联身份及交易真实性的核查。

前一项是要求完整披露关联方与关联交易并对已披露的关联方与关联交易进行核查,本项重点是对未披露为关联方和关联交易的核查,核心是发现有无遗漏或者故意隐瞒关联关系的情况。

其原因在于,从审核实践来看,部分IPO拟申报企业存在利用未披露的关联关系来进行财务粉饰,甚至财务舞弊的情况,证监会对此也历来高度重视。如果重要客户、供应商隐瞒关联关系向发行人输送利润(例如抬高销售价格、压低供应价格、代为承担费用等)是明显的财务粉饰行为。如果重要客户隐瞒关联关系与发行人之间发行并未实现最终销售的交易则是明显的财务舞弊行为(所谓"假"的真交易)。

一般来说,此类财务粉饰和财务舞弊行为都是发行人管理层故意安排与实施的行为,难以通过内部控制机制予以发现。这就需要保荐机构通过充分获取外部证据的方式以应对这种内部舞弊。所以,必须对重要客户、供应商的身份进行尽职调查。

常见的方式包括两种。一种是从主体出发,通过对客户、供应商进行实地走访、信息比对,发现主要客户、供应商是否存在隐瞒关联关系的可能。例如,详细核查发行人的所有关联方(包括发行人引入的PE股东及其出资人)及职工(含离职员工)、发行人的董监高及其他核心人员(包括与其关系密切的家庭成员)是否在发行人的客户或供应商(或与上述客户或供应商存在关联关系的单位,或上下级单位,或上下级公司)任职或担任股东。

另外一种是从交易出发。对于报告期内重大异常、不合理交易(例如明显不符合商业逻辑、报告期最后一期突然新出现的大客户,等等),应当予以充分关注和核查。包括交易的真实性、交易对方是否为未披露的关联方等。

此外,需要注意的是,也可能存在经销商与发行人确实不存在通常意义上的关联关系,但为了配合发行人"冲业绩"而故意采购囤货、帮忙做高业绩的情况。这种情况下,其实这些经销商其实也就具备了前文所述"可能导致公司利益转移的其他关系"这种关联方认定的情形,在实质上也构成了公司的关联方。而且,应该关注发行人及其控股股东与这些经销商是否有其他利益关系和承诺事项。

(3)关联交易的公允性论证。

关联交易的定价政策及其公允性论证是申报材料必须披露和保荐机构必须发表意见的内容。

财政部会计司在"《企业会计准则——关联方关系及其交易的披露》问题解答"中指出:国际会计准则提供了关联方交易中确定价格的几种方法,如可比不可控价格、转售价格、成本加利润法等。《企业会计准则——关联方关系及其交易的披露》没有提供交易的计价方法,但应在会计报表附注中说明了关联交易的定价政策,包括①关联交易定价方法,即是按市价、出厂价、协议价、成本价定价,还是按其他方式定价;②与非关联方的交易价格是否一致,即说明关联交易价格与非关联交易价格在定价时上下浮动的比例;③关联方交易没有金额或只有象征性金额的交易情况。

实践中,论证交易公允性可选择的方法包括:同类或近似产品既有关联方交易又有非关联方交易的,直接对比关联方与非关联方交易的价格;不存在同类非关联方交易的,通过说明关联交易价格的生成机制,如运用成本加成法定价等,分析并论证定价方法的合理性。此外,还可以通过分析关联主之间通过关联交易各自获取的收益水平的合理性,间接论证关联交易价格的公允性。

(4)对关联交易占比数量要求的政策演化。

已经被废止的《关于进一步规范股票首次发行上市有关工作的通知》(证监发行字〔2003〕116号)曾经要求:最近一年和最近一期,发行人与控股股东及其全资或控股企业,在产品(或服务)销售或原材料(或服务)采购方面的交易额,占发行人主营业务收入或外购原材料(或服务)金额的比例,均不超过30%;具有完整的业务体系,最近一年和最近一期,发行人委托控股股东及其全资或控股企业,进行产品(或服务)销售或原材料(或服务)采购的金额,占发行人主营业务收入或外购原材料(或服务)金额的比例,均不超过30%;具有开展生产经营所必备的资产,最近一年和最近一期,以承包、委托经营、租赁或其他类似方式,依赖控股股东及其全资或控股企业的资产进行生产经营所产生的收入,均不超过其主营业务收入的30%。

这是所谓关联交易占比不超过30%要求的政策来源。该规定已经于2006年被废止。之所以放弃数量定量要求,是因为由于商业模式与行业及自身股权结构、历史沿革的不同,不同企业的关联交易情况对其独立性、持续经营能力和经营业绩的影响是复杂的,不宜于以简单使用数量标准一刀切,而是应该基于实质性判断和多因素综合考量的审核理念,对不同企业的具体情况具体分析。

所以,尽管30%仍然可以作为一个参考指标,但实际上更重要的是结合发行人自身的各种情况,看交易实质,在尽职调查中做实质性判断。例如,关联交易对于发行人业务链的完整到底具有多大的影响。又如,不仅看关联交易占发行人同类业务的比例,也要看该项关联交易占交易对方同类业务的比例。

(5)消除与减少关联交易的措施。

包括关联交易占比较大在内的内部独立性问题的根源往往在于发行人在股份公司设立方案(改制方案)的设计上。所以,整体上市的改制方案可以从源头上解决关联交易问题。

在股份公司设立后,如果面临关联交易问题(例如关联交易占比较大),发行人应在提出发行上市申请前考虑通过两大类方式予以解决。

第一大类是消除关联交易。这类方式也可以分成两个思路。一个思路是"买",即发行人通过收购等方式将关联方纳入发行人,以消除关联交易;另一个思路是"卖",包括发行人将涉及关联交易的业务出售给关联方或者第三方,实际控制人将关联方或者涉及关联交易的业务出售给第三方等。

因为"买"是纳入发行人主体,监管机构历来更鼓励通过"买"的方式来消除关联交易。如果选择"卖",审核方一般会本着风险导向审核理念,对"卖"的真实性提出进一步的核查与披露要求,也就是所谓"关联交易非关联化"的问题。

第二大类是披露与合理解释,并且提出未来减少关联交易的措施。这是关联交易事项与同业竞争的不同。对于同业竞争,发行条件是严格要求消除。而对于关联交易,发行条件并没有完全禁止。因此,可以通过披露与合理解释,以说明当前关联交易的合理性与必要性,而且交易公允,已经采取措施未来可以减少关联交易金额和占比。

(6)重点关注"关联交易非关联化"。

消除关联交易的方法中包括发行人或者实际控制人将涉及关联交易的业务或者主体出售给第三方,从而将关联交易转换为市场竞争主体之间的正常交易。这在审核中一般被称为"关联交易非关联化"。

基于IPO审核中的风险导向审核理念,审核方一般会对"关联交易非关联化"问题高度警惕。主要的审核要求如下所示。

第一,在信息披露方面严格要求。要求发行人详细披露"非关联化"的相关具体情况,包括但不限于注销、转让等情况。在报告期内注销、转出的关联方仍然要做详尽披露,包括注销的要提供清算之前的财务数据。

第二,如果是以转让的方式进行"非关联化",要求中介机构重点核查以下事项:①转让的真实性、合法性、合理性,包括受让主体的身份,与发行人是否存在关联关系,是否存在委托或代理持股,是否存在未来回购安排(申报前出售、上市后购回)、仍然掌控控制权等"抽屉协议"等。特别是要从商业合理性方面考虑交易的真实性,并关注异常情况。例如,如果准备接手的第三方是发行人的高管(前高管)、员工(前员工)、与新引入PE的关联方、与实际控制人存在其他关系(但并不构成关联方)等,都建议尽量避免。确实已经发生的,建议要么如实披露并进行充分的分析说明,要么进一步予以处理。②转让价格是否公允。③转让后与发行人是否仍存在交易及资金往来情况。④转让后相关资产、人员的最终去向。

第三,如果是以注销的方式进行"非关联化",要求中介机构重点核查以下事项:注销的关联企业情况、注销的原因,是否存在较多的债务或持续的亏损;该注销主体自设立以来的生产经营情况,存续期间是否合法经营,注销前从事的业务及与发行人的业务、资产、技术、营销网络等方面之间的关系，注销后管理人员和生产人员的去向，与发行人的人员是否重叠。一般还会要求提供注销前一年的财务报表和注销的相关证明文件，注销履行的内部决策程序和债权人告知程序以及是否存在纠纷和潜在纠纷。

第四，非关联化的标的历史上是否存在重大违法行为。

除了关联方的不当"非关联化"外，还要注意关联交易的不当"非关联化"，例如通过一个非关联方（过桥主体）将一个关联交易化解为两个非关联交易等。

（7）关注"共用生态"对独立性的影响。

部分行业存在"共用生态"的状况，即虽然不构成直接的关联交易，但独立性存疑。这被视为新的"类关联交易"情形而被审核关注。具体说，就是共享一个"生态"、一个流量入口。例如，阿里巴巴或者腾讯下属企业，基于阿里巴巴或者腾讯的平台，利用这个平台导入的流量获利。尽管其并不是跟自己的大股东直接进行交易，但实际上是利用了大股东所创造的生态和流量入口。再如，有的物业管理公司，其控股股东系大型房地产企业。虽然该物业公司与控股股东之间没有直接的关联交易，但其实也是共享了一个生态和流量入口。不仅独立性存在影响（对发行人的盈利状况可能存在重大影响），而且财务核算的公允性也可能存在问题（不排除通过一些安排操纵利润水平的可能）。

四、实际控制人

（一）何为"实际控制人"

《公司法》（2013年）第二百一十七条规定了"控股股东"和"实际控制人"的概念。控股股东是指"出资额占有限责任公司资本总额50%以上，或者其持有的股份占股份有限公司股本总额50%以上的股东；出资额或者持有股份的比例虽然不足 50%，但依其出资额或者持有的股份所享有的表决权已足以对股东会、股东大会的决议产生重大影响的股东"。实际控制人是指"虽不是公司的股东，但通过投资关系、协议或者其他安排，能够实际支配公司行为的人"。

按照《公司法》的立法意图，控股股东与实际控制人是不同的，其区别在于是否直接持有公司股份，控股股东直接持有公司股份，而实际控制人不直接持有公司股份。也就是说，如果公司只有一层股东，则该公司只有控股股东，没有实际控制人。这样的界定虽然更为科学，但在实践操作上却容易造成歧义。因为市场已习惯将一个公司的最终控制人视为实际控制人，而不区分其是否是公司的股东。

到底是严格按照《公司法》还是顺应市场习惯，沪深交易所的规定也不一样。上交所的《股票上市规则》（2014 年）与《公司法》保持一致，明确实际控制人"不是公司的股东"，但深交所《股票上市规则》（2014 年）有所不同，没有规定实际控制人"不是公司的股东"。

综上，可以这样理解，《公司法》规定的"实际控制人"的概念是严格和狭义的。而当前市场习惯和审核实践中的"实际控制人"是泛指和广义的，是指通过投资关系、协议或者其他安排，能够实际支配公司行为的自然人、法人或者其他组织，不论其是否直接持有公司股权。本章所说的"实际控制人"也是指后者。

(二) 相关规范对实际控制人的要求和认定实际控制人的意义

1. 相关规范对实际控制人的具体要求

《首发办法》（2015 年）第十二条：发行人最近三年内主营业务和董事、高级管理人员没有发生重大变化，实际控制人没有发生变更。

第十三条：发行人的股权清晰，控股股东和受控股股东、实际控制人支配的股东持有的发行人股份不存在重大权属纠纷。

《创业板首发办法》（2015年）第十四条：发行人最近两年内主营业务和董事、高级管理人员均没有发生重大变化，实际控制人没有发生变更。

第十五条：发行人的股权清晰，控股股东和受控股股东、实际控制人支配的股东所持发行人的股份不存在重大权属纠纷。

第二十条：发行人及其控股股东、实际控制人最近三年内不存在损害投资者合法权益和社会公共利益的重大违法行为。

发行人及其控股股东、实际控制人最近三年内不存在未经法定机关核准，擅自公开或者变相公开发行证券，或者有关违法行为虽然发生在三年前，但目前仍处于持续状态的情形。

《公开发行证券的公司信息披露内容与格式准则第1号——招股说明书（2015年修订）》：发行人应披露发起人、持有发行人5%以上股份的主要股东及实际控制人的基本情况，主要包括：①发起人、持有发行人5%以上股份的主要股东及实际控制人如为法人，应披露成立时间、注册资本、实收资本、注册地和主要生产经营地、股东构成、主营业务、最近一年及一期的总资产、净资产、净利润，并标明有关财务数据是否经过审计及审计机构名称；如为自然人，则应披露国籍，是否拥有永久境外居留权、身份证号码、住所。②控股股东和实际控制人控制的其他企业的成立时间、注册资本、实收资本、注册地和主要生产经营地、主营业务、最近一年及一期的总资产、净资产、净利润，并标明这些数据是否经过审计及审计机构名称。③控股股东和实际控制人直接或间接持有发行人的股份是否存在质押或其他有争议的情况。实际控制人应披露到最终的国有控股主体或自然人为止。

《公开发行证券的公司信息披露内容与格式准则第28号——创业板公司招股说明书（2015年修订）》的规定与主板中小板类似，唯一增加的是持有发行人5%以上股份的主要股东及实际控制人为合伙企业的，应披露合伙人构成、出资比例及合伙企业的实际控制人。

《证券期货法律适用意见第 1 号》(《首发办法》第十二条"实际控制人没有发生变更"的理解和适用)(2007 年):发行人应当在招股说明书中披露公司控制权的归属、公司的股权及控制结构,并真实、准确、完整地披露公司控制权或者股权及控制结构可能存在的不稳定性及其对公司的生产、经营及盈利能力的潜在影响和风险。

2. 认定实际控制人的意义

根据这些规定,认定实际控制人的意义如下所示。

(1)发行条件对实际控制人的有三条具体要求。首先要准确界定发行人的实际控制人,然后才能论证是否符合这三条规定。

这三条要求具体如下所示。

第一条为实际控制人三年(主板中小板)或者两年(创业板)没有发生变更。

《证券期货法律适用意见第 1 号》(《首发办法》第十二条"实际控制人没有发生变更"的理解和适用)(2007 年)对此进行了明确说明:从立法意图看,《首发办法》第十二条规定要求发行人最近三年内实际控制人没有发生变更,旨在以公司控制权的稳定为标准,判断公司是否具有持续发展、持续盈利的能力,以便投资者在对公司的持续发展和盈利能力拥有较为明确预期的情况下做出投资决策。由于公司控制权往往能够决定和实质影响公司的经营方针、决策和经营管理层的任免,一旦公司控制权发生变化,公司的经营方针和决策、组织机构运作及业务运营等都可能发生重大变化,给发行人的持续发展和持续盈利能力带来重大不确定性。

第二条为实际控制人最近三年没有重大违法行为。这本来只是创业板 IPO 的法定要求。但根据窗口指导,目前主板中小板的审核也同样遵循这一要求。

第三条为受实际控制人支配的股东所持发行人的股份不存在重大权属纠纷。

（2）实际控制人要遵守相应的信息披露规定。前述《招股说明书准则》与《创业板招股说明书准则》对此有详细规定。特别提醒的是，实际控制人应披露到最终的国有控股主体或自然人为止。

（3）实际控制人所持发行人股份在发行人IPO上市后要遵守更为严格的锁定期要求，例如锁定三年等。

(三) 审核中对实际控制人的具体认定标准

1. 认定实际控制人的一般标准

《证券期货法律适用意见第1号》(《首发办法》第十二条"实际控制人没有发生变更"的理解和适用)（2007年）明确指出：公司控制权是能够对股东大会的决议产生重大影响或者能够实际支配公司行为的权力，其渊源是对公司的直接或者间接的股权投资关系。因此，认定公司控制权的归属，既需要审查相应的股权投资关系，也需要根据个案的实际情况，综合对发行人股东大会、董事会决议的实质影响、对董事和高级管理人员的提名及任免所起的作用等因素进行分析判断。

根据上述规定，认定实际控制人需要按照实质重于形式的原则和个案的具体情况进行综合分析。但是，除非有相反证据，股权投资关系的证明力最大。

同时，基于A股IPO的风险导向审核原则，为了防止发行人通过实际控制人的认定来规避发行条件，除非有非常确定的真实性证明（例如历史上当时进行的有效公证、法律判决等），审核方一般不认可仅依赖"代持关系""一致行动协议"等得出实际控制人没有发生变化的结论。

2. 共同控制和无实际控制人的认定

除了通常认定某方为实际控制人之外，有两种特殊的控制类型（共同控制和无实际控制人）。对此，审核方一方面是具体问题具体分析，希望发行人从立法本意出发对此进行准确界定；另一方面也会对发行人是否会通过此等认定来规避发行条件的规定保持高度警惕。

（1）共同控制。

根据《证券期货法律适用意见第1号》（《首发办法》第十二条"实际控制人没有发生变更"的理解和适用）（2007年），共同控制应当符合以下条件：①每人都必须有直接持有公司股份和／或者间接支配公司股份的表决权；②发行人公司治理结构健全、运行良好，多人共同拥有公司控制权的情况不影响发行人的规范运作；③多人共同拥有公司控制权的情况，一般应当通过公司章程、协议或者其他安排予以明确，有关章程、协议及安排必须合法有效、权利义务清晰、责任明确，该情况在最近三年内且在首发后的可预期期限内是稳定、有效存在的，共同拥有公司控制权的多人没有出现重大变更；④发行审核部门根据发行人的具体情况认为发行人应该符合的其他条件。

该适用意见特别要求提供充分的事实和证据证明多人共同拥有公司控制权的真实性、合理性和稳定性，没有充分、有说服力的事实和证据证明的，其主张不予认可。相关股东采取股份锁定等有利于公司控制权稳定措施的，发行审核部门可将该等情形作为判断构成多人共同拥有公司控制权的重要因素。如果发行人最近三年内持有、实际支配公司股份表决权比例最高的人发生变化或者存在重大不确定性，且变化前后的股东不属于同一实际控制人，视为公司控制权发生变更。

（2）无实际控制人。

根据《证券期货法律适用意见第1号》（《首发办法》第十二条"实际控制人没有发生变更"的理解和适用）（2007年），发行人不存在拥有公司控制权的人或者公司控制权的归属难以判断的，要被认定为公司控制权没有发生变更需要满足以下条件：①发行人的股权及控制结构、经营管理层和主营业务在首发前三年内没有发生重大变化；②发行人的股权及控制结构不影响公司治理有效性；③发行人及其保荐人和律师能够提供证据充分证明。相关股东采取股份锁定等有利于公司股权及控制结构稳定措施的，发行审核部门可将该等情形作为判断公司控制权没有发生变更的重要因素。

通过以上规定可以看出，审核的出发点首先是为了避免发行人通过认定共同控制和无实际控制人来规避关于实际控制人没有变更的发行条件。如果在报告期内第一大股东没有发生变化，那么综合其他情况有可能被认定为共同控制。如果在报告期发行人的股权及控制结构、经营管理层和主营业务等没有发生重大变化，那么综合其他情况有可能被认定为无实际控制人。否则，审核方很难接受发行人以共同控制或者无实际控制人为理由来说明实际控制人没有发生变化。

例如，在报告期内，发行人的第一大股东和第二大股东持股比例相近，但地位没有发生变化（第一大股东始终是第一大股东），那么是认定第一大股东为实际控制人，还是认定第一大股东与第二大股东共同为实际控制人，要根据具体情况具体分析。但如果报表期内，原第二大股东因为受让股权等成为第一大股东，那么以第一大股东和第二大股东构成共同控制为理由说明实际控制人没有发生变化就很难得到接受。

假设不存在通过认定共同控制人和无实际控制人来规避发行条件的情况（报告期内第一大股东地位未发生变化或者股权结构没有发生变化），从审核实践来看，建议在是否认定为无实际控制人时应审慎，在是否认定为共同控制时应相对宽松（例如对家族企业中的主要家庭成员）。如果根据实际情况，确实要得出无实际控制人的结论，则同时应论述公司无实际控制人的情形不会影响公司的经营稳定性，同时做出一些保障股权结构和控制结构稳定的安排。

3. 国有企业股权无偿划转或重组情况下实际控制权未变更的认定

根据《证券期货法律适用意见第1号》(《首发办法》第十二条"实际控制人没有发生变更"的理解和适用)(2007年),因国有资产监督管理需要,国务院或者省级人民政府国有资产监督管理机构无偿划转直属国有控股企业的国有股权或者对该等企业进行重组等导致发行人控股股东发生变更的,如果符合以下两种情形之一,可视为公司控制权没有发生变更。

第一种情况是同时满足以下三个条件:①有关国有股权无偿划转或者重组等属于国有资产监督管理的整体性调整,经国务院国有资产监督管理机构或者省级人民政府按照相关程序决策通过,且发行人能够提供有关决策或者批复文件;②发行人与原控股股东不存在同业竞争或者大量的关联交易,不存在故意规避《首发办法》规定的其他发行条件的情形;③有关国有股权无偿划转或者重组等对发行人的经营管理层、主营业务和独立性没有重大不利影响。

第二种情况是按照国有资产监督管理的整体性调整,国务院国有资产监督管理机构直属国有企业与地方国有企业之间无偿划转国有股权或者重组等导致发行人控股股东发生变更的,比照前述规定执行,但是应当经国务院国有资产监督管理机构批准并提交相关批复文件。

五、股东与股权

(一)相关规范对股东与股权事项的规定

《首发办法》(2015年)第十三条:发行人的股权清晰,控股股东和受控股股东、实际控制人支配的股东持有的发行人股份不存在重大权属纠纷。

《创业板首发办法》(2015年)第十五条:发行人的股权清晰,控股股东和受控股股东、实际控制人支配的股东所持发行人的股份不存在重大权属纠纷。

总体上讲,发行条件对股东与股权事项的基本要求就是:股东适格、股权清晰。

股东适格是指具备成为发行人股东(上市公司股东)的资格,而且股东取得股权的过程和结果合法。

股权清晰是指公司的股东、股权结构可以清晰、明确地加以辨认,无论是直接持股还是间接持股,均不能以委托持股等形式存在,也不能通过其他方式变相委托持股。

(二)对"股东适格"的具体要求

1. 能够成为发行人股东的民事主体

能否成为发行人的股东,包括两个层面的问题。第一个层面为是否能够成为公司的股东;第二个层面为是否能成为发行人(未来上市公司)的股东。对于第二个层面,既有技术上的要求,也有政策上的要求。技术上的要求主要是指是否能够开立证券账户。例如,合伙企业一直可以作为公司的股东,但在2009年《证券登记结算管理办法》修改前因为不能开具证券账户而不能成为发行人的股东。

根据《民法总则》(2017年)的规定,民事主体包括自然人、法人和非法人组织三类。

非法人组织是不具有法人资格,但是能够依法以自己的名义从事民事活动的组织。非法人组织包括个人独资企业、合伙企业、不具有法人资格的专业服务机构等。个人独资企业、合伙企业可以作为股东。除有特别限制的情况之外,专业服务机构也可以作为公司股东。

法人包括营利法人、非营利法人和特别法人三类。营利法人可以作为股东。

非营利法人是指为公益目的或者其他非营利目的成立，不向出资人、设立人或者会员分配所取得利润的法人。非营利法人包括事业单位、社会团体、基金会、社会服务机构等。除有特别限制的情况之外，非营利法人也可以作为公司股东。2017年上市的横店影视（603103）的控股股东为横店集团控股有限公司，横店集团控股有限公司70%的股权由横店社团经济企业联合会持有，横店社团经济企业联合会即为社会团体法人。也就是说，横店影视的实际控制人为社会团体法人。

特别法人包括机关法人、农村集体经济组织法人、城镇农村的合作经济组织法人、基层群众性自治组织法人。居民委员会、村民委员会具有基层群众性自治组织法人资格，可以从事为履行职能所需要的民事活动。未设立村集体经济组织的，村民委员会可以依法代行村集体经济组织的职能。农村集体经济组织法人、城镇农村的合作经济组织法人、村集体经济组织和代行村集体经济组织的职能的村民委员会可以作为公司股东。"三房巷"（600370）的实际控制人江阴市周庄镇三房巷村村民委员会持有该公司的控股股东江苏三房巷集团有限公司95%的股权。也就是说，三房巷的实际控制人为村民委员会。

2. 相关规范对民事主体成为发行人股东的特殊规定

相关规范对民事主体成为发行人股东的特殊规定如表4-9所示。

（三）对"股权清晰"的具体要求

1. 不存在委托持股、信托持股等股权不清晰的情况

委托持股在实务中比较普遍，并不违规，实际出资人的合法权益也受到法律保护。《最高人民法院关于适用〈中华人民共和国公司法〉若干问题的规定（三）》（2014年）对实际出资人与名义股东之间的法律关系进行了明确规定。

表 4-9 相关规范性文件对民事主体成为发行人股东的特殊规定

1. 自然人	禁止成为股东的情况	公务员 《中华人民共和国公务员法》(2006)第五十三条：公务员必须遵守纪律，不得从事或者参与营利性活动，在企业或者其他营利性组织中兼任职务
		党政干部 根据《关于严禁党政机关和党政干部经商、办企业的决定》《关于进一步制止党政机关和党政干部经商、办企业的规定》，党政干部除中央书记处、国务院特殊批准的以外，一律不准经商、办企业
		县以上党和国家机关退（离）休干部 根据《关于县以上党和国家机关退（离）休干部经商办企业的若干规定》，县级以上党和国家机关退（离）休干部，不得兴办商业性企业
		现役军人 根据《中国人民解放军内务条令》《中国人民解放军纪律条令》等的规定，军人不得经商，不得投资公司成为股东
		特殊行业如保险公司的股东不能为自然人
	有条件禁止成为股东	辞去公职或者退休的公务员 《中华人民共和国公务员法》(2006)第一百零七条：公务员辞去公职或者退休的，原系领导成员的公务员在离职三年内，其他公务员在离职两年内，不得到原工作单位业务直接相关的企业或者其他营利性组织任职，不得从事与原工作业务直接相关的营利性活动
		离职或退休后的党员领导干部 《中国共产党党员领导干部廉洁从政若干准则》(2010)第二条规定：禁止私自从事营利活动。不准有下列行为：(六)离职或者退休后三年内，接受原任职务管辖的地区和业务范围内的民营企业、外商投资企业和中介机构的聘任，或者个人从事与原任职务管辖业务相关的营利性活动
		本准则适用于党政机关、人民团体、行政机关、审判机关、检察机关中县（处）级以上党员领导干部；人民团体、事业单位中相当于县（处）级以上党员领导干部
		处级以上领导干部配偶、子女 根据中纪委《关于领导干部不准在领导干部管辖的业务范围内个人从事可能与公共利益发生冲突的经商办企业活动》的解释《关于子女、地两级党委、政府主要领导干部配偶、子女经商办企业的具体规定（执行）》，处级以上领导干部配偶、子女投资公司将受到一定限制
		国有企业领导人 根据《国有企业领导人员廉洁从业若干规定》，国有企业领导人员不得有利用职权谋取私利以及损害本企业利益的下列行为：(一)个人从事营利活动和借用小活动，或者在本企业从业若干规定》，国有企业领导人员、关联企业中与本企业有业务关系的企业入股……国有企业领导人配偶、子女 《关于子女从业若干规定》，国有企业领导人员的配偶、子女不得在本企业及关联企业投资入股
		国有企业职工 根据《关于规范国有控股或集团国有公司批准，职工入股改制企业股权，但不得直接或间接持有本企业所出资国有企业改制，经国有资产监督管理机构或者各级国有公司批准，职工可投资参与本企业股权，也可持有上一级改制企业股权，但不得直接持有子公司股权。参股企业及本集团公司所出资企业、其他企业股权，科研、设计、高新技术企业科技人员确因特殊情况需要持有子企业股权的，须经同级国资监管机构批准，且不得作为该子企业国有股权代表。该文还鼓励职工投资本企业提供服务或本企业有其他业务关系的企业，禁止投资与本企业经营同类业务的企业

（续）

有案件禁止成为股东		国有企业中已投资上述不得投资的企业的中层以上管理人员，自本意见下发后一年内转让所持股份，在完成或者辞去所任职务之前，不得向其投资企业增加投资，已投资上述不得投资企业的其他职工晋升为中层以上管理人员的，须在晋升后六个月内转让所持股份
2. 法人		
禁止成为股东		境内自然人成为外商投资股份有限公司的股东受到限制 根据我国现行的外商投资企业的法律法规，仍然不允许境内自然人成为外商投资企业的直接股东。股份有限公司（外商投资企业拟在A股上市均需要改制成为外商投资股份有限公司）。但这一规定在实践中已经有所突破 首先是根据《外商投资企业并购境内企业暂行规定》，虽然明文不允许境内自然人以新设收购方式与外商投资组织成立个人成立外商投资企业。但规定原境内公司中国自然人股东在原公司享有股东地位一年以上的，经批准可继续作为变更后所设外商投资企业的中方投资者。该自然人投资企业后，该自然人身份可以保留 随着外商投资管理体制的改革与权力下放，部分地区出台了允许境内自然人成为外资企业股东的规定。例如，浙江众成（002522）的《补充法律意见书（一）》援引经省政府办公厅转发的浙江省工商行政管理局颁布的《关于进一步放宽工商行政管理职能支持企业改革和发展的若干意见》认为其合规
有案件禁止成为股东	党政机关	根据《关于严禁党政机关和党政干部经商、办企业的决定》《关于进一步制止党政机关和党政干部经商、办企业的决定》，党政机关不能成为发行人的股东
	事业单位	根据《中央行政事业单位国有资产管理暂行办法》，中央行政事业单位（国务院各部门、各直属事业单位、最高人民检察院、最高人民法院、行政经费在国务院系统内的人民团体）和参照公务员法管理的单位，不得将国有资产用于对外投资
	商业银行	当严格控制对外投资，不得利用国家财政拨款、上级补助资金和维持事业正常发展的资产对外投资 根据《商业银行法》，商业银行不得向非银行金融机构和企业投资，但国家另有规定的除外
	高校	根据《关于积极发展、规范管理高校科技产业的指导意见》（2005年），高校除对资产管理公司进行投资外，不得再以事业单位法人的身份对外进行投资（高校不能直接对高校资产管理公司对外投资）
3. 非法人组织		
禁止成为股东	中介机构	根据《公司登记管理若干问题的规定》，会计师事务所、律师事务所和资产评估机构不得向其他行业投资设立公司
	职工持股会和工会	中国证监会法律部在《关于职工持股会及工会能否作为上市公司股东的复函》中明确职工持股会不能作为发行人的股东
	军队武警部队政法机关	根据《关于军队武警部队政法机关不再从事经商活动的通知》，军队、武警部队和政法机关不能成为发行人的股东
4. 其他特殊情况		

其第二十五条规定：有限责任公司的实际出资人与名义出资人订立合同，约定由实际出资人出资并享有投资权益，以名义出资人为名义股东，实际出资人与名义股东对该合同效力发生争议的，如无《合同法》第五十二条规定的情形，人民法院应当认定该合同有效。前款规定的实际出资人与名义股东因投资权益的归属发生争议，实际出资人以其实际履行了出资义务为由向名义股东主张权利的，人民法院应予支持。名义股东以公司股东名册记载、公司登记机关登记为由否认实际出资人权利的，人民法院不予支持。

这一条从委托代理的角度对委托持股的稳定进行了明确的法律界定，那就是委托持股情况下，实际出资人尽管没有在股东名册上出现，但是其股东权益应该得到认可和支持，这也符合物权"谁出资，谁收益"的基本原则。

但在 IPO 审核中，基于股权清晰的要求，一直不允许委托持股存在。而存在委托持股事项的发行人有两种情况。第一种情况是历史上基于各种原因设置了委托持股但并不违反现行法律规定。第二种情况是为了规避某些规范性的要求而刻意设置委托持股，例如股东实际人数超过 200 人的情况下，试图通过委托持股而予以规避。无论是哪种情况，均需要通过股权转让等方式来进行清理，使得实际出资人与股东名册记载、公司登记机关登记的出资人一致。

从审核实践来看，只要存在过委托持股事项，均会被重点关注，要求保荐机构详细核查及披露。一般要求说明曾经存在的委托持股行为没有违反法律法规禁止性规定，不属于公开和变相公开发行行为，且该等委托关系已全部终止，股权代持的形成及清理不存在潜在问题和风险隐患，不会对发行人本次股票发行上市构成实质性法律障碍等。

对于为了规避某些规范性的要求而刻意设置委托持股的情况，一般必须通过股权转让的方式来解决。对此，审核时会重点关注：受让方的背景以及与发行人的关系;股权转让的价格是否合理;股权转让的有关决策程序是否完备;股权转让是否是转让方全部的真实意思表示,是否会存在潜在的风险和纠纷。

其中,对于清理超限股东(股东实际人数超过 200 人的情况)而进行的股权转让,监管层要求保荐机构对 90% 以上的股东做当面或者电话的访谈。在具体操作中,需要对超限股东转让是否出于自愿,价款的合理性及支付情况,是否存在纠纷进行仔细核查,以避免相关问题构成上市障碍。

与委托持股类似,信托持股也不被允许。如果发行人股东中存在信托公司持股,监管部门会要求确认是信托公司自身持股,而非受托持股。

2. 股权存在质押冻结情形的处理

发行人存在股东所持股份被质押冻结的情况时,审核中会重点关注股权被冻结(司法)或者被质押(民事)的比例和一旦发现风险情形对发行人治理结构的影响。例如,一旦被强制执行,是否会发生控股股东地位变动的情形。

(四)其他与股东和股权相关的事项

1. 股东涉及上市公司

上市公司可以成为发行人的股东,但需要注意的是:第一,不能是发行人的控股股东或者实际控制人,即不允许 A 股上市公司分拆资产在 A 股上市;第二,如果上市公司曾经是发行人的控股股东或者实际控制人,或者发行人的主要资产来自上市公司,则需要高度关注其是否存在影响该上市公司股东及公众投资者利益的情况。

对于上述第二条要求,审核中除要求充分披露外,要重点关注:上市公司转出发行人股份,发行人收购上市公司资产是否履行了相应程序,是否存在违法违规行为,是否侵害上市公司利益;上市公司募集资金是否投向发行人的业务,发行人向上市公司收购的业务是否使用过募集资金;发行人与上市公司之间是否存在同业竞争,发行人业务、资产、人员、财务、机构是否独立;上市公司与发行人之间是否存在关联交易;上市公司及下属企业董事、监事、高级管理人员是否拥有发行人的权益等。

2. 股东超过200人

《证券法》第十条明确规定"向特定对象发行证券累计超过二百人的"属于公开发行,须依法报经中国证监会核准。因此,如果发行人的股东数量超过200人则要么取得证监会的核准,要么就需要清理,将股东人数降到200人以下。

(1)第一种方式:取得证监会的核准。

中国证监会2013年12月26日颁布了《非上市公众公司监管指引第4号——股东人数超过200人的未上市股份有限公司申请行政许可有关问题的审核指引》(以下简称《指引》)。该《指引》规定:对于股东人数已经超过200人的未上市股份有限公司(以下简称200人公司),符合本《指引》规定的,可申请公开发行并在证券交易所上市、在全国中小企业股份转让系统挂牌公开转让等行政许可。对200人公司合规性的审核纳入行政许可过程中一并审核,不再单独审核。

200人公司申请行政许可的合规性应当符合下列要求。

1)公司依法设立且合法存续。

200人公司的设立、增资等行为不违反当时法律明确的禁止性规定,目前处于合法存续状态。城市商业银行、农村商业银行等银行业股份公司应当符合《关于规范金融企业内部职工持股的通知》(财金〔2010〕97号)。

200人公司的设立、历次增资依法需要批准的,应当经过有权部门的批准。存在不规范情形的，应当经过规范整改，并经当地省级人民政府确认。

200人公司在股份形成及转让过程中不存在虚假陈述、出资不实、股权管理混乱等情形，不存在重大诉讼、纠纷以及重大风险隐患。

2）股权清晰。

200人公司的股权清晰，是指股权形成真实、有效，权属清晰及股权结构清晰。具体要求如下所示。

股权权属明确。200人公司应当设置股东名册并进行有序管理，股东、公司及相关方对股份归属、股份数量及持股比例无异议。股权结构中存在工会或职工持股会代持、委托持股、信托持股，以及通过"持股平台"间接持股等情形的，应当按照相关规定进行规范。"持股平台"是指单纯以持股为目的的合伙企业、公司等持股主体。

股东与公司之间、股东之间、股东与第三方之间不存在重大股份权属争议、纠纷或潜在纠纷。

股东出资行为真实，不存在重大法律瑕疵，或者相关行为已经得到有效规范，不存在风险隐患。

申请行政许可的200人公司应当对股份进行确权，通过公证、律师见证等方式明确股份的权属。申请公开发行并在证券交易所上市的，经过确权的股份数量应当达到股份总数的90%以上（含90%）；申请在全国股份转让系统挂牌公开转让的，经过确权的股份数量应当达到股份总数的80%以上（含80%）。未确权的部分应当设立股份托管账户，专户管理，并明确披露有关责任的承担主体。

3）经营规范。

200人公司持续规范经营，不存在资不抵债或者明显缺乏清偿能力等破产风险的情形。

4）公司治理与信息披露制度健全。

200人公司按照中国证监会的相关规定,已经建立健全了公司治理机制和履行信息披露义务的各项制度。

该《指引》明确规定:股份公司股权结构中存在工会代持、职工持股会代持、委托持股或信托持股等股份代持关系,或者存在通过"持股平台"间接持股的安排以致实际股东超过200人的,在依据本指引申请行政许可时,应当已经将代持股份还原至实际股东,将间接持股转为直接持股,并依法履行了相应的法律程序。以私募股权基金、资产管理计划以及其他金融计划进行持股的,如果该金融计划是依据相关法律法规设立并规范运作,且已经接受证券监督管理机构监管的,可不进行股份还原或转为直接持股。

该《指引》还对该项申请行政许可应当提交的文件、需要省级人民政府出具确认函的特殊情况等事项进行了规定。负责审核该项行政许可的具体审核部门是中国证监会非上市公众公司监管部。

家家悦(603708)即是以此种方式解决了200人问题。该公司前身家家悦有限公司曾存在股东人数超过200人及工会持股的情形。在解除工会持股后,该公司取得了证监会《关于核准山东家家悦投资控股股份有限公司股票向特定对象转让导致股东累计超过200人的批复》(证监许可〔2014〕811号),成为合法的股东数量超过200人的非上市公众公司。

(2)第二种方式:通过清理减少股东数量。

如果不符合条件或者不能取得中国证监会的核准,则必须对股东进行清理,使得发行人股东人数降到200人以下。

该项清理工作一般通过股份转让的方式进行。除了要遵守签署清理委托持股时需要遵循的相关规定外,监管部门会高度关注清理过程、清理的真实性和合法性、是否属于自愿、有无纠纷或争议等问题。

对于合伙企业性质的股东,正常情况下被认为是一个股东。但需要注意的是:①不能用合伙企业规避股东人数超过200人的问题,若合伙企业是实际控制人,则要统计全部有限合伙人;②要关注合伙企业背后的利益安排;③对合伙企业披露的信息以及合伙企业的历史沿革和最近三年的主要情况进行核查,合伙企业入股发行人的相关交易存在疑问的,不论持股的多少和身份的不同,均应进行详细、全面核查。

3. 突击入股

证监会高度关注发行前新引入股东的合规性、合理性问题。审核中一般会关注新引入股东(一般是申报之日起前两年内)的身份、价格是否公允、资金来源、合法合规性、关联关系、亲属关系及其他利益关系等,以防止"PE腐败"、保荐机构入股等情况发生。

"三类股东"事项由于与发行人在新三板(股转系统)挂牌关系密切,将在本书第五章"转板"中予以详细介绍。

六、出资与资产

(一)发行条件对出资的要求

1.《公司法》的要求

《公司法》(2013年)第二十七条:股东可以用货币出资,也可以用实物、知识产权、土地使用权等可以用货币估价并可以依法转让的非货币财产作价出资;但是,法律、行政法规规定不得作为出资的财产除外。对作为出资的非货币财产应当评估作价,核实财产,不得高估或者低估作价。法律、行政法规对评估作价有规定的,遵从其规定。

第二十八条:股东应当按期足额缴纳公司章程中规定的各自所认缴的出资额。股东以货币出资的,应当将货币出资足额存入有限责任公司在银行开设的账户;以非货币财产出资的,应当依法办理其财产权的转移手续。股东不按照前款规定缴纳出资的,除应当向公司足额缴纳外,还应当向已按期足额缴纳出资的股东承担违约责任。

第八十二条：发起人的出资方式，适用本法第二十七条的规定。（注：本条规定的是股份公司的出资，等同于第二十七条对有限公司出资的要求。）

总结起来，《公司法》主要包括三个方面的要求：第一，对于出资的形式进行要求，非货币出资需要具备一定的要求（可以用货币估价，可以依法转让，且不得被法律法规限制出资）；第二，非货币资产出资应当合理作价；第三，股东应该按期足额缴纳其认缴的出资。

2. 证监会发行条件的要求

《首发办法》（2015年）第十条：发行人的注册资本已足额缴纳，发起人或者股东用作出资的资产的财产权转移手续已办理完毕，发行人的主要资产不存在重大权属纠纷。

《创业板首发办法》（2015年）第十二条：发行人的注册资本已足额缴纳，发起人或者股东用作出资的资产的财产权转移手续已办理完毕。发行人的主要资产不存在重大权属纠纷。

在《公司法》规定的基础上，证监会发行条件对对股东出资和发行人资产的要求主要包括两方面：第一，股东已按规定履行出资义务，财产权转移手续已办理完毕；第二，发行人的主要资产不存在重大权属纠纷。

需要说明的是，对出资问题的考察，既包括发行人设立时的出资（包括发起设立股份公司时的出资和变更为股份公司之前的有限公司设立时的出资），也包括发行人的历次增资扩股。

（二）特殊的出资形式

1. 股权出资

股权出资是一直是得到监管部门认可的出资方式。2001年颁布的《公开发行证券公司信息披露的编报规则第12号——公开发行证券的法律意见书和律师工作报告》就要求律师核查：若发起人以在其他企业中的权益折价入股，是否已征得该企业其他出资人的同意，并已履行了相应的法律程序。

国家工商总局2009年颁布《股权出资登记管理办法》，首次对股权出资进行了明确的规定。根据该文件，股权投资是指投资人以其持有的在中国境内设立的有限责任公司或者股份公司（股权公司）的股权作为出资，投资于境内其他有限责任公司或者股份有限公司（被投资公司）。需要注意的是，可以用作出资的股权必须是中国境内设立的公司的股权。

该文件规定：用作出资的股权应当权属清楚、权能完整、依法可以转让。具有下列情形的股权不得用作出资：①股权公司的注册资本尚未缴足；②已被设立质权；③已被依法冻结；④股权公司章程约定不得转让；⑤法律、行政法规或者国务院决定规定，股权公司股东转让股权应当报经批准而未经批准；⑥法律、行政法规或者国务院决定规定不得转让的其他情形。用作出资的股权应当经依法设立的评估机构评估。公司设立时，投资人以股权出资的，自被投资公司成立之日起一年内，投资人应当实际缴纳，被投资公司应当办理实收资本变更登记。公司增加注册资本时，投资人以股权出资的，应当在被投资公司申请办理增加注册资本变更登记前实际缴纳。

《最高人民法院关于适用〈中华人民共和国公司法〉若干问题的规定（三）》（2014年）第十一条规定出资人以其他公司股权出资，符合下列条件的，人民法院应当认定出资人已履行出资义务：①出资的股权由出资人合法持有并依法可以转让；②出资的股权无权利瑕疵或者权利负担；③出资人已履行关于股权转让的法定手续；④出资的股权已依法进行了价值评估。

除了上述程序外，在发行审核中一般还要求用于出资的股权是控股股权，股权所对应企业的业务应与所组建拟发行上市公司的业务基本一致。早在2004年上市的"风帆股份"就是一个股权出资的典型案例，在发起设立时前三大股东均以股权出资。

2. 债权出资

债权代表着一种现金收益，其本身符合可以用货币估价，可以依法转让这两个非货币财产出资的基本条件。从道理上讲，债权出资有两种形式：一种是"债转股"（债权人将其享有的对某公司的债权转为对该公司的股权），另一种是以对第三人的债权对公司出资。从审核实践看，以对第三人的债权作为出资方式一直没有得到允许。而以债转股方式出资，一直都有案例。例如，早在2004年上市的"建设机械"（600984）。

2011年国家工商总局颁布《公司债权转股权登记管理办法》，正式对债权出资予以确认。从该文件的名字就可以看出，其予以认可的也是以债权转股权方式。正是由于必须是以债权转股权的方式出资，因此与股权出资既可以用于设立出资，又可以用于增资不同，债权出资仅可以用于增资时出资。

该文件明确规定：本办法所称债权转股权，是指债权人以其依法享有的对在中国境内设立的有限责任公司或者股份有限公司（以下统称公司）的债权，转为公司股权，增加公司注册资本的行为。

该文件规定了可以债权转股权的三种情况：①公司经营中债权人与公司之间产生的合同之债转为公司股权，债权人已经履行债权所对应的合同义务，且不违反法律、行政法规、国务院决定或者公司章程的禁止性规定；②人民法院生效裁判确认的债权转为公司股权；③公司破产重整或者和解期间，列入经人民法院批准的重整计划或者裁定认可的和解协议的债权转为公司股权。

根据该文件的规定，用以转为股权的债权，应当经依法设立的资产评估机构评估。债权转股权的作价出资金额不得高于该债权的评估值。

3. 土地使用权出资

土地使用权出资是公司法明文列举的出资方式。基于我国现行的土地使用制度，通常情况下只能使用以出让方式取得的国有建设用地使用权出资。审核时间会考察是否存在出资瑕疵导致的土地使用方式不合法的情况（例如使用划拨土地使用权出资、使用集体土地使用权出资、以已经设定质押的土地使用权出资等），关注其受到国土部门处罚的风险、对发行人生产经营的影响、这些风险与影响的重大程度、瑕疵弥补情况等。

值得注意的是，最高法对《公司法》的司法解释也明确了不合规的土地出资方式属于未履行出资义务。

《最高人民法院关于适用〈中华人民共和国公司法〉若干问题的规定（三）》（2014年）第八条：出资人以划拨土地使用权出资，或者以设定权利负担的土地使用权出资，公司、其他股东或者公司债权人主张认定出资人未履行出资义务的，人民法院应当责令当事人在指定的合理期间内办理土地变更手续或者解除权利负担；逾期未办理或者未解除的，人民法院应当认定出资人未依法全面履行出资义务。

第十条：出资人以房屋、土地使用权或者需要办理权属登记的知识产权等财产出资，已经交付公司使用但未办理权属变更手续，公司、其他股东或者公司债权人主张认定出资人未履行出资义务的，人民法院应当责令当事人在指定的合理期间内办理权属变更手续；在前述期间内办理了权属变更手续的，人民法院应当认定其已经履行了出资义务；出资人主张自其实际交付财产给公司使用时享有相应股东权利的，人民法院应予支持。出资人以前款规定的财产出资，已经办理权属变更手续但未交付给公司使用，公司或者其他股东主张其向公司交付，并在实际交付之前不享有相应股东权利的，人民法院应予支持。

4. 知识产权出资

（1）一般规定。

知识产权是关于人类在社会实践中创造的智力劳动成果的专有权利。一般来说，常见的知识产权出资形式包括：商标、专利、非专利技术等工业产权出资、计算机软件著作权、集成电路布图设计专有权、植物新品种权等其他科技成果权出资。

2012年11月15日，证监会、科学技术部联合发布《关于支持科技成果出资入股确认股权的指导意见》：

鼓励以科技成果出资入股确认股权。以科技成果出资入股的，支持在企业创立之初，通过发起人协议、投资协议或公司章程等形式对科技成果的权属、评估作价、折股数量和比例等事项做出明确约定，形成明晰的产权，避免今后发生纠纷，影响企业发行上市或挂牌转让。

鼓励企业明确科技人员在科技成果中享有的权益，依法确认股权。支持企业根据《科学技术进步法》《促进科技成果转化法》《专利法》和《专利法实施细则》等相关法律法规的规定，在相关的职务发明合同中约定科技人员在职务发明中享有的权益，并依法确认科技人员在企业中的股权。

对于企业在股权形成及演变过程中存在的审批或者备案手续方面的瑕疵，中国证监会本着重要性原则处理。涉及的股权占比较低、不影响公司控制权稳定且没有重大风险隐患的，在做充分的信息披露并说明出现股权纠纷的解决机制的情况下，将不再要求企业在上市前补办相关确认手续。

最高人民法院《关于正确处理科技纠纷案件的若干问题的意见》专门指出非专利技术成果应具备下列条件：①包含技术知识、经验和信息的技术方案或技术诀窍；②处于秘密状态，即不能从公共渠道直接获得；③有实用价值，即能使所有人获得经济利益或竞争优势；④拥有者采取了适当保密措施，并且未曾在没有约定保密义务的前提下将其提供给他人。

（2）审核实践中的具体要求。

在审核实践中，要求用于出资的知识产权权属明确、不存在纠纷，具体主要包括以下几个方面：

1）是否属于职务作品。

职务作品是指单位的工作人员履行其在单位中的本职工作或者本单位交给的本职工作以外任务创作完成的作品。涉及技术成果出资时，要关注是否属于职务作品。特别时用于增资的技术与发行人业务相关时，必须详细核查并披露其是否属于职务成果。

通常认为，职务作品的构成要件包括：作者和所在单位存在劳动关系，作品的创作属于作者的职责范围，须主要利用法人或非法人单位的物质技术条件完成创作，须是图纸产品或者计算机软件，须由该单位承担责任。职务作品由作者享有署名权，单位享有署名权外的其他权利。

实践中设计是否属于职务作品的权属问题主要发生在专利和非专利技术类无形资产上。如果公司设立前或者设立后股东用于出资的技术涉及职务发明和创造，则应被界定为职务作品，所有权归公司，股东不能以此出资。对此，须适用《专利法》对此做出的规定。

《专利法》（2008年）第六条：执行本单位的任务或者主要是利用本单位的物质技术条件所完成的发明创造为职务发明创造。职务发明创造申请专利的权利属于该单位；申请被批准后，该单位为专利权人。非职务发明创造，申请专利的权利属于发明人或者设计人；申请被批准后，该发明人或者设计人为专利权人。

利用本单位的物质技术条件完成的发明创造，单位与发明人或者设计人订有合同，对申请专利的权利和专利权的归属做出约定的，遵从其约定。

《专利法实施细则》(2008年)第十二条:专利法第六条所称执行本单位的任务所完成的职务发明创造,是指:(一)在本职工作中做出的发明创造;(二)履行本单位交付的本职工作之外的任务所作出的发明创造;(三)退休、调离原单位后或者劳动、人事关系终止后一年内做出的,与其在原单位承担的本职工作或者原单位分配的任务有关的发明创造。专利法第六条所称本单位,包括临时工作单位;专利法第六条所称本单位的物质技术条件,是指本单位的资金、设备、零部件、原材料或者不对外公开的技术资料等。

在申报材料中,如果要论证用于出资的知识产权为非职务作品,一般需要根据以下思路进行尽职调查与披露。

第一,该作品或技术创作或者发明于公司成立前,之前的所在单位确认该发明不是职务作品;或有明确书面证据(论文、文章等)证明大部分成果在公司成立前已经由出资人研究完成。

第二,用专利或者非专利技术出资的同时,存在在高校或者科研院所任职的,应关注其科研范围与发行人主营业务的关联性,其取得的科研成果和出资时间及其关系,需要证明发行人未利用高校或者科研院所的科研条件,同时应取得相关机构出具的正式书面文件予以确认。

第三,出资人在发行人工作期间研发的技术,需要证明其学历经验和能力等足以自行研发该技术成果;研发该成果的原始材料;与公司经营不存在关联关系,未利用公司物质条件及工作时间研发该技术;出资前公司未使用该技术等。

2)是否属于与他人共同所有的技术成果。

3)是否履行出资必需的程序,包括但不限于评估、验资、知识产权权属转移登记手续等。

4)用作出资的无形资产占注册资本比例是否超出当时《公司法》许可的范围。不同时间段适用的《公司法》对此事项有不同规定,如

表 4-10 所示。

表 4-10 不同时间段适用的《公司法》对无形资产占比事项的规定

时间	当时适用的《公司法》的规定
2006 年 1 月 1 日之前	以非货币资产作价出资的金额不得超过注册资本的 20%
2006 年 1 月 1 日～2014 年 3 月 1 日	以非货币资产作价出资的金额不得超过注册资本的 70%
2014 年 3 月 1 日后	以非货币资产作价出资的金额占注册资本的比例不再设置上限

5）除关注已出资的技术外，从公司经营独立性的角度，还需要重点关注控股股东、实际控制人手里是否拥有与发行人业务密切相关的技术尚未进入发行人。

6）关注知识产权、专利、非专利技术等相关的法律风险和潜在纠纷，在尽职调查时要充分核查并予以披露。

（三）出资瑕疵及其弥补

1. 出资瑕疵

在实践中，出资瑕疵的常见情况包括：

（1）出资到位时间瑕疵，包括未及时缴纳出资、未及时办理非货币资产出资的权利转移或者交付手续；

（2）出资价值瑕疵，例如用于出资的非货币资产的实际价值显著低于出资额；

（3）出资权利瑕疵，例如以无权属资产、已设定抵押资产出资等；

（4）出资方式不合法，例如以劳务、对第三方债权等不符合《公司法》规定的非货币资产出资方式出资、出资比例瑕疵（历史上《公司法》曾经对无形资产占比、现金占比等有过规定，出资时须符合当时的《公司法》规定）等；

（5）出资未履行法定程序，例如未验资或者验资不规范、非货币资产出资未评估或者评估不规范等。

对于上述出资瑕疵问题，审核中主要关注：①瑕疵事项发生的时点、数额的大小、行为的性质；②是否已经事后弥补；③是否构成重大违法行为，相关主管部门的意见；④与其他股东、债权人就该瑕疵问题是否存在纠纷；⑤一旦发生争议，损失由谁承担，一般要求控股股东或者实际控制人做出承诺。

2. 出资瑕疵的弥补

实践中，出资瑕疵的解决方法主要包括：

（1）直接弥补（补足出资）。对于出资瑕疵，能够直接予以弥补的应该尽快予以弥补。例如，出资不到位的，应尽快到位；财务权利未及时交付公司或者办理产权转移的，应尽快办理权利转移手续。

（2）出资置换。对于瑕疵资产不能够直接弥补的，实务中经常使用出资置换的方式，例如将产权不能完成过户的土地房产、知识产权等使用现金置换。如果使用这种方法，应该充分考虑出资置换的原因、换出资产的瑕疵程序、换出资产对发行人持续经营的重要性程度及对公司业绩连续性的影响、对发行人财务税务（对原出资资产是否计提减值准备、折旧摊销等）的影响等方面。

需要说明的是，有观点认为出资置换并没有明确的法律界定，应该按照减资再增资的方式处理。但实务中，由于普遍认为出资置换没有在本质上减少公司注册资本，影响债权人利益（而且与之相反，实质上增强了对债权人的保护），并没有履行与减资相关的公告和通知债权人等程序。基于此，实践中也有瑕疵股东直接以现金补足出资，曾经出资的资产视同对发行人的赠予的做法。

审核中一般认为，历史上的出资瑕疵问题，只要不涉及重大违法行为且现已规范，大股东对潜在损失和风险已经做出承诺的，不构成实质性障碍，但必须如实进行信息披露并要求延长一定的持续运行时间。审核部门曾经在保代培训中提出以下窗口指导意见：

（1）出资瑕疵（问题出资）占当时注册资本 50% 以上的，规范后运行 36 个月；

（2）出资瑕疵（问题出资）占当时注册资本比 20%～50% 的，规范后运行 12 个月；

（3）出资瑕疵（问题出资）占当时注册资本比 20% 以下的不需要增加运行时间。

之所以监管部门要求增加运行时间，主要是因为即便对出资问题进行了弥补，仍然对发行人当时的财务核算等造成了影响，因此对于大比例的出资瑕疵做出此项要求。当然，这一要求也可能被调整。

此外，资产、业务涉及其他上市公司的，需要重点关注、详细核查和披露发行人取得资产、业务是否合法合规，上市公司处置资产、业务是否合法合规，是否满足上市公司监管的相关要求，是否触及募集资金，是否损害公众投资者的权益，是否构成关联交易等。

七、规范运作

(一) 关于发行人规范运作的一般要求

1. 发行人及其控股股东、实际控制人不得存在重大违法行为

《首发办法》（2015 年）第十八条规定发行人不得有下列情形：最近 36 个月内未经法定机关核准，擅自公开或者变相公开发行过证券；或者有关违法行为虽然发生在 36 个月前，但目前仍处于持续状态；最近 36 个月内违反工商、税收、土地、环保、海关以及其他法律、行政法规，受到行政处罚，且情节严重；最近 36 个月内曾向中国证监会提出发行申请，但报送的发行申请文件有虚假记载、误导性陈述或重大遗漏；或者不符合发行条件以欺骗手段骗取发行核准；或者以不正当手段

干扰中国证监会及其发行审核委员会审核工作；伪造、变造发行人或其董事、监事、高级管理人员的签字、盖章；本次报送的发行申请文件有虚假记载、误导性陈述或者重大遗漏；涉嫌犯罪被司法机关立案侦查，尚未有明确结论意见；严重损害投资者合法权益和社会公共利益的其他情形。

在这些情况中，实践中主要使用的是第二款：最近36个月内违反工商、税收、土地、环保、海关以及其他法律、行政法规，受到行政处罚，且情节严重。

《创业板首发办法》(2015年)第二十条规定：发行人及其控股股东、实际控制人最近三年内不存在损害投资者合法权益和社会公共利益的重大违法行为。

发行人及其控股股东、实际控制人最近三年内不存在未经法定机关核准，擅自公开或者变相公开发行证券，或者有关违法行为虽然发生在三年前，但目前仍处于持续状态的情形。

与主板中小板相比，创业板将条件浓缩为一条，但在适用上与主板中小板是基本一致的。同时，将对发行人的要求扩展到了对控股股东、实际控制人的要求。根据监管部门的窗口指导，对于主板中小板来说，也同样延展适用于控股股东、实际控制人。因此，总体上讲，主板中小板与创业板在规范运作上的要求是一致的，均是要求发行人及其控股股东、实际控制人不得存在"重大违法行为"情形。

在现行审核实践中，所谓"重大违法行为"是指违反国家法律、行政法规，受到刑事处罚或行政处罚且情节严重的行为。

原则上，凡被行政处罚的实施机关给予罚款以上行政处罚的，都被视为"情节严重"而构成重大违法行为。但行政处罚的实施机关依法认定该行为不属于重大违法行为，并能够依法做出合理说明的除外。这里的行政处罚主要是指财政、税务、审计、海关、工商等部门实施的，涉及发行人经营活动的行政处罚决定。被其他有权部门实施行政处罚的行为，涉及明显有违诚信，对发行人有重大影响的，也在此列。

没有触及上述标准的违法行为，一般不被视为重大违法，不影响发行条件。在实践中，大家更关心的是，如果有触及以上标准的违法行为，例如某事项受到了工商部门罚款的行政处罚，是否一定会被视为重大违法行为而影响发行条件。答案是否定的，但需要发行人与中介机构论证其不构成"重大"或者"情节严重"。

例如，2017年9月20日召开的创业板发行审核委员会2017年第75次会议审核通过了江苏怡达化学股份有限公司的IPO申请。聆讯问题包括：招股说明书披露，报告期发行人多次受到行政处罚，包括一次消防处罚、三次环保处罚。请发行人代表说明相关事项是否构成重大违法行为，并结合发行人产品特性说明与安全生产和环境保护相关的内部控制是否存在重大缺陷。⊖

业务实践中，论证的具体要求包括：

第一，如果行政机关作为处罚依据的法律规定中有明确的"情节严重"的界定，或者虽然没有直接界定，但是规定了"情节严重"的处罚区间，而实际发生的行政处罚不触及"情节严重"，或者不属于该处罚区间，则是一个有利的证明。

第二，根据发行人违规行为的性质、情节、社会危害性等因素进行综合判定，论证其不属于"情节严重"。除了发行人的说明，保荐机构、律师事务所等中介机构要对此发表专业意见。必须时，根据违法行为的性质还可以考虑请司法鉴定机构等权威机构发表专业意见。

第三，提供做出该项行政处罚的行政机关对该行为性质的认定证明，看其是否将拟发行人的违规行为认定为"重大"。如果该机关明确

⊖ 资料来源：中国证监会官网 "创业板发审委2017年第75次会议审核结果公告"（http://www.csrc.gov.cn/pub/zjhpublic/G00306202/201709/t20170920_323900.htm），访问于2017年12月28日。

认为违法行为"情节轻微",则是一个有利的证明。但需要说明的是,由于目前多数地方对于企业上市持支持态度,部分地方的行政机关有可能应发行人的要求或者其他部门的压力而对一些明显违法情节严重的行为也出具类似证明。对此,监管部门是按照实质性审核理念而可能不予认可。

需要注意的是,存在合规瑕疵或者违法行为的发行人,无论是否构成"情节严重"或者"重大违法",都应该对该行为及其处罚如实进行披露。

2. 重大违法行为的起算点

根据证监会的窗口指导,重大违法行为的起算点,对被处罚的法人违法行为从发生之日起计算,违法行为有连续或者继续状态的,从行为终了之日起计算;对被处罚的自然人以行政处罚决定做出之日起计算。

如果发行人的违法行为确实构成重大违法行为,影响了发行条件,那么要按照以上起算点的规定运行三年之后方重新满足发行条件的规定。

与之相关的一个事项是行政处罚的时效问题。《中华人民共和国行政处罚法》第二十条规定:违法行为在两年内未被发现的,不再给予行政处罚。法律另有规定的除外。前款规定的期限,从违法行为发生之日起计算;违法行为有连续或者继续状态的,从行为终了之日起计算。因此,如果发行人历史上存在违法行为,但该违法行为发生的时间超过两年,且不存在有连续或者继续状态,那么可以认定该违法行为已超过追责时效期限,不会再被行政处罚。

(二) 环保事项

1. 相关规范对环保事项的要求

《首发办法》(2015年修订)第十八条规定:发行人不得有下列情形……最近36个月内违反工商、税收、土地、环保、海关以及其他法律、行政法规,受到行政处罚,且情节严重……

《公开发行证券的公司信息披露内容与格式准则第 1 号——招股说明书（2015 年修订）》第二十八条：发行人应披露的风险因素包括但不限于下列内容……（六）由于财政、金融、税收、土地使用、产业政策、行业管理、环境保护等方面法律、法规、政策变化引致的风险……

第四十四条……（七）存在高危险、重污染情况的，应披露安全生产及污染治理情况、因安全生产及环境保护原因受到处罚的情况、近三年相关费用成本支出及未来支出情况，说明是否符合国家关于安全生产和环境保护的要求……

第一百零七条：发行人应披露保荐人及发行人律师对募集资金投资项目是否符合国家产业政策、环境保护、土地管理以及其他法律、法规和规章规定出具的结论性意见。

《公开发行证券的公司信息披露内容与格式准则第 28 号——创业板公司招股说明书（2015 年修订）》第八十八条：发行人应根据重要性原则披露募集资金运用情况……（五）募集资金运用涉及环保问题的，应披露可能存在的环保问题、采取的措施及资金投入情况……

综合以上规定可以看出，IPO 审核中对环保事项的要求主要包括三个方面：

第一个方面是看发行人日常生产经营活动是否符合环保要求，是否受到过处罚。根据审核实践，如果受到过罚款以上的行政处罚就可能会被界定为重大违法行为从而导致发行人三年内不能 IPO，除非有相反证据（中介机构的相关说明及做出处罚的行政机关的证明等）认定该等行政处罚不构成重大违法。

第二个方面是看本次 IPO 的募集资金投资项目是否符合相关环保政策法规，是否已通过环境影响评价（环评）。

第三个方面是看发行人相关信息披露是否充分，特别是高危险、重污染行业发行人的信息披露情况。

2. 证监会当前对于环保审核的政策性要求

历史上，重污染行业企业申请 IPO 需要以通过环保部的环保核查为前置条件。

2014 年 10 月，环保部发布《关于改革调整上市环保核查工作制度的通知》，决定停止受理及开展上市环保核查，已印发的关于上市环保核查的相关文件予以废止，其他文件中关于上市环保核查的要求不再执行。

就此，中国证监会在 2014 年 11 月 6 日的新闻发布会中回到记者提问时指出：环保合法合规性一直是证监会发行审核的要点之一，要求发行人如实披露与环保相关的信息，要求中介机构对发行人环保合规情况进行尽职调查等。今后，我会将进一步强化关于环保的信息披露要求及中介机构核查责任。此外，发行申请文件不再要求提供环保部门出具的环保核查文件及证明文件。㊀

2015 年 7 月 31 日的新闻发布会上，证监会新闻发言人在回答记者关于"监管部门如何审查企业环保信息披露情况"时进一步表示：环保问题一直以来都是 IPO 审核重点关注的问题。目前有关环保问题的主要审核内容有：

（1）招股说明书是否详细披露了发行人生产经营与募集资金投资项目是否符合国家环保要求，最近三年的环保投资和相关费用成本支出情况，环保设施实际运行情况以及未来的环保支出情况；

（2）保荐人和发行人律师是否对发行人的环保问题进行详细核查，包括是否符合国家环保要求，是否发生环保事故，发行人有关污染处理设施的运转是否正常有效，有关环保投入、环保设施及日常治污费用是否与处理公司生产经营所产生的污染相匹配等；

（3）曾发生环保事故或因环保问题受到处罚的，除详细披露相关情

㊀ 资料来源：中国证监会官网"2014 年 11 月 6 日新闻发布会"（http://www.csrc.gov.cn/pub/newsite/zjhxwfb/xwfbh/201411/t20141106_263054.html），访问于 2017 年 12 月 28 日。

况外，保荐人和发行人律师还需要对其是否构成重大违法行为出具意见。⊖

此外需要提醒的是新修订的《中华人民共和国环境保护法》于 2015 年 1 月 1 日起正式施行。新环保法进一步严格了企业防治环境污染的责任，主要变动如下所示。

（1）扩大了需要进行环境影响评价的项目范围：明确所有开发利用规划和对环境有影响的项目都需进行环境影响评价，否则不得组织实施或者开工建设。

（2）要求企业建立环境保护责任制度并制定突发环境应急预案：排放污染物的企业，应当建立环境保护责任制度，明确单位责任人和相关责任人员的责任，并制定突发环境应急预案。

（3）实行重点污染物排放总量控制制度：企业在执行国家和地方污染物排放标准的同时，应当遵守分解落实到本单位的重点污染物排放总量控制指标。

（4）要求企业建立并强制公开排污信息：新环保法将原来企业自愿公开排污信息调整为强制公开排污信息，要求企业接受公众监督。

3. 保荐机构完成环保事项核查的工作要求

从前述证监会的表态可以看出，尽管环保部门的环保核查不再是前置程序，但证监会对于环保核查的要求实际并没有发生变化，只是核查的责任由原来的环保部门转移至中介机构。实际上讲，中介机构特别是保荐机构的责任是加重了。因为，在过去，通过环保核查一般是发行人自己的责任。只要发行人获得了环保部门环保核查通过的文件，中介机构的工作量与责任就大为减少。而现在，这一实质性核查的任务交到了保荐机构手中。

根据既往环保部门环保核查及证监会的要求，重污染行业是保荐机

⊖ 资料来源：中国证监会官网 "2015 年 7 月 31 日新闻发布会"（http://www.csrc.gov.cn/pub/newsite/zjhxwfb/xwfbh/201507/t20150731_282232.html），访问于 2017 年 12 月 28 日。

构发行人的环保核查工作的重点。

在过去以环保部门的环保核查为前置条件时,环保部的相关文件明确了重污染行业的范围。当前,这些文件已经失效,保荐机构应该在参照既往文件划定范围基础上,根据实际情况判断企业是否属于重污染行业。

一旦判断发行人属于重污染行业,保荐机构就应该根据对发行人的业务流程和业务模式的掌握判断污染物排放的基本状态和可能性,然后通过各方面的辅助核查和外围验证,对企业提供的基本信息进行验证和核查。

具体工作重点应该包括以下内容。

(1)报告期内建设项目和本次募集资金投资项目的环保合规性:环评与"三同时"要求。

核查目的:对于报告期内建设项目及募集资金投资项目的审批程序合规性进行验证。

核查方法:①通过现场调查、核对报告期内合并报表范围内的企业审计报告,对相关期间的在建工程及改扩建项目进行统计,确认已完成项目、在建项目和拟建项目的范围;②核查前述项目是否符合环保政策的要求;③对前述项目进行逐项核查,区分不同阶段项目核查应当取得的相关环评批复、环评验收及"三同时"验收等批复文件;④对于未完工、尚未取得相关主管部门的验收文件的项目,须进一步核查环评批复文件中的环保要求的执行情况,若不符合相关要求,提醒企业进行整改。

(2)排污申报登记和排污许可证。

核查目的:根据相关法律法规的规定,排污企业应当向主管机构依法进行排污申报登记并领取排污许可证,达到排污许可证的要求,并按规定交纳排污费。

核查方法:①通过对环保资质证照及企业向当地环境保护部门提交的排污申请登记情况,判断企业是否需要进行排污,以及排污费交纳的基本情况；②通过向当地环保局进行电话咨询或现场访谈的方式确认企业是否需要办理前述手续；③查阅公司提交给当地环保部门最近 36 个月的排污申报登记中的污染物排放情况与排污许可证中规定的污染物排放许可情况，以及企业自有检测数据的匹配性；④核对企业对于排污费的缴费收据，以及在财务凭证中体现的相关数据的吻合性。

（3）主要污染物总量控制。

核查目的：确认企业是否属于污染物减排对象，建设项目污染物排放是否超过总控目标。

核查方法：①通过向当地环保局进行电话咨询或现场访谈的方式确认企业是否需要办理前述手续，是否属于污染物减排对象，是否取得主管部门下达的污染物排放总量指标；②对重点关注的四项实施排放总量控制的污染物，以及参照《建设项目主要污染物排放总量指标审核及管理暂行办法》进行总量控制的污染物进行重点核查，该等核查可以依据环保部门的批复文件确认合规性，也可以通过第三方有资质的环境监测机构的监测结果来完成；③排污权交易是否符合相关法律法规的规定，"可替代总量指标"来源是否符合规定。

（4）污染物排放。

核查目的：企业日常经营的污染物排放是否超过相关主管部门规定的排放标准，并核查相关处罚、纠纷、事故情况。

核查方法：①核查污染源设置的规范化以及自动监控系统；②依据所在地环境监测部门的定期监测报告、在线监测数据、验收监测数据，分年度评价核查时段的各污染源排放达标情况；③对生产场所周边进行勘察，看是否有其他相关的排污通道或者排污导致的其他污染情形；④对生产场所周边的相关企业、居民进行访谈，对于企业是否存在环保事故、环保纠纷，日常排放情况，是否对周边居民生活造成影响，以及是否存在处罚等进行细致走访，并就相关走访结论与企业提供的信息进行复核和验证。

（5）工业固体废物处置和危险废物。

核查目的：工业固体废物和危险废物是否按照相关法规要求进行登记申报，是否进行无害化处理。

核查方法：①核查工业固体废物和危险废物是否已经完成申报、登记并收集相关资料；②对于自行贮存、运输、处置或再利用工业固体废物和危险废物的企业，须通过现场调查和走访的方式核查其贮存、运输、处置或再利用设施是否符合相关规定的要求并取得相关资质；③对于产生固体废物尤其是危险废物但不具备自行处置能力的企业，须核查接受废物的企业的相关资质文件，并收集废物处置的相关合同等，确定企业已经履行废物处置的相关义务。

（6）环保设施运转情况。

核查目的：确认环保设施真实、有效运转。

核查方法：①现场查验环保设施、减排设施的运转是否正常，掌握环保设施的流程、最终产品及所需的辅助材料，对于需要安装在线检测设备的企业是否安装相关设备并保留检测数据进行查验；②核查报告期内的环保设施的运行、维修记录以及工人换班或工时记录，查验环保设施的用电量，对企业污水处理所用原材料的购置成本及费用支出等资料，进行合理推测和配比比较，通过各种辅助手段判断环保设施是否真实运转；③通过前述调查，与企业提供的对于环保设施的运转说明进行核比，也可以通过与企业实际投入的环保费用进行配比和验证；④对于环保设施的实际处理能力等非中介机构专业范围事项，可以查询环保主管部门的抽查记录报告或者聘请专业的有资质的社会化环境监测机构进行监测。

（7）生产环节中的禁止性或重点防控物质情况。

核查目的：核查企业生产环节是否有禁止使用或者重点防控的物质。

核查方法：①了解企业实际业务流程，并熟悉全部原料、辅料、产品、副产品以及产品生产工艺、设施等，结合相关法律法规判断是否存在违反现行法规或政策要求的物质或须淘汰的工艺、装置，以及是否存在重点防控的重金属污染物或者辐射性物质，如铅、汞、镉、铬及其他放射性物质等；②对于企业日常生产经营中实际会用到的前述相关产品，建议在条件允许的情况下，向相关供应商、客户发送询证函，有针对性地进行验证；③对于特殊重点污染行业或污染企业，或凭借前述了解无法实现专业判断，可以聘请或者访谈行业权威专家进行论证，是否存在前述物质或工艺、装置，作为判断和发表意见的依据；④若经调查，确实存在相关物质，则须根据相关法律法规的要求进一步查验是否已经建立污染物在线监测制度，是否完成每日申报等程序。对于拟报废或淘汰的工艺、装置，建议企业在尽量不影响生产经营的前提下尽快更新工艺、装置，以符合法律法规的要求。

（8）报告期内环保投入情况。

核查目的与方法：通过核查真实获取并披露报告期的环保投资和相关费用成本支出情况、未来的环保支出情况等。特别是要对有关环保投入、环保设施及日常治污费用是否与处理公司生产经营所产生的污染相匹配进行详细核查，不能简单轻信财务数字。

（9）企业环境保护的内控机制及对新环保法、新颁布的环保标准要求的落实情况。

核查目的：协助企业健全环保内控机制，并落实新环保法要求的信息披露及应急预案等管理措施。

核查方法：①查阅企业组织架构及内控制度文件，建议配备人力物力进行环境保护申报、检查及设施维护等，协助企业建立健全环保内控制度，尤其是新环保法要求的应急预案制度、信息披露制度及责任制度，并有效落实环保内控措施；②对于环保内控较为薄弱的企业，建议引入第三方评级或者评价机构，协助建立符合环境管理体系的内部管理体系；③对于新环保法要求的信息披露，尤其是属于每年度国家重点监控企业名单中的企业，是否按照要求定期披露相关监测数据进行核查，并对环保机构信息披露网站披露的监测结果进行检索，确认是否合格。④关注环保部门新颁布的与企业相关的环境保护标准对企业的影响及企业的应对情况。例如，2017年新发布的《水质苯胺类化合物的测定 气相色谱－质谱法》等七项国家环境保护标准。

（10）既往遵守环保法规的具体情况。

核查目的：确定企业既往是否遵守相关环保法规，是否受到过行政处罚及整改情况。

核查方法：通过查阅、走访等方式确认企业是否发生过环保事故，是否受到过环保行政处罚，是否发生过环境纠纷或存在潜在纠纷，是否发生过针对企业的环保举报、信访上访等事件。如有，应详细了解具体情况，包括但不限于处理结果、整改情况等。

对于非重污染行业企业，除非是明显不涉及环境污染事项的发行人，建议保荐机构也还是要从掌握企业生产工艺流程入手，在对行业和企业的基本业务模式及排污情况进行综合判断后，也按照前述10个层面对于企业涉及的基本环保义务履行情况进行相应核查。

虽然核查的力度和范围较前述重污染企业可以相对简单，但也不能仅停留在纸面材料，而是必须尽量寻找多种指标进行复合和多维度论证。

4. 相关审核案例揭示的监管思路

2017年5月9日主板发审委审核通过浙江吉华集团股份有限公司的IPO申请。发审委聆讯时关注了环保事项，其问题为：请发行人代表进一步说明报告期各期环保投入与排污量相匹配情况，发行人环境保护的内部管理制度建设情况及其执行的有效性。2017年5月1日开始实施的环保部发布的七项国家环境保护标准对发行人的影响及其风险是否已在招股说明书中充分披露。请保荐代表人进一步说明对前述问题的核查依据、过程，并说明发行人是否存在因违反相关环境保护及防治污染的法律、法规而受到处罚的情形，环保相关问题是否会对发行人的生产经营活动造成重大不利影响。㊀

2017年6月13日发审委审核通过索通发展股份有限公司的IPO申请。发审委聆讯时关于环保的问题为：①报告期内发行人在环保方面是否存在重大违法违规行为，是否存在被环保部门做出行政处罚或立案调查的情况，相关事项对发行人生产经营的影响及其整改情况；②发行人存在超标准排放的原因及其整改情况，发行人环境保护内部管理制度建设情况及其执行的有效性；③发行人的生产经营和拟投资项目是否符合国家环境保护、安全生产等的有关规定；④发行人及其相关产品是否符合国家和地方环保、质量等法律规定和要求，是否取得必需的排污许可证等环保、质量等审批许可文件；⑤报告期各期环保相关费用成本及未来支出情况，相关环保投入、环保设施及日常治污费用是否与处理发行人生产经营所产生的污染相匹配，发行人污染处理设施的运作是否正常有效；⑥发行人是否已经接受地方环保部门根据《关于实施工业污染源全面达标排放计划的通知》组织的核查，如果已接受核查，核查的具体情况以及核查结果，环保核查对于发行人所处行业的具体影响；⑦相关信息和风险是否充分披露。㊁

从这两个企业的聆讯问题来看，有两点特别值得注意之处，一是高

㊀ 资料来源：中国证监会官网 "主板发审委2017年第71次会议审核结果公告"（http://www.csrc.gov.cn/pub/zjhpublic/G00306202/201705/t20170509_316439.html），访问于2017年12月28日。

㊁ 资料来源：中国证监会官网 "主板发审委2015年第51次会议审核结果公告"（http://www.csrc.gov.cn/pub/zjhpublic/G00306202/201503/t20150318_270551.htm），访问于2017年12月28日。

度关注环保投入与排污量相匹配情况,明确询问相关环保投入、环保设施及日常治污费用是否与处理发行人生产经营所产生的污染相匹配,发行人污染处理设施的运作是否正常有效;二是时效性很强,询问到了环保部刚颁布的环保标准对发行人的影响。

(三)劳动与社会保障事项

很多民营企业由于经营负担沉重等原因,普遍存在未及时与员工签署劳动合同,未缴纳社保,不规范劳务派遣等用工不规范问题以及不按规定缴纳住房公积金等行为。这在涉农企业、制造型及其他劳动密集型企业尤为突出。这些瑕疵的存在,会对发行上市构成影响。原因在于:

第一,发行人作为拟上市公司,本身应该作为承担社会责任的典范。因此,遵守国家在劳动与社会保障方面的相关规范是发行人应该做到的事项。

第二,发行条件中包括发行人不得存在重大违法行为的要求。不遵守国家在劳动与社会保障方面的相关规范可能构成重大违法行为,从而不满足发行条件。

第三,切实履行国家在劳动与社保方面的相关规范可能对企业的经营业绩直接带来影响(会增加发行人的成本费用影响业绩)。因此,要求发行人切实遵守相关规范,一方面可以避免财务操纵的嫌疑,另一方面也使得发行人的业绩具有前后可比性。

具体来说,涉及员工劳动与社会保障的事项主要包括三个方面:劳动合同与劳务派遣事项、社会保险与住房公积金、员工薪酬。

1. 劳动合同与劳务派遣事项

《中华人民共和国劳动合同法》(以下简称《劳动合同法》)(2007年)规定:劳动合同用工是中国的企业基本用工形式。劳务派遣用工是补充形式，只能在临时性、辅助性或者替代性的工作岗位上实施。

劳动合同用工是企业的基本用工形式，发行人应该严格按照《劳动合同法》的相关规定，自用工之日起即与劳动者建立劳动关系，履行劳动合同约定的义务。

劳务派遣是指由劳务派遣机构与派遣劳工订立劳动合同，把劳动者派向其他用工单位，再由其用工单位向派遣机构支付一笔服务费用的一种用工形式。劳务派遣作为一种特殊的用工形式，有利于实际用工单位降低用工成本，增强用人灵活性，但其对于劳动者的保护不利，因此只能作为一种特殊的用工形式在部分情况下允许存在。

《劳务派遣暂行规定》(2014年)在两个方面明确了对劳务派遣的规范。

第一，用工单位只能在临时性、辅助性或者替代性的工作岗位上使用被派遣劳动者。临时性工作岗位是指存续时间不超过6个月的岗位；辅助性工作岗位是指为主营业务岗位提供服务的非主营业务岗位；替代性工作岗位是指用工单位的劳动者因脱产学习、休假等原因无法工作的一定期间内，可以由其他劳动者替代工作的岗位。

第二，用工单位应当严格控制劳务派遣用工数量，使用的被派遣劳动者数量不得超过其用工总量的10%。用工总量是指用工单位订立劳动合同人数与使用的被派遣劳动者人数之和。

在目前A股IPO审核实践中，对于劳务派遣事项的审核主要也在于这两个方面，要求发行人说明使用劳务派遣方式的合规性及使用数量是否符合规定比例要求。

对于发行人来说，面临的困难主要是解决劳务派遣人数比例超标的问题。除了直接变劳务派遣为正常的劳动合同用工之外，较多的发行人采用的办法是变劳务派遣为劳务外包。

已经上市的东尼电子（603595）的审核反馈意见就包括：劳务外包和劳务派遣的差异以及公司界定为劳务外包的依据，公司开展劳务外包的业务实质是否属于劳务派遣及其理由和依据，发行人是否通过劳务外包的形式规避劳务派遣的相关法律和监管规定，劳务外包是否合法合规。[⊖]

该企业回复：劳务派遣是指由劳务派遣单位与被派遣劳动者签订劳动合同，然后向用工单位派出该员工，使其在用工单位的工作场所内劳动，接受用工单位的指挥、监督，以完成劳动力和生产资料的结合的一种特殊用工方式。劳务派遣主要适用《劳动合同法》《劳动合同法实施条例》《劳务派遣暂行规定》等相关法律法规。

劳务外包是指企业将其部分业务或职能工作发包给相关机构，由该机构自行安排人员按照企业的要求完成相应的业务或工作。在劳务外包法律关系中，外包服务单位与企业构成服务外包关系，适用《劳动合同法》的相关规定，不属于劳务派遣相关法律法规的调整范围。

结合业务实质，劳务外包与劳务派遣在合同形式、用工风险承担、劳务人员管理责任、劳务费用计算以及报酬支付方式等方面存在差异。根据公司与外包方签署的《生产外包合同》，逐项对照分析劳务派遣和劳务外包在合同形式、用工风险承担、外包服务人员管理责任、劳务费用计算以及报酬支付方式等方面的差异，获取外包方提供的劳动合同签署情况表、员工手册、外包方的公司规章制度、外包服务标准、相关外包员工奖惩单、考勤管理制度、考勤确认表、人员工资表等书面材料，认定双方业务关系为劳务外包关系，而非劳务派遣关系，不存在通过劳务外包的形式规避劳务派遣的相关法律和监管规定的情形。

其他变劳务派遣为劳务外包的发行人也受到了发审委的关注。

例如，创业板发审委 2017 年 9 月 6 日审核通过了江苏精研科技股份有限公司的 IPO 申请，聆讯问题包括：根据申请文件，发行人 2014 年、2015 年大量采用劳务派遣用工，人数超过规定比例。自 2016 年度

⊖ 资料来源：中国证监会官网 "浙江东尼电子股份有限公司首次公开发行股票申请文件反馈意见"（http://www.csrc.gov.cn/pub/newsite/fxjgb/scgkfxfkyj/201705/t20170515_316712.html），访问于 2017 年 12 月 28 日。

开始,发行人大量开展劳务外包模式,2017年1~6月劳务外包金额为2388.11万元,同期劳务派遣金额降低至25.88万元,合作的劳务外包方仍为劳务派遣和人力资源服务企业。报告期内,向外协供应商采购金额占公司采购总额的比重分别为44.26%、30.14%、43.46%。①发行人2014~2016年度的劳务派遣金额与各期末人数的变动趋势不匹配,请发行人代表说明原因及合理性。②请保荐代表人结合用工岗位、用人成本等说明发行人劳务派遣模式与劳务外包模式的主要区别,是否属于用人单位以承揽、外包等名义按劳务派遣用工形式使用劳动者,是否存在刻意规避相关规定的情况,相关安排对发行人成本的影响,是否存在相关风险。③说明报告期外协加工比例较高的原因及其合理性,将注射、脱脂、烧结等产品核心工序委外加工的原因及其风险。㊀

主板发审委2016年第93次会议2016年6月17日审核通过了深圳市名雕装饰股份有限公司的IPO申请,聆讯问题包括,请发行人代表就报告期内发行人采用劳务分包模式的相关事项做进一步说明:①为发行人提供外包劳务的劳务公司的基本情况,主要股东是否具备相应资质,是否存在重大违法违规行为,是否与发行人及其主要股东以及发行人董事、监事、高级管理人员存在关联关系;②劳务分包模式下的具体用工人数情况,发行人对劳务分包项目中施工队伍的管理模式和内部控制措施,包括但不限于合同签署、施工质量、施工项目增减变动、项目验收、结算方式、是否告知业主方施工是采用分包模式并取得相应同意,出现施工质量问题时的纠纷解决机制等内容;③主要劳务分包企业为发行人提供服务的收入占其总收入的比例;④从劳务派遣模式过渡到劳务分包模式对公司经营模式的具体影响。㊁

㊀ 资料来源:中国证监会官网"创业板发审委2017年第69次会议审核结果公告"(www.csrc.gov.cn/pub/zjhpublic/G00306202/201709/t20170906_323196.htm),访问于2017年12月28日。

㊁ 资料来源:中国证监会官网"发审委2011年第144次会议审核结果公告"(http://www.csrc.gov.cn/pub/zjhpublic/G00306202/201107/t20110704_197058.htm),访问于2017年12月28日。

2. 社会保险与住房公积金

《中华人民共和国社会保险法》(以下简称《社会保险法》)第二条规定：国家建立基本养老保险、基本医疗保险、工伤保险、失业保险、生育保险等社会保险制度，保障公民在年老、疾病、工伤、失业、生育等情况下依法从国家和社会获得物质帮助的权利。

为职工缴纳社会保险是作为法律的《社会保险法》规定的企业的一项基本义务。作为法定义务，如果企业予以违反，可能被劳动部门处罚，构成重大违法行为影响发行条件。

具体来说，《社会保险法》规定了基本养老保险、基本医疗保险、工伤保险、失业保险、生育保险五种明确的社会保险制度，并且明确要求境内用人单位应该依法为员工缴纳上述社会保险。

发行人缴纳社会保险出现瑕疵的情况主要包括：没有为符合条件的所有员工缴纳社保；为员工缴纳社保的时间不及时；为员工缴纳社保的基数不符合要求（规则要求按照职工工资水平缴纳社保，而发行人以当地平均工资水平甚至是最低工资水平缴纳）；为员工缴纳的社保种类不全等等。

从目前的审核实践看，监管部门要求发行人说明并披露包括发行人母公司和所有子公司办理社保和缴纳住房公积金的员工人数、未缴纳员工人数及原因、企业与个人缴纳比例、办理社保和住房公积金的起始日期，是否存在补缴的情形。如补缴，说明补缴的金额与措施，分析对发行人经营业绩的影响。保荐机构及律师应对缴纳情况进行核查，并对未依法缴纳是否构成重大违法行为及对本次发行上市的影响出具意见。社保和公积金问题只要不影响到发行条件，历史上的障碍和瑕疵不会造成实质性障碍。

例如，2017年9月19日召开的主板发行审核委员会2017年第146次发审委会议审核通过了山东大业股份有限公司的申请，其中一个聆讯问题为请发行人代表进一步说明：①报告期各期发行人员工总人数、社会保险、住房公积金等"五险一金"的实际缴纳人数、实际缴纳金额和未缴纳比例。②未缴纳"五险一金"的具体原因，是否损害发行人员工利益，是否符合《社会保险法》《住房公积金管理条例》等有关法律法规的规定，是否存在潜在纠纷和被政府监管部门处罚的风险。③部分农村户籍员工自愿放弃办理社会保险，是否具有法律效力；部分农村户籍员工自行缴纳新农合、新农保，是否可以因此豁免发行人的法定义务；④未缴纳"五险一金"情况对发行人经营业绩和净利润的具体影响。⑤发行人及其控股股东、实际控制人是否已经和/或将要采取措施予以纠正。㊀

  需要说明的是，目前审核并没有强制要求报告期内均必须全额补缴或者保证报告期内缴纳社保均全部合规。上市前经常采用的规范方法是：申报前为符合条件的全体员工办理社会保险缴纳手续；在报告期内某个时间点（例如报告期内最后一个会计年度）开始完全按规范操作缴纳事项，在此期间内缴纳不足额的予以补缴；对该时间点之前的不予补缴，但须由保荐机构及律师说明其不构成重大违法行为，并由控股股东和实际控制人承诺承担补缴或者被处罚的经济责任。同时，需要社保部门出具不存在重大违法行为的合规证明。

  总体上讲，社保缴纳瑕疵对于审核通过的影响度同样要基于发行审核的风险导向审核理念和多因素综合判断理念来进行全面综合权衡。因为该事项不仅是合规问题，也涉及财务问题（对经营业绩直接构成影响）。总体上讲，如果发行人总体上规范运作程度较高，同时净利润水平（"块头"）较大或者在平均线以上，那么审核的容忍度就会高一些；如果发行人内控较差，违法行为较高，或者净利润水平低于正常水平，社保如果补缴会对其经营业绩造成重大影响，那么审核的容忍度就会低一些。

  需要说明的是，实践中曾出现有部分发行人为了掩盖缴纳社保比例低的问题，刻意压低员工人数。这是属于"头痛医头"、瞻前不顾后的

㊀ 资料来源：中国证监会官网"主板发审委2017年第146次会议审核结果公告"（http://www.csrc.gov.cn/pub/zjhpublic/G00306202/201709/t20170919_323875.htm），访问于2017年12月28日。

错误做法。因为如果报告期内员工人数持续下降，或者同等产能规模显著低于同行业水平，既涉及信息披露不实，又可能带来压低员工人数、阶段性降低用工成本来粉饰经营业绩的问题。

例如，创业板发审委于 2017 年 9 月 13 日否决了世纪恒通科技股份有限公司的 IPO 申请。其聆讯问题之一为：发行人招股说明书披露 2014 年度、2015 年度、2016 年度及 2017 年 1～6 月，扣非后净利润为 2196.22 万元、1670.91 万元、3416.02 万元和 2016.54 万元。报告期各期末，公司在职员工数分别为 2753 人、1860 人、1553 人与 1228 人，人数逐年减少。发行人解释业务推广重心由自有呼叫逐步向外协外包方式转移。但从发行人提供的外呼公司的成本与发行人自行外呼成本的比较看，自行呼叫的单次成本明显低于外呼的成本。报告期，发行人流动到外包公司的员工总数为 1153 人。请发行人代表说明：①在营业收入大幅增长的情况下报告期员工人数大幅减少的原因；②在外包呼叫的单次推广成本较高的情况下，发行人选择大幅增加第三方推广的比例的原因及合理性；③主要外包公司的情况，外包公司是否具有相应资质。其推广业务是否符合《通信短信息服务管理规定》等相关法律法规；④发行人报告期须补缴的社会保险、住房公积金金额（测算值）占公司当期利润总额的比例为 38.14%、33.01%、7.85%、2.27%，未交纳五险一金占比较高，是否符合相关法律法规的规定。㊀

以上问题就涉及员工人数不合理大幅减少与未交纳五险一金人数占比较高事项。

根据《住房公积金管理条例》，单位录用职工的，应当自录用之日起 30 日内到住房公积金管理中心办理缴存登记。职工和单位的缴存比例不低于职工上一年度月平均工资的 5%。

㊀ 资料来源：中国证监会官网"创业板发审委 2017 年第 71 次会议审核结果公告"（http://www.csrc.gov.cn/pub/zjhpublic/G00306202/201709/t20170913_323656.htm），访问于 2017 年 12 月 28 日。

住房公积金的性质与社会保险类似,在实践中也常常被统称为"五险一金",在审核上总体与社保的要求一致。不同的是,社保是国家法律予以规定的事项,是在全国执行的法律制度,强制性更重;住房公积金属于国务院的行政法规,福利性更重,而且各地执行中的灵活度也更大一些,因此发行监管对其瑕疵的容忍度也会相对高一些。

3. 员工薪酬

员工薪酬在历史上本来不是审核关注的问题,因为只要发行人支付员工的薪酬待遇不低于当地最低工资水平,就是合规的,这就是市场经济中由企业自主决定的事项。但近来,员工薪酬问题逐渐成为焦点,主要是因为其涉及是否构成财务操纵事项。

证监会《关于做好首次公开发行股票公司2012年度财务报告专项检查工作的通知》(发行监管函〔2012〕551号)要求重点关注发行人报告期内收入、盈利是否真实、准确,是否存在粉饰业绩或财务造假等情形,而且以列举的方式要求对11种常见的财务操纵事项进行重点核查。其中之一就是:压低员工薪金,阶段性降低人工成本粉饰业绩。

也就是说,发行人为了提升报告期特别是最后一个会计年度的经营业绩,有可能以压低员工薪金、阶段性降低人工成本的方式来粉饰业绩。这是一种财务操纵行为,一方面不当提升了该年度的经营业绩,另一方面又可能使得发行人上市后因为该项因素的不存在而影响业绩造成变脸等情况。

在另一方面,即便发行人没有刻意阶段性压低员工薪酬,但发行人薪酬长期低于同行业或者当地正常水平,也会影响员工稳定,从而间接影响发行人的持续经营能力。

在A股IPO财务审核中,四个轮子("块头""增长""实在""持续")中的"实在"(不存在财务舞弊和过度的财务粉饰)和"持续"(不存在影响持续盈利能力的不确定事项）都十分重要。尤其是"实在"，一旦触及，基本上是硬伤，难以通过审核。

主板发审委 2017 年 9 月 8 日否决了杭州致瑞传媒股份有限公司的 IPO 申请，其聆讯问题就直接指出：是否存在通过人为压低发行人高管人员和员工薪酬以降低期间费用、增加利润的情形。㊀

创业板发审委 2017 年 7 月 31 日否决了安徽泰达新材料股份有限公司的 IPO 申请，其聆讯问题也直接指出：发行人董监高中年薪最高的为总经理的 7.62 万元，请发行人代表将高管薪酬和同行业可比公司进行分析比较说明是否存在刻意压低薪酬增加业绩的情形，发行人的薪酬水平能否保持高管和员工的稳定。㊁

2017 年 9 月 20 日召开的创业板发行审核委员会 2017 年第 75 次发审委会议审核通过了广东国立科技股份有限公司的申请，聆讯问题甚至直接指出：发行人报告期前三年人均薪酬 57 183.12 元、52 719.07 元、60 800.26 元，远低于金发科技等五家可比公司平均员工薪酬的 90 883.80 元、118 074.56 元、114 479.87 元。请发行人代表说明报告期员工薪酬大幅低于可比公司的原因，是否存在控股股东代为支付发行人人工成本的情况。㊂

㊀ 资料来源：中国证监会官网"主板发审委 2017 年第 141 次会议审核结果公告"（http://www.csrc.gov.cn/pub/zjhpublic/G00306202/201709/t20170908_323398.htm），访问于 2017 年 12 月 28 日。
㊁ 资料来源：中国证监会官网"创业板发审委 2017 年第 62 次会议审核结果公告"（www.csrc.gov.cn/pub/zjhpublic/G00306202/201707/t20170731_321311.htm），访问于 2017 年 12 月 28 日。
㊂ 资料来源：中国证监会官网"创业板发审委 2017 年第 75 次会议审核结果公告"（http://www.csrc.gov.cn/pub/zjhpublic/G00306202/201709/t20170920_323900.htm），访问于 2017 年 12 月 28 日。

第五章

转 板

第一节 我国的多层次资本市场

第二节 新三板挂牌

第三节 新三板挂牌公司股票发行

第四节 新三板转板

第一节 我国的多层次资本市场

一、多层次资本市场的概念

根据服务企业的成熟度不同,一个国家的资本市场可以分为主板市场、二板市场、三板市场、四板市场及其他市场。这被称为一个国家资本市场的"多层次性"。"多层次性"是成熟市场经济国家资本市场的主要特征,也是中国进行资本市场建设的目标之一。

2003年10月14日,十六届三中全会通过的《中共中央关于完善社会主义市场经济体制若干问题的决定》指出:扩大融资,建立多层次资本市场,完善市场结构,丰富市场产品,规范和发展主板市场,推进风险投资和创业板市场建设。2013年11月12日,十八届三中全会通过的《中共中央关于全面深化改革若干重大问题的决定》也指出:健全多层次资本市场体系,推进股票发行注册制改革,多渠道推动股权融资,发展并规范债券市场,提高直接融资比重。

从十六届三中全会的"建立"到十八届三中全会的"健全",标志着我国建立多层次资本市场已经取得很大的成绩,多层次资本市场已经在我国初步形成。

二、我国的多层次资本市场

就当前我国资本市场的"多层次性"而言,一般认为可以分为从高到低的四个板块。

(一)主板市场

主板市场也称为一板市场,指传统意义上的证券市场(通常指股票市场),是一个国家或地区证券发行、上市及交易的主要场所。主板市场对发行人的营业期限、股本大小、盈利水平、最低市值等方面的要求标准较高，上市企业多为大型成熟企业，具有较大的资本规模以及稳定的盈利能力。主板市场是资本市场中最重要的组成部分，很大程度上能够反映经济发展状况，有"国民经济晴雨表"之称。

我国的主板市场包括三个部分，除了既有的上交所主板和深交所主板两个市场外，还包括深交所的中小企业板块。2004年5月，经国务院批准，中国证监会批复同意深圳证券交易所在主板市场内设立中小企业板块。深交所中小企业板执行与上交所主板完全相同的发行上市标准，从资本市场架构上也属于主板市场。

（二）创业板市场

二板市场一般又被称为创业板市场（growth enterprises market board），是地位次于主板市场的二级证券市场。其设立目的主要是为暂时无法在主板上市的创业型企业、中小企业及高科技产业企业等需要进行融资和发展的企业提供融资途径及成长空间的证券交易市场，是对主板市场的重要补充，在资本市场有着重要的位置。

我国的二板市场指深交所创业板市场，其设立于2009年10月。

（三）三板市场

三板市场位居整个多层次资本市场体系的第三级。我国的三板市场指"全国中小企业股份转让系统"，又被称为"新三板"，是经国务院批准设立的全国性证券交易场所，全国中小企业股份转让系统有限责任公司为其运营管理机构。

1992年7月和1993年4月，中国证券市场研究中心和中国证券交易系统有限公司先后在北京分别成立了STAQ系统和NET系统，从事场外股票交易。在这两个市场被关闭后，中国证券业协会于2001年7月为解决原STAQ、NET系统挂牌公司的股份流通问题，开发了"代办股份转让系统"。该系统主要交易原 STAQ、NET 系统挂牌公司和从沪深交易所退市的公司,也被称为"老三板"。

2006 年,中关村科技园区非上市股份公司进入代办转让系统进行股份报价转让,被称为"新三板"。2012 年,新三板从中关村扩大试点至上海、湖北武汉、天津高新技术产业园区。2013 年,新三板突破试点限制,扩大至全国。之后,历经扩容,"新三板"正式被国务院批准成为全国性证券交易场所,成为我国多层次资本市场的第三层次。2016 年,新三板挂牌公司数量达到 10 163 家,走进"万家"时代,成为全世界交易数量最大的证券交易场所。

(四) 四板市场

我国的四板市场指区域性股权交易市场。根据中国证监会 2017 年颁布的《区域性股权市场监督管理试行办法》,区域性股权市场是指为其所在省级行政区域内中小微企业证券非公开发行、转让及相关活动提供设施与服务的场所。

与前三级市场均由中国证监会监管不同,区域性股权市场由所在区域的省级人民政府依法对区域性股权市场进行监督管理,负责风险处置。省级人民政府指定地方金融监管部门承担对区域性股权市场的日常监督管理职责,依法查处违法违规行为,组织开展风险防范、处置工作。中国证监会及其派出机构对地方金融监管部门的区域性股权市场监督管理工作进行指导、协调和监督,对市场规范运作情况进行监督检查,对市场风险进行预警提示和处置督导。区域性股权市场运营机构负责组织区域性股权市场的活动,对市场参与者进行自律管理。各省、自治区、直辖市、计划单列市行政区域内设立的运营机构不得超过一家。在区域性股权市场发行或转让证券的,限于股票、可转换为股票的公司债券以及国务院有关部门按程序认可的其他证券,不得违规发行或转让私募债券；不得采用广告、公开劝诱等公开或变相公开方式发行证券，不得以任何形式非法集资；不得采用集中竞价、做市商等集中交易方式进行证券转让，投资者买入后卖出或卖出后买入同一证券的时间间隔不得少于五个交易日；除法律、行政法规另有规定外，单只证券持有人累计不得超过法律、行政法规规定的私募证券持有人数量上限；证券持有人名册和登记过户记录必须真实、准确、完整，不得隐匿、伪造、篡改或毁损。单只证券持有人数量累计不得超过 200 人。

我国的多层次资本市场如图 5-1 所示。

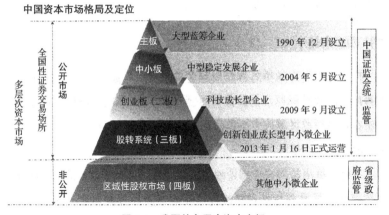

图 5-1 我国的多层次资本市场

第二节 新三板挂牌

一、新三板挂牌的基本条件和适用标准

《全国中小企业股份转让系统业务规则（试行）》（2013 年 2 月 8 日发布，2013 年 12 月 30 日修改）对企业在新三板挂牌设置了六项基本条件。股转系统 2017 年 9 月颁布的《全国中小企业股份转让系统股票挂牌条件适用基本标准指引》按照"可把控、可举证、可识别"的原则，对这

六项挂牌条件进行细化形成了可执行标准,具体如下所示。

(一) 依法设立且存续满两年

1. 关于依法设立

依法设立是指公司依据《公司法》等法律、法规及规章的规定向公司登记机关申请登记,并已取得《企业法人营业执照》。

(1) 公司设立的主体、程序合法、合规。

第一,国有企业须提供相应的国有资产监督管理机构或国务院、地方政府授权的其他部门、机构关于国有股权设置的批复文件。

国有企业应严格按照国有资产管理法律法规的规定提供国有股权设置批复文件,但因客观原因确实无法提供批复文件且符合以下条件的,在公司和中介机构保证国有资产不流失的前提下,可按以下方式解决:以国有产权登记表(证)替代国资监管机构的国有股权设置批复文件;公司股东中含有财政参与出资的政府引导型股权投资基金的,可以基金的有效投资决策文件替代国资监管机构或财政部门的国有股权设置批复文件;国有股权由国资监管机构以外的机构监管的公司以及国有资产授权经营单位的下属子公司,可提供相关监管机构或国有资产授权经营单位出具的批复文件或经其盖章的产权登记表(证)替代国资监管机构的国有股权设置批复文件;公司股东中存在为其提供做市服务的国有做市商的,暂不要求提供该类股东的国有股权设置批复文件。

第二,外商投资企业须提供商务主管部门出具的设立批复或备案文件。

第三,《公司法》修改(2006年1月1日)前设立的股份公司,须取得国务院授权部门或者省级人民政府的批准文件。

(2) 公司股东的出资合法、合规,出资方式及比例应符合《公司法》相关规定。

第一，以实物、知识产权、土地使用权等非货币财产出资的，应当评估作价，核实财产，明确权属，财产权转移手续办理完毕。

第二，以国有资产出资的，应遵守有关国有资产评估的规定。

第三，公司注册资本缴足，不存在出资不实的情形。

2. 关于存续两年

存续两年是指存续两个完整的会计年度。

有限责任公司按原账面净资产值折股整体变更为股份有限公司的，存续时间可以从有限责任公司成立之日起计算。整体变更不应改变历史成本计价原则，不应根据资产评估结果进行账务调整，应以改制基准日经审计的净资产额为依据折合为股份有限公司股本。公司申报财务报表最近一期截止日不得早于股份有限公司成立日。

（二）业务明确，具有持续经营能力

1. 关于业务明确

业务明确，是指公司能够明确、具体地阐述其经营的业务、产品或服务、用途及其商业模式等信息。

2. 关于对业务的要求

公司可同时经营一种或多种业务，每种业务应具有相应的关键资源要素，该要素组成应具有投入、处理和产出能力，能够与商业合同、收入或成本费用等相匹配。

公司业务在报告期内应有持续的营运记录。营运记录包括现金流量、营业收入、交易客户、研发费用支出等。公司营运记录应满足下列条件：

（1）公司应在每一个会计期间内形成与同期业务相关的持续营运记录，不能仅存在偶发性交易或事项。

（2）最近两个完整会计年度的营业收入累计不低于1000万元；研发周期较长导致营业收入少于1000万元，但最近一期末净资产不少于3000万元的除外。

（3）报告期末股本不少于500万元。

（4）报告期末每股净资产不低于1元/股。

3. 关于持续经营能力

持续经营能力，是指公司在可预见的将来，有能力按照既定目标持续经营下去。

公司存在以下情形之一的，应认定为不符合持续经营能力要求：

（1）存在依据《公司法》第一百八十条规定解散的情形，或法院依法受理重整、和解或者破产申请。

（2）公司存在《中国注册会计师审计准则第1324号——持续经营》应用指南中列举的影响其持续经营能力的相关事项或情况，且相关事项或情况导致公司持续经营能力存在重大不确定性。

（3）存在其他对公司持续经营能力产生重大影响的事项或情况。

（三）公司治理机制健全，合法规范经营

1. 关于公司治理机制健全

公司治理机制健全，是指公司按规定建立股东大会、董事会、监事会和高级管理层（以下简称"三会一层"）组成的公司治理架构，制定相应的公司治理制度，并能证明有效运行，保护股东权益。

（1）公司依法建立"三会一层"，并按照《公司法》《非上市公众公司监督管理办法》及《非上市公众公司监管指引第3号——章程必备条款》等规定制定公司章程、"三会一层"运行规则、投资者关系管理制度、关联交易管理制度等，建立全面完整的公司治理制度。

（2）公司"三会一层"应按照公司治理制度进行规范运作。在报告

期内的有限公司阶段应遵守《公司法》的相关规定。

（3）公司董事会应对报告期内公司治理机制执行情况进行讨论、评估。

（4）公司现任董事、监事和高级管理人员应具备《公司法》规定的任职资格，履行《公司法》和公司章程规定的义务，且不应存在以下情形：最近24个月内受到中国证监会行政处罚，或者被中国证监会采取证券市场禁入措施且期限尚未届满，或者被全国中小企业股份转让系统有限责任公司认定不适合担任挂牌公司董事、监事、高级管理人员；因涉嫌犯罪被司法机关立案侦查或者涉嫌违法违规被中国证监会立案调查，尚未有明确结论意见。

（5）公司进行关联交易应依据法律法规、公司章程、关联交易管理制度的规定履行审议程序，保证交易公平、公允，维护公司的合法权益。

（6）公司的控股股东、实际控制人及其关联方存在占用公司资金、资产或其他资源情形的，应在申请挂牌前予以归还或规范（完成交付或权属变更登记）。

占用公司资金、资产或其他资源的具体情形包括：从公司拆借资金；由公司代垫费用、代偿债务；由公司承担担保责任而形成债权；无偿使用公司的土地房产、设备动产等资产；无偿使用公司的劳务等人力资源；在没有商品和服务对价情况下其他使用公司的资金、资产或其他资源的行为。

2. 关于合法合规经营

合法合规经营，是指公司及其控股股东、实际控制人、下属子公司（下属子公司是指公司的全资、控股子公司或通过其他方式纳入合并报表的公司或其他法人，下同）须依法开展经营活动，经营行为合法、合规，不存在重大违法违规行为。

（1）公司及下属子公司的重大违法违规行为是指公司及下属子公司最近24个月内因违犯国家法律、行政法规、规章的行为，受到刑事处罚或适用重大违法违规情形的行政处罚。

第一，行政处罚是指经济管理部门对涉及公司经营活动的违法违规行为给予的行政处罚。

第二，重大违法违规情形是指，凡被行政处罚的实施机关给予没收违法所得、没收非法财物以上行政处罚的行为，属于重大违法违规情形，但处罚机关依法认定不属于的除外；被行政处罚的实施机关给予罚款的行为，除主办券商和律师能依法合理说明或处罚机关认定该行为不属于重大违法违规行为的外，都视为重大违法违规情形。

第三，公司及下属子公司最近24个月内不存在涉嫌犯罪被司法机关立案侦查，尚未有明确结论意见的情形。

（2）控股股东、实际控制人合法合规，最近24个月内不存在涉及以下情形的重大违法违规行为：控股股东、实际控制人受刑事处罚；受到与公司规范经营相关的行政处罚，且情节严重；情节严重的界定参照前述规定；涉嫌犯罪被司法机关立案侦查，尚未有明确结论意见。

（3）公司及下属子公司业务如需要主管部门审批，应取得相应的资质、许可或特许经营权等。

（4）公司及其法定代表人、控股股东、实际控制人、董事、监事、高级管理人员、下属子公司，在申请挂牌时应不存在被列为失信联合惩戒对象的情形。

（5）公司及下属子公司业务须遵守法律、行政法规和规章的规定，符合国家产业政策以及环保、质量、安全等要求。

公司及下属子公司所属行业为重污染行业的，根据相关规定应办理建设项目环评批复、环保验收、排污许可证以及配置污染处理设施的，应在申请挂牌前办理完毕；不属于重污染行业的，但根据相关规定必须办理排污许可证和配置污染处理设施的，应在申请挂牌前办理完毕。

（6）公司财务机构设置及运行应独立且合法合规，会计核算规范。

第一，公司及下属子公司应设有独立财务部门，能够独立开展会计核算，做出财务决策。

第二，公司及下属子公司的财务会计制度及内控制度健全且得到有效执行，会计基础工作规范，符合《会计法》《会计基础工作规范》以及《公司法》《现金管理条例》等其他法律法规要求。

第三，公司应按照《企业会计准则》和相关会计制度的规定编制并披露报告期内的财务报表，在所有重大方面公允地反映公司的财务状况、经营成果和现金流量，财务报表及附注不得存在虚假记载、重大遗漏以及误导性陈述。

公司财务报表应由具有证券期货相关业务资格的会计师事务所出具标准无保留意见的审计报告。财务报表被出具带强调事项段的无保留审计意见的，应全文披露审计报告正文以及董事会、监事会和注册会计师对强调事项的详细说明，并披露董事会和监事会对审计报告涉及事项的处理情况，说明该事项对公司的影响是否重大，影响是否已经消除，违反公允性的事项是否已予纠正。

第四，公司存在以下情形的应认定为财务不规范：公司申报财务报表未按照《企业会计准则》的要求进行会计处理，导致重要会计政策适用不当或财务报表列报错误且影响重大，需要修改申报财务报表（包括资产负债表、利润表、现金流量表、所有者权益变动表）；因财务核算不规范情形被税务机关采取核定征收企业所得税且未规范；其他财务信息披露不规范的情形。

（四）股权明晰，股票发行和转让行为合法合规

1. 关于股权明晰

股权明晰，是指公司的股权结构清晰、权属分明、真实确定、合法合规，股东特别是控股股东、实际控制人及其关联股东或实际支配的股

东持有公司的股份不存在权属争议或潜在纠纷。

（1）公司的股东不存在国家法律、法规、规章及规范性文件规定不适宜担任股东的情形。

（2）申请挂牌前存在国有股权转让的情形，应遵守国资管理规定。

（3）申请挂牌前外商投资企业的股权转让应遵守商务部门的规定。

2. 关于股票发行和转让合法合规

股票发行和转让合法合规，是指公司及下属子公司的股票发行和转让依法履行必要内部决议、外部审批（如有）程序。

（1）公司及下属子公司股票发行和转让行为合法合规，不存在下列情形：最近36个月内未经法定机关核准，擅自公开或者变相公开发行过证券；违法行为虽然发生在36个月前，目前仍处于持续状态，但《非上市公众公司监督管理办法》实施前形成的股东超200人的股份有限公司经中国证监会确认的除外。

（2）公司股票限售安排应符合《公司法》和《全国中小企业股份转让系统业务规则（试行）》的有关规定。

公司曾在区域股权市场及其他交易市场进行融资及股权转让的，股票发行和转让等行为应合法合规；在向全国中小企业股份转让系统申请挂牌前应在区域股权市场及其他交易市场停牌或摘牌，并在全国中小企业股份转让系统挂牌前完成在区域股权市场及其他交易市场的摘牌手续。

（五）主办券商推荐并持续督导

第一，公司须经主办券商推荐，双方签署了《推荐挂牌并持续督导协议》。

第二，主办券商应完成尽职调查和内核程序，对公司是否符合挂牌条件发表独立意见，并出具推荐报告。

(六) 全国股份转让系统公司要求的其他条件

二、金融类企业新三板挂牌的特殊准入标准

股转系统 2016 年 5 月颁布《关于金融类企业挂牌融资有关事项的通知》，就金融类企业挂牌融资有关事项进行了专门规定。

(一) 金融类企业的挂牌准入标准

1. "一行三会" 监管的企业

对中国人民银行、中国银监会、中国证监会、中国保监会监管并持有相应监管部门颁发的《金融许可证》等证牌的企业（以下简称"一行三会"监管的企业），按现行挂牌条件审核其挂牌申请，对其日常监管将进一步完善差异化的信息披露安排。

2. 私募机构

在现行挂牌条件的基础上，对私募基金管理机构（以下简称私募机构）新增以下 8 个方面的挂牌条件。

（1）管理费收入与业绩报酬之和须占收入来源的 80% 以上。

（2）私募机构持续运营 5 年以上，且至少存在一只管理基金已实现退出。

（3）私募机构作为基金管理人在其管理基金中的出资额不得高于 20%。

（4）私募机构及其股东、董事、监事、高级管理人员最近 3 年不存在重大违法违规行为，不属于中国证券基金业协会"黑名单"成员，不存在"诚信类公示"列示情形。

（5）创业投资类私募机构最近 3 年年均实缴资产管理规模在 20 亿元以上，私募股权类私募机构最近 3 年年均实缴资产管理规模在 50 亿

元以上。

（6）已在中国证券基金业协会登记为私募基金管理机构，并合规运作、信息填报和更新及时、准确。

（7）挂牌之前不存在以基金份额认购私募机构发行的股份或股票的情形；募集资金不存在投资沪深交易所二级市场上市公司股票及相关私募证券类基金的情形，但因投资对象上市被动持有的股票除外。

（8）全国股转公司要求的其他条件。

3. 其他具有金融属性企业

小额贷款公司、融资担保公司、融资租赁公司、商业保理公司、典当公司等具有金融属性的企业（以下统称其他具有金融属性企业）大多处于新兴阶段，所属细分行业发展尚不成熟，监管政策尚待进一步明确与统一，面临的监管形势错综复杂，行业风险突出。在相关监管政策明确前，暂不受理其他具有金融属性企业的挂牌申请。对申请挂牌公司虽不属于其他具有金融属性企业，但其持有其他具有金融属性企业的股权比例20%以上（含20%）或为第一大股东的，也暂不受理，对已受理的，予以终止审查。

（二）关于新老划断的处理措施

对"一行三会"监管的企业、私募机构、其他具有金融属性企业（包括申请挂牌公司虽不属于其他具有金融属性企业，但其持有其他具有金融属性企业的股权比例20%以上（含20%）或为第一大股东的）处于新增申报、在审、已取得挂牌函、已挂牌等不同阶段，全国股转公司采取以下新老划断处理措施：

1. 新增申报的处理

对"一行三会"监管的企业，继续执行现行挂牌条件，正常受理。

对私募机构，符合新增挂牌条件，正常受理。对其他具有金融属性企业，在相关监管政策明确前，暂不受理。

2. 在审企业的处理

对"一行三会"监管的在审企业，按正常程序审查，因暂停审查而致财务报表过期的，经补充审计报告后，继续审查。对在审的私募机构，须按新增挂牌条件审查，因暂停审查而致财务报表过期的，应在本通知发布之日起一年内按新增挂牌条件补充材料和审计报告，如符合新增挂牌条件的，继续审查。对其他具有金融属性的在审企业，采取终止审查措施，待相关监管政策明确后，重新申报。

3. 已取得挂牌函的处理

已取得挂牌函的"一行三会"监管的企业，按正常程序办理后续挂牌手续。已取得挂牌函的私募机构，须按照新增挂牌条件重新审查，如符合新增挂牌条件的，可办理后续挂牌手续；如不符合新增挂牌条件的，应在本通知发布之日起一年内进行整改，整改后符合新增挂牌条件的，可办理后续挂牌手续，否则将撤销已取得的挂牌函。对已取得挂牌函的其他具有金融属性企业，终止挂牌手续，撤销已取得的挂牌函，待相关监管政策明确后，重新申报。

4. 已挂牌企业的处理

已挂牌的"一行三会"监管的企业，按监管规定履行信息披露义务。已挂牌的私募机构，应当对是否符合新增挂牌条件（第二项、第三项和第七项除外）进行自查，并经主办券商核查后，披露自查整改报告和主办券商核查报告。不符合新增挂牌条件的第一项、第四项、第五项、第六项和第八项的，应当在《关于金融类企业挂牌融资有关事项的通知》发布之日起1年内进行整改，未按期整改的或整改后仍不符合要求的，将予以摘牌。已挂牌的私募机构发行股票（包括发行对象以其所持有该挂牌私募机构所管理的私募基金份额认购的情形),发行对象已完成认购的,可以完成股票发行备案并办理新增股份登记手续。已挂牌的其他具有金融属性企业不得采用做市转让方式,但《关于金融类企业挂牌融资有关事项的通知》发布前已采用做市转让方式的除外。

(三)关于信息披露及监管的要求

1. 挂牌准入的差异化信息披露要求

(1)"一行三会"监管的企业。应结合相关指标的分析以及内控措施等充分揭示信用风险、流动性风险、操作风险及其他风险等;应披露业务监管的相关情况,包括但不限于监管层级安排,监管的主要思路及具体措施;应披露与业务开展相关的情况,包括但不限于业务符合现行规定和监管要求的情况,业务的风险控制具体制度安排及相应措施;应披露报告期内监管指标情况,并分析波动原因以及是否符合监管标准等。

(2)私募机构。应披露:管理模式相关的情况,包括但不限于基金管理模式;设立及日常管理相关的情况,包括但不限于存续基金的基本情况;基金投资相关的情况,包括但不限于投资项目的遴选标准、投资决策体系及执行情况;项目退出相关的情况,包括但不限于累计已退出项目数量、累计已退出项目的投资总额;基金清算相关的情况,包括但不限于基金名称、存续时间、实缴金额、清算原因、清算进展、基金及申请挂牌公司收益情况;财务信息相关的情况,包括但不限于报告期内收入来源、收入确认方法、收入和成本(费用)结构,收入、成本(费用)等应与业务内容相匹配等。

2. 挂牌期间的差异化信息披露及监管要求

(1)已挂牌的"一行三会"监管的企业。应当按照相关监管机构的规定合法规范经营;切实履行信息披露义务;做好风险防控工作;在此基础上，可以进行股票发行、并购重组等业务。

（2）已挂牌的私募机构。对监管和信息披露提出以下四个方面的要求：第一，股票发行，每次发行股票募集资金的金额不得超过其发行前净资产的50%，前次发行股票所募集资金未使用完毕的，不得再次发行股票募集资金；不得以其所管理的基金份额认购其所发行的股票；募集资金不得用于投资沪深交易所二级市场上市公司股票及相关私募证券类基金，但因投资对象上市被动持有的股票除外。

第二，规范运作，应当建立受托管理资产和自有资金投资之间的风险隔离、防范利益冲突等制度；作为基金管理人在其挂牌后新设立的基金中的出资额不得高于20%。

第三，涉及私募基金管理业务的并购重组，如收购人收购挂牌公司的，其所控制的企业中包括私募基金管理人的，应当承诺收购人及其关联方在完成收购后，不以重大资产重组的方式向挂牌公司注入私募基金管理业务相关的资产。

第四，信息披露要求，应当披露季度报告，在定期报告中充分披露在管存续基金的基本情况和项目投资情况等。

（3）已挂牌的其他具有金融属性企业。应当披露季度报告，在定期报告披露中，合法合规经营、监管指标、主要财务数据，风险因素及其风险防控机制等方面的披露口径，与申请挂牌准入的披露口径保持一致。

不属于其他具有金融属性企业的挂牌公司，其募集资金不得用于参股或控股其他具有金融属性的企业。

三、新三板挂牌的程序

企业拟在新三板挂牌，主要程序包括设立股份公司、推荐挂牌、挂牌审核与挂牌交易四个阶段。

(一) 设立股份公司

设立股份公司通常也被称为股份制改造。根据新三板挂牌需要存续两个完整会计年度、有限责任整体变更可以连续的要求，挂牌企业通常都是由有限公司整体变更为股份公司。根据股转公司要求，整体变更不应改变历史成本计价原则，不应根据资产评估结果进行账务调整，应以改制基准日经审计的净资产额为依据折合为股份有限公司股本。申报财务报表最近一期截止日不得早于改制基准日。

有限公司变更为股份公司的程序按照《公司法》《公司登记管理条例》等规范性文件的要求进行，与拟申请首次公开发行股票的股份公司程序一致。

(二) 推荐挂牌

证券公司经向中国证券业协会申请并取得证券公司从事代办股份转让主办券商业务资格后可以作为主办券商从事代办股份转让业务。根据《全国中小企业股份转让系统主办券商推荐业务规定（试行）》（2013年）的规定，主办券商应对申请挂牌公司进行尽职调查和内核。同意推荐的，主办券商向股转系统提交推荐报告及其他有关文件。

1. 尽职调查

主办券商应针对每家申请挂牌公司设立专门项目小组，负责尽职调查，起草尽职调查报告，制作推荐文件等。项目小组应由主办券商内部人员组成，其成员须取得证券执业资格，其中注册会计师、律师和行业分析师至少各一名。行业分析师应具有申请挂牌公司所属行业的相关专业知识，并在最近一年内发表过有关该行业的研究报告。

2. 主办券商内核

主办券商应设立内核机构，负责推荐文件和挂牌申请文件的审核，并对下述事项发表审核意见：项目小组是否已按照尽职调查工作的要求对申请挂牌公司进行了尽职调查；申请挂牌公司拟披露的信息是否符合全国股份转让系统公司有关信息披露的规定；申请挂牌公司是否符合挂牌条件；是否同意推荐申请挂牌公司股票挂牌。

主办券商内核机构根据项目小组的申请召开内核会议。每次会议需要七名以上内核机构成员出席，其中律师、注册会计师和行业专家至少各一名。内核会议成员应独立、客观、公正地对推荐文件和挂牌申请文件进行审核，制作审核工作底稿并签名。审核工作底稿应包括审核工作的起止日期、发现的问题、建议补充调查核实的事项以及对推荐挂牌的意见等内容。内核会议应对是否同意推荐申请挂牌公司股票挂牌进行表决。表决应采用记名投票方式，每人一票，2/3以上赞成且指定注册会计师、律师和行业专家均为赞成票为通过。

主办券商应根据内核意见，决定是否向全国股份转让系统公司推荐申请挂牌公司股票挂牌。决定推荐的，应出具推荐报告。

主办券商向全国股份转让系统公司报送推荐文件后，应当配合全国股份转让系统公司的审查，并承担下列工作：组织申请挂牌公司及证券服务机构对全国股份转让系统公司的意见进行答复；按照全国股份转让系统公司的要求对涉及本次挂牌的特定事项进行尽职调查或核查；指定项目小组成员与全国股份转让系统公司进行专业沟通；全国股份转让系统公司规定的其他工作。

(三) 挂牌审核

根据《国务院关于全国中小企业股份转让系统有关问题的决定》（2013年），中国证监会豁免核准股东人数不到200人的挂牌公司申请在全国中小企业股份转让系统挂牌，直接向股转系统提交审核申请；股东人数大于200人的挂牌公司，由主办券商向中国证监会递交挂牌申请文件,审查通过后出具核准文件。

因此,根据申请挂牌公司股东人数的不同,分为股转系统审核与中国证监会审核两种情况。股东人数不到 200 人的公司仅需履行股转系统审核一套程序,股东人数超过 200 人的公司在正常履行股转系统审核程序外,需要先行经过证监会审核并取得核准文件。

1. 股转系统审核

股转系统审核的流程包括:主办券商申报材料、补正材料、接收材料、形成反馈意见、回复反馈意见、通过反馈意见、审查会议、出具审查意见。

根据《全国中小企业股份转让系统挂牌申请文件内容与格式指引(试行)》(2013 年),向股转系统申请挂牌审核需要提交的文件目录如表 5-1 所示。这些文件是股转系统对挂牌申请文件的最低要求。根据审查需要,股转系统可以要求申请挂牌公司和相关中介机构补充文件。如部分文件对申请挂牌公司不适用,可不提供,但应书面说明。

表 5-1 向股转系统申请挂牌审核须提交的文件目录

第一部分 要求披露的文件
第一章 公开转让说明书及推荐报告
1-1 公开转让说明书(申报稿)
1-2 财务报表及审计报告
1-3 法律意见书
1-4 公司章程
1-5 主办券商推荐报告
1-6 定向发行情况报告书(如有。如果在挂牌的同时定向发行的,须提交,下同)
第二部分 不要求披露的文件
第二章 申请挂牌公司相关文件
2-1 向全国股份转让系统公司提交的申请股票在全国股份转让系统挂牌及定向发行(如有)的报告
2-2 向中国证监会提交的申请股票在全国股份转让系统公开转让及定向发行(如有。根据相关规定,如果发行后证券持有人累计不超过 200 人的证监会豁免核准,否则就需要申报中国证监会核准)的报告
2-3 有关股票在全国股份转让系统公开转让及定向发行(如有)的董事会决议
2-4 有关股票在全国股份转让系统公开转让及定向发行(如有)的股东大会决议

（续）

第二部分　不要求披露的文件
2-5　企业法人营业执照
2-6　股东名册及股东身份证明文件
2-7　董事、监事、高级管理人员名单及持股情况
2-8　申请挂牌公司设立时和最近两年及一期的资产评估报告
2-9　申请挂牌公司最近两年原始财务报表与申报财务报表存在差异时，需要提供差异比较表
2-10　全部股票已经中国证券登记结算有限责任公司登记的证明文件（挂牌前提供）
2-11　申请挂牌公司全体董事、监事和高级管理人员签署的《董事（监事、高级管理人员）声明及承诺书》（挂牌前提供）
第三章　主办券商相关文件
3-1　主办券商与申请挂牌公司签订的推荐挂牌并持续督导协议
3-2　尽职调查报告
3-3　尽职调查工作文件
3-3-1　尽职调查工作底稿目录、相关工作记录和经归纳整理后的尽职调查工作表
3-3-2　有关税收优惠、财政补贴的依据性文件
3-3-3　历次验资报告
3-3-4　对持续经营有重大影响的业务合同
3-4　内核意见
3-4-1　内核机构成员审核工作底稿
3-4-2　内核会议记录
3-4-3　对内核会议反馈意见的回复
3-4-4　内核专员对内核会议落实情况的补充审核意见
3-5　主办券商推荐挂牌内部核查表及主办券商对申请挂牌公司风险评估表
3-6　主办券商自律说明书
3-7　主办券商业务备案函复印件（加盖机构公章并说明用途）及项目小组成员任职资格说明文件
第四章　其他相关文件
4-1　申请挂牌公司全体董事、主办券商及相关中介机构对申请文件真实性、准确性和完整性的承诺书
4-2　相关中介机构对纳入公开转让说明书等文件中由其出具的专业报告或意见无异议的函
4-3　申请挂牌公司、主办券商对电子文件与书面文件保持一致的声明
4-4　律师、注册会计师及所在机构的相关执业证书复印件（加盖机构公章并说明用途）
4-5　国有资产管理部门出具的国有股权设置批复文件及商务主管部门出具的外资股确认文件

2. 证监会审核

为了规范股东人数超过200人的未上市股份有限公司在股转系统挂牌公开转让等行政许可事项，中国证监会2013年12月颁布《非上市公众公司监管指引第4号——股东人数超过200人的未上市股份有限公司申请行政许可有关问题的审核指引》。中国证监会非上市公众公司监管部负责此项审核工作。

（1）审核标准。

第一，公司依法设立且合法存续。200人公司的设立、增资等行为不违反当时法律明确的禁止性规定，目前处于合法存续状态。城市商业银行、农村商业银行等银行业股份公司应当符合《关于规范金融企业内部职工持股的通知》（财金〔2010〕97号）。200人公司的设立、历次增资依法需要批准的，应当经过有权部门的批准。存在不规范情形的，应当经过规范整改，并经当地省级人民政府确认。200人公司在股份形成及转让过程中不存在虚假陈述、出资不实、股权管理混乱等情形，不存在重大诉讼、纠纷以及重大风险隐患。

第二，股权清晰。200人公司的股权清晰，是指股权形成真实、有效，权属清晰及股权结构清晰。具体要求如下所示。

股权权属明确。200人公司应当设置股东名册并进行有序管理，股东、公司及相关方对股份归属、股份数量及持股比例无异议。股权结构中存在工会或职工持股会代持、委托持股、信托持股，以及通过"持股平台"间接持股等情形的，应当进行规范。"持股平台"是指单纯以持股为目的的合伙企业、公司等持股主体。

股东与公司之间、股东之间、股东与第三方之间不存在重大股份权属争议、纠纷或潜在纠纷。

股东出资行为真实，不存在重大法律瑕疵，或者相关行为已经得到有效规范，不存在风险隐患。

申请行政许可的200人公司应当对股份进行确权，通过公证、律师见证等方式明确股份的权属。申请公开发行并在证券交易所上市的，经过确权的股份数量应当达到股份总数的90%以上（含90%）；申请在全国股份转让系统挂牌公开转让的，经过确权的股份数量应当达到股份总数的80%以上（含80%）。未确权的部分应当设立股份托管账户，专户管理,并明确披露有关责任的承担主体。

第三,经营规范。200人公司持续规范经营,不存在资不抵债或者明显缺乏清偿能力等破产风险的情形。

第四,公司治理与信息披露制度健全。200人公司按照中国证监会的相关规定,已经建立健全了公司治理机制和履行信息披露义务的各项制度。

(2)申请文件。

《非上市公众公司信息披露内容与格式准则第2号——公开转让股票申请文件》(2013年)规定了超过200人申请挂牌提交证监会的文件要求及目录。申请文件目录如表5-2所示。这些申请文件是中国证监会对公开转让申请文件的最低要求。根据审核需要,中国证监会可以要求申请人和相关证券服务机构补充文件。如果某些文件对申请人不适用,可不提供,但应向中国证监会做出书面说明。

表5-2 超过200人申请挂牌提交证监会的文件目录

第一章 公开转让说明书及授权文件
1-1 申请人关于公开转让的申请报告
1-2 公开转让说明书(申报稿)
1-3 申请人董事会有关公开转让的决议
1-4 申请人股东大会有关公开转让的决议
第二章 主办券商推荐文件
2-1 主办券商关于公开转让的推荐报告
第三章 证券服务机构关于公开转让的文件
3-1 财务报表及审计报告(申请人最近两年原始财务报表与申报财务报表存在差异时,需要提供差异比较表及注册会计师对差异情况出具的意见)
3-2 申请人律师关于公开转让的法律意见书
3-3 申请人设立时和最近两年及一期的资产评估报告
第四章 其他文件
4-1 申请人的企业法人营业执照
4-2 申请人公司章程(草案)
4-3 国有资产管理部门出具的国有股权设置批复文件及商务主管部门出具的外资股确认文件

(四)挂牌交易

根据《全国中小企业股份转让系统股票挂牌业务操作指南(试行)》

(2015年）的相关规定，挂牌公司与主办券商需要履行申请证券简称和代码、办理信息披露、股份初始登记、办理股票挂牌等程序完成挂牌操作。

第三节　新三板挂牌公司股票发行

新三板挂牌公司的股票发行是一种非公开发行股票的形式，又被称为新三板公司定向增发、定向发行，是新三板挂牌公司直接融资的主要形式。

一、新三板挂牌公司股票发行的特征

新三板股票发行也是一种非公开发行的股权融资方式，与作为上市公司再融资方式的非公开发行相比，其具有以下特征：

第一，对于股东人数不超过200人的股票发行，无须中国证监会行政许可，由股转系统备案管理；而上市公司的非公开发行均需要取得中国证监会核准。

第二，股票发行的价格由公司与投资者协商确定，自主定价或者询价方式确定；而上市公司的非公开发行对发行价格的确定有严格的限制性规定。

第三，每次股票发行的对象除现有股东外新增发行对象不超过35人；而上市公司非公开发行的发行对象为包括现有股东在内的所有发行对象每次不超过10人（创业板为每次不超过5人）。

二、新三板挂牌公司股票发行的类型

（一）按照发行时间分类

1. 挂牌同时定向增发

根据《全国中小企业股份转让系统股票发行业务细则（试行）》（2013

年），申请挂牌公司申请股票在股转系统挂牌的同时定向发行的，应在公开转让说明书中披露。

与挂牌后定向增发相比，挂牌同时定向增发的企业须在公开转让说明书中披露以下内容：在公开转让说明书第一节基本情况中披露"拟发行股数、发行对象或范围、发行价格或区间、预计募集资金金额"。在公开转让说明书中增加一节"定向发行"，披露本次发行股票的数量、价格、对象以及发行前后企业相关情况的对比等内容。

2. 挂牌后定向增发

大部分企业将挂牌和定向增发分为两步进行。挂牌解决企业证券化的需求，挂牌后定向增发解决企业资金需求。

（二）按照股东人数分类

1. 由证监会核准的发行

股东人数超过 200 人的挂牌公司（包括向特定对象发行股票导致股东人数累计超过 200 人、股东人数超过 200 人的挂牌公司向特定对象发行股票两种情况）发行股票需要由中国证监会核准。

2. 由股转系统备案管理的发行

股票发行后股东人数累计不超过 200 人的挂牌公司发行股票由股转系统实施备案管理。

三、新三板挂牌公司股票发行的对象

（一）发行对象的范围

挂牌公司可以向特定对象发行股票融资，特定对象的范围包括：公司股东；公司的董事、监事、高级管理人员、核心员工；符合投资者适当性管理规定的自然人投资者、法人投资者及其他经济组织。

核心员工的认定,应当由公司董事会提名,并向全体员工公示和征求意见,由监事会发表明确意见后,经股东大会审议批准。

根据 2017 年 6 月修订的《全国中小企业股份转让系统投资者适当性管理细则》,符合投资者适当性管理规定的自然人投资者、法人投资者及其他经济组织具体如下所示。

(1)符合以下要求的机构投资者:实收资本或实收股本总额 500 万元人民币以上的法人机构;实缴出资总额 500 万元人民币以上的合伙企业。

(2)证券公司资产管理产品、基金管理公司及其子公司产品、期货公司资产管理产品、银行理财产品、保险产品、信托产品、经行业协会备案的私募基金等理财产品,社会保障基金、企业年金等养老金,慈善基金等社会公益基金,合格境外机构投资者(QFII)、人民币合格境外机构投资者(RQFII)等机构投资者。

(3)同时符合下列条件的自然人投资者。

第一个条件:在签署协议之日前,投资者本人名下最近 10 个转让日的日均金融资产 500 万元人民币以上。金融资产是指银行存款、股票、债券、基金份额、资产管理计划、银行理财产品、信托计划、保险产品、期货及其他衍生产品等。

第二个条件:具有 2 年以上证券、基金、期货投资经历,或者具有 2 年以上金融产品设计、投资、风险管理及相关工作经历,或者具有证券公司、期货公司、基金管理公司及其子公司、商业银行、保险公司、信托公司、财务公司,以及经行业协会备案或者登记的证券公司子公司、期货公司子公司、私募基金管理人等金融机构的高级管理人员任职经历。具有前款所称投资经历、工作经历或任职经历的人员属于《证券法》规定禁止参与股票交易的,不得申请参与挂牌公司股票公开转让。

(二)发行对象的人数限制

挂牌公司每次定向发行,除现有股东外,新增人数合计不得超过35人。

(三)关于持股平台参与股票发行的特殊规定

《非上市公众公司监管问答——定向发行(二)》(2015年)规定:为保障股权清晰、防范融资风险,单纯以认购股份为目的而设立的公司法人、合伙企业等持股平台,不具有实际经营业务的,不符合投资者适当性管理要求,不得参与非上市公众公司的股份发行。股转系统挂牌公司设立的员工持股计划,认购私募股权基金、资产管理计划等接受证监会监管的金融产品,已经完成核准、备案程序并充分披露信息的,可以参与非上市公众公司定向发行。其中金融企业还应当符合《关于规范金融企业内部职工持股的通知》(财金〔2010〕97号)有关员工持股监管的规定。

股转系统要求,主办券商和律师事务所应当分别在《主办券商关于股票发行合法合规性意见》和《股票发行法律意见书》中就本次发行对象是否存在持股平台发表明确意见。通过设立员工持股计划参与挂牌公司股票发行的,挂牌公司应当履行法定的决策程序和信息披露义务。

(四)关于股份代持的监管

禁止通过股份代持的形式参与挂牌公司的股票发行。股转系统要求,主办券商和律师事务所应当分别在《主办券商关于股票发行合法合规性意见》和《股票发行法律意见书》中就本次发行对象是否存在股份代持发表明确意见。

(五)关于私募基金管理人及私募投资基金登记备案的要求

《全国中小企业股份转让系统机构业务问答(二)——关于私募投资基金登记备案有关问题的解答》(2016年)规定:为提高审查效率,为

（拟）挂牌公司提供挂牌、融资和重组便利，自本问答发布之日起，在申请挂牌、发行融资、重大资产重组等环节，私募投资基金管理人自身参与上述业务的，其完成登记不作为相关环节审查的前置条件；已完成登记的私募投资基金管理人管理的私募投资基金参与上述业务的，其完成备案不作为相关环节审查的前置条件。上述私募投资基金管理人及私募投资基金在审查期间未完成登记和备案的，私募投资基金管理人须出具完成登记或备案的承诺函，并明确具体（拟）登记或备案申请的日期。主办券商或独立财务顾问在持续督导过程中，须持续关注私募投资基金管理人的承诺履行情况并将承诺履行结果及时报告全国股转公司，承诺履行结果应说明具体完成登记备案的日期及私募基金管理人登记编号或私募基金编号。

四、新三板挂牌公司股票发行的程序

（一）适用股转系统备案管理类发行的程序

1. 召开董事会并披露

董事会决议确定具体发行对象的，董事会决议应当明确具体发行对象及其认购价格、认购数量或数量上限、现有股东优先认购办法等事项。认购办法中应当明确现有股东放弃认购股票份额的安排。已确定的发行对象（现有股东除外）与公司附生效条件的股票认购合同应当经董事会批准。

董事会决议未确定具体发行对象的，董事会决议应当明确发行对象的范围、发行价格区间、发行价格确定办法、发行数量上限、现有股东优先认购办法等事项。

发行对象要非现金资产认购发行股票的，董事会决议应当明确交易对手（应当说明是否为关联方）、标的资产、作价原则及审计、评估等事项。董事会应当在发行方案中对资产定价合理性进行讨论与分析。

董事会应当说明本次发行募集资金的用途。

挂牌公司应当在董事会通过股票发行决议之日起两个转让日内披露董事会决议公告和经董事会批准的股票发行方案。

以非现金资产认购股票涉及资产审计、评估的,资产审计结果、评估结果应当最晚和召开股东大会的通知同时公告。

2. 召开股东大会并披露

挂牌公司应当按程序要求召开股东大会。股东大会应当审议《股票发行方案》,就股票发行等事项做出决议。

挂牌公司应当在股东大会通过股票发行决议之日起两个工作日内披露股东大会决议公告。

3. 路演与询价(如有)

董事会决议已确定发行对象的,按认购合同直接缴款,无须询价。董事会决议未确定发行对象的,股东大会后可以采用询价发行。采用询价发行的,挂牌公司和主办券商可以进行路演。

询价的流程一般为:发放认购邀请书、申购报价、确定发行价格与发行对象。

4. 披露认购公告

在挂牌公司确定股票发行的认购对象之后,最迟应当在缴款起始日前的两个转让日内披露股票发行认购公告。

本次股票发行如有优先认购安排,认购公告中还应披露现有股东的优先认购安排。

5. 认购、缴款

参与认购的投资者和现有股东应按照认购公告和认购合同的约定,在缴款期内进行缴款认购。

6. 申请备案

挂牌公司应当在股票发行验资完成后的10个转让日内,向股转系统申请备案。

2013年,股转系统颁布了《全国中小企业股份转让系统股票发行业务指引第1号——备案文件的内容与格式(试行)》《全国中小企业股份转让系统股票发行业务指引第2号——股票发行方案及发行情况报告书的内容与格式(试行)》《全国中小企业股份转让系统股票发行业务指引第3号——主办券商关于股票发行合法合规性意见的内容与格式(试行)》《全国中小企业股份转让系统股票发行业务指引第4号——法律意见书的内容与格式(试行)》。挂牌公司与主办券商须按照相关指引的要求编制备案文件。备案文件的目录如表5-3所示。

表5-3 新三板挂牌公司股票发行备案文件目录

第一部分 要求披露的文件
1-1 股票发行方案
1-2 股票发行情况报告书
1-3 公司关于股票发行的董事会决议
1-4 公司关于股票发行的股东大会决议
1-5 股票发行认购公告
1-6 主办券商关于股票发行合法合规性意见
1-7 股票发行法律意见书
1-8 具有证券、期货相关业务资格的会计师事务所或资产评估机构出具的资产审计或评估报告(如有)
第二部分 不要求披露的文件
一、挂牌公司相关文件
2-1 备案登记表
2-2 股票发行备案报告
2-3 认购合同或认购缴款凭证
二、其他文件
2-4 挂牌公司全体董事对备案文件真实性、准确性和完整性的承诺书
2-5 本次股票发行的验资报告
2-6 资产权属证明文件(如有)
2-7 资产生产经营所需行业资质的资质证明或批准文件(如有)
2-8 签字注册会计师、律师或者资产评估师的执业证书复印件及其所在机构的执业证书复印件
2-9 要求报送的其他文件

股转系统对提交的文件进行审查。股转系统在备案审查过程中，发现挂牌公司、主办券商、律师事务所和其他证券服务机构有需要补充披露或说明的情形，可以要求其提供补充材料或进行补充披露。

股转系统备案审查的重点包括：发行备案的材料齐备，内容合规，材料之间无相互矛盾；应当披露的文件已完成披露；验资报告证明出资缴款到位；挂牌公司及主办券商、律师事务所在相关发行文件中的确认意见等。

7. 办理股份登记并披露相关公告

股转系统审查后，同意出具股份登记函的，进入办理股份登记的程序。

挂牌公司应在 $T-3$ 日（T 日为新增股份可转让日）前（含 $T-3$ 日）披露本次新增股份的相关文件，包括：发行情况报告书、股票发行法律意见书、主办券商关于股票发行合规性意见、股票挂牌转让公告。

（二）适用中国证监会核准类发行的程序

（1）召开董事会、股东大会并披露。

挂牌公司应当按程序召开董事会审核股票发行事项，对股票发行做出决议。董事会决议后，应当按程序召开股东大会审议股票发行事项，对股票发行做出决议。董事会、股东大会的决议和披露要求与股转系统备案管理类发行相同。

（2）编制并报送申请文件。

挂牌公司应当按照中国证监会《非上市公众公司信息披露内容与格式准则第 4 号——定向发行申请文件》（2013 年）、《非上市公众公司信息披露内容与格式准则第 3 号——定向发行说明书和发行情况报告书》（2013 年）的要求制作申请文件，申请文件主要包括：定向发行说明书、律师事务所出具的法律意见书、会计师事务所出具的审计报告、证券公司出具的推荐文件等。

（3）中国证监会审核。

证监会受理申请后进行审核，做出是否核准的决定。

证监会做出核准决定后，挂牌公司应当披露下列文件：取得证监会核准的公告、定向发行说明书、定向发行推荐工作报告、定向发行法律意见书。

（4）启动发行、认购缴款。

（5）向股转系统申请备案、股份登记。

五、新三板挂牌公司股票发行中的特殊事项

（一）对赌条款（股票发行认购协议中的特殊条款）

《挂牌公司股票发行常见问题解答（三）——募集资金管理、认购协议中特殊条款、特殊类型挂牌公司融资》（2016年）规定挂牌公司股票发行认购协议中签订的业绩承诺及补偿、股份回购、反稀释等特殊条款（简称"特殊条款"）应当满足以下监管要求。

（1）认购协议应当经过挂牌公司董事会与股东大会审议通过。

（2）认购协议不存在以下情形：①挂牌公司作为特殊条款的义务承担主体；②限制挂牌公司未来股票发行融资的价格；③强制要求挂牌公司进行权益分派，或不能进行权益分派；④挂牌公司未来再融资时，如果新投资方与挂牌公司约定了优于本次发行的条款，则相关条款自动适用于本次发行认购方；⑤发行认购方有权不经挂牌公司内部决策程序直接向挂牌公司派驻董事或者派驻的董事对挂牌公司经营决策享有一票否决权；⑥不符合相关法律法规规定的优先清算权条款；⑦其他损害挂牌公司或者挂牌公司股东合法权益的特殊条款。

（3）挂牌公司应当在股票发行情况报告书中完整披露认购协议中的特殊条款；挂牌公司的主办券商和律师应当分别在《主办券商关于股票发行合法合规性意见》《股票发行法律意见书》中就特殊条款的合法合规性发表明确意见。

(二) 募集资金管理

根据《挂牌公司股票发行常见问题解答（三）——募集资金管理、认购协议中特殊条款、特殊类型挂牌公司融资》(2016年)。挂牌公司发行股票除满足《非上市公众公司监督管理办法》《全国中小企业股份转让系统业务规则（试行）》《全国中小企业股份转让系统股票发行业务细则（试行）》等相关规定外，还应当满足以下监管要求。

1. 募集资金的使用

挂牌公司募集资金应当用于公司主营业务及相关业务领域。除金融类企业外，募集资金不得用于持有交易性金融资产和可供出售的金融资产或借予他人、委托理财等财务性投资，不得直接或者间接投资于以买卖有价证券为主营业务的公司，不得用于股票及其他衍生品种、可转换公司债券等的交易；不得通过质押、委托贷款或其他方式变相改变募集资金用途；暂时闲置的募集资金可以进行现金管理，经履行法律法规、规章、规范性文件以及公司章程规定的内部决策程序并披露后，可以投资于安全性高、流动性好的保本型投资产品。

挂牌公司应当防止募集资金被控股股东、实际控制人或其关联方占用或挪用，并采取有效措施避免控股股东、实际控制人或其关联方利用募集资金投资项目获取不正当利益。

挂牌公司应当按照发行方案中披露的募集资金用途使用募集资金，改变募集资金用途的，应当在董事会审议后及时披露，并提交股东大会审议。

2. 募集资金的专户管理

挂牌公司应当建立募集资金存储、使用、监管和责任追究的内部控制制度，明确募集资金使用的分级审批权限、决策程序、风险控制措施及信息披露要求。

挂牌公司募集资金应当存放于公司董事会为本次发行批准设立的募集资金专项账户（以下简称"专户"），并将专户作为认购账户，该专户不得存放非募集资金或用作其他用途；挂牌公司应当在发行认购结束后验资前，与主办券商、存放募集资金的商业银行签订三方监管协议，三方监管协议应当在股票发行备案材料中一并提交报备。

挂牌公司董事会应当每半年度对募集资金使用情况进行专项核查，出具《公司募集资金存放与实际使用情况的专项报告》，并在披露挂牌公司年度报告及半年度报告时一并披露；主办券商应当每年就挂牌公司募集资金存放及使用情况至少进行一次现场核查，出具核查报告，并在挂牌公司披露年度报告时一并披露。

3. 股票发行方案的信息披露要求

（1）挂牌公司股票发行方案中应当详细披露本次发行募集资金的用途并进行必要性和可行性分析：募集资金用于补充流动资金的，应当结合公司目前的经营情况、流动资金情况，说明补充流动资金的必要性和测算的过程。募集资金用于偿还银行贷款的，应当列明拟偿还贷款的明细情况，披露募集资金偿还贷款对挂牌公司经营和财务状况的影响。募集资金用于项目建设的，应当结合项目立项文件、工程施工预算、采购协议及其他资金使用计划量化说明资金需求和资金投入安排。募集资金用于股权收购的，应当对标的资产与挂牌公司主业的相关程度、协同效应进行说明，列明收购后对挂牌公司资产质量及持续经营能力的影响。募集资金用于购买非股权资产（是指构成可独立核算会计主体的经营性资产）的，发行前挂牌公司应当与交易对方签订合同或协议，在发行方案中披露交易价格,并有审计报告或者资产评估报告的支持。挂牌公司发行股份购买资产构成重大资产重组并募集配套资金的,应当从以下方面进行说明,包括但不限于:挂牌公司前次募集资金金额、具体用途及剩余资金安排;本次配套募集资金与本次重组事项的相关性,募集资金金额是否与挂牌公司及标的资产现有生产经营规模、财务状况相匹配等。独立财务顾问应当对募集资金用途、合理性、必要性进行核查并发表明确意见。募集资金用于其他用途的,应当明确披露募集资金用途、资金需求的测算过程及募集资金的投入安排。

(2)挂牌公司股票发行方案中应当详细披露前次发行募集资金的使用情况,包括募集资金的具体用途、投入资金金额以及对挂牌公司经营和财务状况的影响等。

挂牌公司的主办券商应当在《主办券商关于股票发行合法合规性意见》中就挂牌公司本次发行是否符合募集资金专户管理要求,是否符合募集资金信息披露要求等逐项发表明确意见。

(三)类金融类企业进行股票发行的特别规定

根据《关于金融类企业挂牌融资有关事项的通知》,其他具有金融属性的挂牌公司在相关监管政策明确前,应当暂停股票发行、重大资产重组等相关业务。

小额贷款公司、融资担保公司、融资租赁公司、商业保理公司、典当公司等具有金融属性的挂牌公司属于"其他具有金融属性的挂牌公司",其发行股票的,发行对象不得以所持有的其他具有金融属性的企业相关资产进行认购;募集资金不得用于参股或控股其他具有金融属性的企业;如果其股东或子公司为其他具有金融属性的企业,应当承诺不以拆借等任何形式将募集资金提供给该其他具有金融属性的企业使用。

第四节 新三板转板

转板是指上市主体从资本市场的一个板块转入另一个不同层级的板块。所谓新三板转板一般是指新三板挂牌企业转板至交易所市场（上交所主板、深交所中小企业板或者深交所创业板）上市交易。

截至 2017 年 10 月 27 日，共计 156 家新三板挂牌公司位于 A 股 IPO 审核过程之中，占中国证监会总受理在审家数 560 家的约 30%。此外，共计有 551 家新三板挂牌公司已公告正在接受保荐机构的 A 股 IPO 上市辅导。

一、新三板挂牌公司转板的途径

新三板"转板"有两种方式，第一种存在于理论上，目前此路不通；第二种则是与其他非新三板挂牌企业申请 IPO 上市历经的程序完全一样。

（一）直接转板

第一种方式是指不需要向证监会申报发行上市申请，直接向交易所直接申请上市交易。《国务院关于全国中小企业股份转让系统有关问题的决定》（国发〔2013〕49 号）规定：在全国股份转让系统挂牌的公司，达到股票上市条件的，可以直接向证券交易所申请上市交易。

这种方式，类似于香港地区市场的"介绍上市"，即拟上市主体已经具备交易所规定的包括股权分布等在内的全部上市条件，不向公众公开发行，即直接将全部老股在交易所上市。这是一种只上市、不融资的特殊方式。在香港，已上市公司分拆子公司上市常采用介绍上市的方式。例如，2013 年，TCL 集团（000100.SZ）子公司 TCL 多媒体（01070.HK）分拆全资子公司通力控股在香港联交所主板上市，分拆方式为 TCL 多媒体以实物分派方式分派通力控股的全部股权给全部股东。分派后，TCL多媒体与通力控股股东结构完全一致，然后通力控股以介绍方式上市。

这种直接转板方式目前仅因为国务院文件的那条规定而存在于纸面上，尚没有任何具体细化操作方案出台。交易所的股票上市规则也还是继续将"股票经中国证监会核准已公开发行"列为上市条件，因此此路不通。

中国证监会 2017 年 7 月 3 日《对十二届全国人大五次会计第 2432 号建议的答复》中也指出：新三板挂牌企业直接转板或开通 IPO 绿色通道的制度设计，须统筹考虑市场公平与监管秩序，审慎研究推进。

（二）正常按通常程序申报 IPO

第二种方式则是正常向证监会提交 IPO 申请，与其他非新三板挂牌企业无任何区别，均经历受理和预先披露、反馈会、见面会、预先披露更新、初审会、发审会、封卷、会后事项、核准发行九个环节后实现在交易所市场上市。

二、新三板挂牌公司申报 IPO 审核的两种方式

已在新三板挂牌的企业申报 IPO 审核可以在两种方式之间进行选择：第一，以新三板挂牌企业身份申报；第二，在新三板摘牌后以非新三板挂牌企业身份申报。

（一）挂牌情况下申报并暂停转让，获批后终止挂牌

新三板挂牌企业申报 IPO 流程主要包括：①在公司内部决策决定 IPO，董事会和股东大会表决通过相关决议后要及时公告；②在向证监会提交申报材料并取得申请受理许可通知书后，公司申请在新三板暂停转让；③在获得证监会审核通过后，申请终止在新三板挂牌并

公告。

以中旗股份为例。2015年2月15日该公司申报IPO材料收到《证监会行政许可申请受理通知书》。2月16日公告公司股票在全国股份转让系统暂停转让。2016年8月19日，创业板发审委2016年第51次会议审核通过该公司IPO申请。9月30日，公司董事会审议通过《申请公司股票在全国中小企业股份转让系统终止挂牌的议案》。10月27日，提交临时股东大会审议通过。11月11日，该公司公告收到股转系统出具《关于同意江苏中旗终止股票在全国中小企业股份转让系统挂牌的函》，在全国股转系统终止挂牌。11月18日，获得证监会IPO发行批文，启动IPO发行。

（二）先行摘牌，再行以非新三板挂牌企业身份申报IPO

此种方式的好处在于IPO审核期间不再受新三板相关规范的监管和约束，但需要先行履行与摘牌相关的程序。摘牌后，新三板挂牌企业的身份丧失，将承担未能正常申报IPO或者审核不成功的风险。

三、新三板挂牌公司IPO审核中的特殊关注事项

与非新三板挂牌企业相比，新三板挂牌企业或者曾经在新三板挂牌过的企业在审核中需要注意以下事项。

（一）IPO申报材料与挂牌信息披露的差异

对于新三板挂牌企业（包括曾经在新三板挂牌的企业），证监会IPO反馈意见均会询问IPO申报文件是否存在与新三板挂牌及后续信息披露时内容不一致的事项。例如，凯伦建材的反馈意见包括："2014年12月，公司在全国中小企业股份转让系统挂牌。请发行人补充说明首发申报文件和在新三板挂牌期间对外发布的文件中披露的信息是否存在重大

差异及原因。请保荐机构、发行人律师核查并发表明确意见"。⊖

2017年3月14日,已申报IPO的新三板挂牌企业山东世纪天鸿文教科技股份有限公司(世纪天鸿,833456.OC)因为信息披露不一致而受到股转系统的自律监管措施。据股转系统下发的监管函,世纪天鸿存在以下问题:① 2013年度和2014年度前五大客户销售情况信息披露不真实;②预付账款性质信息披露不真实;③关联交易信息披露不真实和不完整;④ 2013年度前五名供应商采购情况信息披露不真实。⊖

2017年3月28日,股转系统发布《挂牌公司信息披露及会计业务问答(三)》,要求新三板企业申报IPO材料与在新三板已经公开披露的定期报告有不一致的,应当及时进行更正,并在IPO招股说明书披露前,披露更正公告、更正后的定期报告、会计师专项说明、券商专项说明(如需要),并对更正公告的内容进行了规定。

虽然根据具体情况不同,信息更正并不必然对IPO审核造成重大影响。以上述世纪天鸿为例,其相关信息披露差异原因多为统计口径、误写、遗漏披露且披露差异变化比率较小,不涉及对报告期经营成果和财务状况的调整,而且自律监管措施不属于行政处罚、重大违法范畴,因此在履行相关更正公告程序后并在招股说明书披露后,并没有对后续IPO审核造成重大影响。该公司已经成功在A股上市。

除世纪天鸿外,新三板挂牌企业当中,在IPO辅导后更正过挂牌披露信息的公司还有佩蒂股份(832362.OC)、九典制药(832933.OC)、万马科技(834864.OC)等,这些企业均已通过审核。更正过挂牌披露信息的公司中也有未能通过发审委审核的,例如耐普矿机(834947.OC)、

⊖ 资料来源:中国证监会官网"江苏凯伦建材股份有限公司创业板首次公开发行股票申请文件反馈意见"(http://www.csrc.gov.cn/pub/newsite/fxjgb/scgkfxfkyj/201702/t20170220_312439.html),访问于2017年12月28日。

⊖ 资料来源:全国中小企业股份转让系统官网"山东世纪天鸿文教科技股份有限公司关于收到全国中小企业股份转让系统自律监管措施决定书的公告"(http://www.neeq.com.cn/disclosure/2017/2017-03-15/1489569530_002570.pdf),访问于2017年12月28日。

爱威科技（831895.OC）。因此，信息披露差异对挂牌企业通过审核的影响还是要具体问题具体分析。

尽管如此，也必须郑重提醒：在现实实践中，因为新三板实施注册制审核方式，部分券商基于成本等因素考虑，曾经存在非投行专业人员承做或者外包，导致部分新三板挂牌企业承做质量差、历史问题未解决、企业未实际规范，甚至在财务、税务等关键问题上没有正确处理等情况。这样的企业如果需要申报 IPO 可能就面临严重障碍，不一定能够通过信息披露更正解决，而可能需要重新运行更长的时间才能具备 IPO 申报条件。

（二）与新三板挂牌交易相关的问题

对于新三板挂牌企业（包括曾经在新三板挂牌的企业），目前 IPO 反馈意见均要求披露以下事项：说明是否存在或曾经存在股东超过 200 人的情形；发行人股份在新三板挂牌期间的交易情况，披露本次申报后的股权结构变动情况；请保荐机构、律师对上述问题进行核查，说明核查过程并发表意见。

目前监管部门已明确：股东人数超过 200 人的新三板公司在挂牌后，如通过公开转让导致股东人数超过 200 人的，并不违反相关禁止性规定，可以直接申请 IPO；如通过非公开发行导致股东人数超过 200 人，根据《非上市公众公司监督管理办法》，在进行非公开发行时应先获得证监会核准，其合规性已在非公开发行时经过审核，可以直接申请 IPO。

（三）"三类股东"问题

1. 什么是"三类股东"

三类股东，指契约型私募基金、资产管理计划和信托计划等"非公开募集"的金融产品。"三类股东"企业则是发行人股东中含有"三类股东"的企业。

契约型私募基金指以非公开方式向投资者募集资金设立的投资基金，并且基金管理人、投资者和其他基金参与主体按照契约约定行使相应权利，基于合同享有投资收益，承担相应义务和责任。其法律依据包括：《中华人民共和国证券投资基金法》（2015年）、《私募投资基金监督管理暂行办法》（2014年）、基金业协会2014年发布的《私募投资基金管理人登记和基金备案办法（试行）》。

资产管理计划是指证券公司、基金公司子公司或期货公司子公司向特定客户募集资金或者接受特定客户委托担任资产管理人，由托管机构担任资产托管人，为资产委托人的利益，运用委托财产进行投资的一种标准化金融产品。法律依据包括：《证券公司客户资产管理业务管理办法》（2012年）、《基金管理公司特定客户资产管理业务试点办法》（2012年）和《证券投资基金管理公司子公司管理暂行规定》（2012年）。

信托计划指由信托公司担任受托人，按照委托人意愿，为受益人的利益，将一个及以上委托人交付的资金进行集中管理、运用或处分的资金信托业务活动。法律依据包括：《中华人民共和国信托法》（2001年）、《信托公司集合资金信托计划管理办法》（2007年）和《信托公司私人股权投资信托业务操作指引》（2008年）。

三类股东都是由金融机构通过非公开方式向出资人募集资金，由管理人合理运用资金获取收益，管理人和出资人之间按事先约定分配收益、承担风险，其不同之处在于发行产品的金融机构不同。目前，契约型私募基金主要由私募基金管理公司发行；资产管理计划由证券公司、公募基金子公司或期货公司子公司发行；信托计划则由信托公司发行。前两者是由中国证监会监管，基金业协会负责具体管理，信托计划则由中国银监会监管。

一般认为,三类股东等作为持股平台为拟上市公司股东的,可能会存在以下问题:①出资人和资金来源核查与准确披露困难;②投资决策、收益分配机制未经有效披露,容易引起纠纷,不符合IPO对股权结构清晰的要求;③可能因存续期到期而造成股权变动,影响股权稳定性。

2. "三类股东"问题的由来

"三类股东"并不是IPO审核的新问题,IPO审核历史上一直不允许"三类股东"成为拟上市企业的股东。因此,过去拟上市企业均会在引进股东时注意该事项,排除"三类股东"成为自己的股东。

需要说明的是,"三类股东"问题与合伙企业问题性质还不尽相同。合伙企业是我国民法上认可的法律主体,可以办理工商登记,也有组织机构代码证、税务登记证等,最初受到限制的原因是无法在登记结算公司开户。解决了开户问题后,其成为拟上市企业股东就没有障碍了。而"三类股东"的特殊性还在于其本身并不是法律主体,只能以管理人的名义签署合同、从事民事行为。

"三类股东"成为新三板企业申报IPO焦点问题的原因在于,股转系统允许资产管理计划和契约型基金作为拟挂牌企业的股东。股转系统的业务问答明确:资产管理计划、契约型私募基金所投资公司申请在全国股转系统挂牌时,主办券商在《公开转让说明书》中将资产管理计划或契约型基金列示为股东⋯⋯中国结算发行人业务部核对股份登记信息与披露信息的一致性后,将股份直接登记在资产管理计划或契约型私募基金名下。此外,新三板企业挂牌交易,特别是做市交易后,难以对股东身份进行控制导致"三类股东"成为自己的股东。

3. "三类股东"申请A股IPO的障碍逐步得到解决

凡是存在"三类股东"的发行人均会在审核中被关注。已于2017年7月成功上市的佩蒂股份(300673)的反馈意见就包括:"补充披露直接或间接股东中是否存在资管计划、契约型基金或信托产品，说明相关产品作为发行人股东的适当性"。该企业本身并不存在"三类股东"问题，仍然获得该项反馈意见，证明"三类股东"问题已成为新三板企业反馈意见的标配。

中国证监会 2017 年 7 月 3 日《对十二届全国人大五次会计第 2432 号建议的答复》中指出：证监会并未在受理阶段设置差别性政策，已有多家存在"三类股东"的拟上市企业建交 IPO 申请并获受理。鉴于"三类股东"作为拟上市企业股东涉及发行人股权清晰等发行条件及相关信息披露要求，目前证监会正积极研究"三类股东"作为拟上市企业股东的适格性问题。

从审核实践看，"三类股东"问题的解决大致分成三个阶段。

（1）"三类股东"作为间接股东。

在新三板企业转板 IPO 案例中，"三类股东"作为间接股东率先得到解决。例如，2017 年 1 月上市的海辰药业（300584）的二级股东中存在资产管理计划；2017 年 4 月长川科技（300604）的三级股东中存在契约型基金。

（2）清理"三类股东"后得以上市。

在"三类股东"作为直接股东的政策障碍没有解决之前，部分上市公司采用了清理"三类股东"的办法。清理方式包括股权转让、拟 IPO 企业回购、拟 IPO 企业的大股东收购等。例如，同一家私募基金内部以有限合伙形式的基金收购原有"三类股东"形式存在的基金所持股权。

这种清理又分为两种情况。一种是在申报 IPO 之前解决，一种是申报 IPO 之后解决。需要说明的是，针对后一种情况需要注意两点。第一，其涉及申报期间股东持股变化，需要与审核人员充分沟通。第二，只有在新三板摘牌后的发行人才能在申报期间清理。原因在于，申报 IPO 后，发行人在新三板处于暂停交易状态。由于新三板没有非交易过户的制度安排,因此没有在新三板摘牌的发行人是不能在暂停交易期间实现股权转让的。

2017年12月5日,福达合金通过证监会发审委审核,这是第一家清理"三类股东"后得以审核通过的新三板转板企业。12月6日通过审核的科顺防水、粤飞数据也曾经有过"三类股东"。

(3)"三类股东"作为直接股东的监管政策得以明确。

2018年1月12日的证监会新闻发布会首次对新三板挂牌企业申请IPO过程中的"三类股东"问题的审核政策进行了明确说明。㊀证监会指出:2016年以来,随着新三板挂牌企业申请IPO数量逐步增多,部分企业出现了契约型私募基金、资产管理计划、信托计划等"三类股东"。鉴于"三类股东"具有一定的特殊性,可能存在层层嵌套和高杠杆,以及股东身份不透明、无法穿透等问题,在IPO发行审核过程中予以重点关注。此前,部分在审企业对"三类股东"采用了主动清理的办法。

考虑到"三类股东"问题不仅涉及IPO监管政策,还涉及新三板发展问题,证监会对"三类股东"问题的处理非常慎重,经反复研究论证,近期明确了新三板挂牌企业申请IPO时存在"三类股东"的监管政策,具体如下所示。

一是基于《证券法》《公司法》和IPO办法的基本要求,公司的稳定性与控股股东与实际控制人的明确性是基本条件,为保证拟上市公司的稳定性、确保控股股东履行诚信义务,要求公司控股股东、实际控制人、第一大股东不得为"三类股东";

二是鉴于目前管理部门对资管业务正在规范过程中,为确保"三类

㊀ 资料来源:中国证监会官网"2018年1月12日新闻发布会"(http://www.csrc.gov.cn/pub/newsite/zjhxwfb/xwfbh/201801/t20180112_332418.html),访问于2018年1月12日。

股东"依法设立并规范运作,要求其已经纳入金融监管部门有效监管;

三是为从源头上防范利益输送行为,防控潜在风险,从严监管高杠杆结构化产品和层层嵌套的投资主体,要求存在上述情形的发行人提出符合监管要求的整改计划,并对"三类股东"做穿透式披露,同时要求中介机构对发行人及其利益相关人是否直接或间接在"三类股东"中持有权益进行核查;

四是为确保能够符合现行锁定期和减持规则,要求"三类股东"对其存续期做出合理安排。

根据发行审核部门的上述明确监管政策,对"三类股东"的具体要求体现为四个方面。

第一,发行人的控股股东、实际控制人、第一大股东不得为"三类股东"。

第二,"三类股东"依法设立并规范运作并已经纳入金融监管部门有效监管。

具体来说,要求"三类股东"已按照规定履行审批、备案或报告程序,其管理人已依法注册登记。中介机构应当就发行人三类股东是否符合上述要求,是否依法设立并有效存续发表明确意见。

第三,存在高杠杆结构化产品和层层嵌套的投资主体提出符合监管要求的整改计划,并对"三类股东"做穿透式披露,同时要求中介机构对发行人及其利益相关人是否直接或间接在"三类股东"中持有权益进行核查。

这包括两个方面的要求。首先,中介结构应该核查三类股东是否符合《中国人民银行、银监会、证监会、保监会、外汇局关于规范金融机构资产管理业务的指导意见》的相关要求,尤其是关于资管产品杠杆、分级和嵌套的要求,并发表明确意见。对于"三类股东"不符合上述相关要求的，应当提出切实可行、符合要求的整改规范计划，并予以披露。其次，对三类股东做层层穿透披露，要求中介机构对控股股东、实际控制人、董监高及其亲属、本次发行的中介机构及其签字人员是否直接或间接在三类股东中持有权益进行穿透核查，并发表明确意见。

第四，"三类股东"对其存续期做出合理安排以确保能够符合现行锁定期和减持规则。

也就是说，目前以"三类股东"作为直接股东的发行人必须对照上述要求进行核查、整改与披露。能够满足上述要求的，"三类股东"作为发行人的直接股东进行 IPO 已经没有政策障碍。不能够满足的，则仍然需要对"三类股东"直接持股进行清理。

考虑到上述监管要求，特别是穿透式披露要求仍然有一定的工作难度，我们仍然建议拟上市企业引入"三类股东"时应审慎决策。如果已经引入的，能够满足上述监管与核查要求的，其通过审核不存在障碍。如果难以满足的，也建议在申报 IPO 之前进行清理。

第六章

未 来

第一节 注册制深度分析
第二节 实施注册制对 IPO 的影响

第一节 注册制深度分析

一、为什么注册制一定要搞

(一) 当前审核机制存在的问题

1. 信息披露与实质性审核之间的内在悖论难以调和

信息披露真实、准确、完整并且充分揭示风险是任何一个资本市场的内在基本要求，A股也不例外。但同时，A股的实质性审核又要求拟上市企业必须是个好企业，要求业绩良好、成长性强、规范运作等，且对这些要求的具体体现进行实质性审核。也就是说，与成熟市场企业讲真话，风险留给市场决定不同，A股企业被要求既要讲真话，又要向监管部门证明自己是好企业。这两者之间其实是存在难以调和的内在悖论的。在此情况下，企业往往不是从尽量揭示风险的角度出发，而是尽可能地打"擦边球"。审核实务中出现的"挤牙膏""捉迷藏"式披露，虽然不正确，但很多时候也是发行人和保荐机构面对困境时的无奈之举。这实际上极大地有碍于信息披露的真实、准确、完整。

2. 过度注重实质性审核不利于形成健康的投资者文化

尽管《首发办法》明确规定中国证监会对发行人首次公开发行股票的核准不表明其对该股票的投资价值或者投资者的收益做出实质性判断或者保证，发行人经营与收益的变化引致的投资风险由投资者自行负责，但监管部门对IPO的实质性审核仍然给予市场监管部门已经严格把关，能够通过审核的都是好企业的错觉。这种把关和对投资者的"父爱"精神其实不利于投资者自负其责的健康的投资者文化的形成。

审核中监管部门为了防止中介机构不尽职，往往要求其对很多事项做出明确的肯定性结论。但这实际上既不符合"实事求是"的客观实际,又给投资者进行投资判断时带来负面影响。例如,保荐机构和律师可能被要求发表"不存在潜在纠纷"的结论。实际上,即便中介机构已经穷尽了其能力范围内所有能够掌握的信息和资料,也不一定能保证信息的完整性。而且,从时间看,当前不存在也不能保证未来不存在。所谓"潜在"是一种客观存在的可能性,就是指未来。要对未来负责,本来就是违背客观规律的。

3. 上市条件呈刚性要求,部分新经济业态的企业可能无法达到上市条件

在 A 股,发行条件中要求持续运行(主板中小企业板要求三年)且持续盈利,而且具有刚性(盈利无例外和豁免条款)。以京东为例,尽管其已经是市值超过 500 亿美元的世界 500 强企业,但至今仍然不符合 A 股连续盈利的发行上市条件。

如果代表经济结构转型的新兴优质企业不能在境内市场上市,无法给境内资本市场带来源头活水,可能会在根本上妨碍境内资本市场的长远健康发展。

此外,审核中的"成长性幻觉""大块头效应"等客观现象也不利于中小企业与新兴行业企业融资,不利于拓宽中小企业、新兴产业融资渠道,助力经济转型。

4. 过度审核带来的"平币驱逐优币"效应

在当前严格"风险导向"的发行审核机制下,监管部门力求事前把关,过多帮助市场承担了判断风险的任务,导致审核程序烦琐复杂、通过审核的确定性弱,这会使得审核在确实驱逐了"劣币"的同时,也可能出现"平币"驱逐"优币"的情况,即一些好企业不愿意在资本市场上市或者选择其他资本市场上市。

5. 行政干预发行节奏与发行定价，不利于发挥资本市场的"资源配置"功能

在2016年第四季度之前，监管部门使用行政手段调控发行节奏的情况较普遍。这种情况虽然现在已经有了改变，但对IPO发行价格进行行政管制的情况仍然存在。这使得一、二级市场间存在高溢价，在损害了发行人利益的同时，也使得资本市场资源配置的功能难以实现。因为这种价格管制使得不同行业、不同商业模式的企业发行市盈率相同，使得新股申购成为没有风险的套利行为。

6. "审核溢价"带来的新股高定价、高价壳资源等现象妨碍了资本市场价格发现功能等的实现

"审核溢价"（指实质性审核行政管制带来的"稀缺"效应）带来的新股高定价（虽然发行定价受到人为限制，但上市后的连续涨停实际是审核溢价的表现）、高价壳资源等现象妨碍了资本市场"资源配置"功能、价格发现功能等的实现。

7. 不利于应对国际竞争

上市公司的质量是一个国家资本市场发展的最重要因素。能否吸引优质企业，特别是代表经济发展方向的新兴企业上市，是一个国家资本市场和证券交易所竞争力的集中体现。今年来，美国主要股指的大幅上扬，除了是对美国本身经济增长的反应外，也与包括美国、中国在内的互联网巨头接踵在美国上市有关。

面临这个状况，中国香港市场也开始调整。2017年12月，时隔24年，中国香港市场最为重大的上市制度改革方案亮相。未来，没有盈利的生物科技公司、同股不同权的新经济公司、已在欧美成熟市场上市的创新型公司都可在香港主板上市。四年前，因坚持"同股同权"而无法接纳阿里巴巴在香港上市，成了香港资本市场的一大憾事。四年后，在

投资者保护、创新和监管中努力找到有效、合理、可持续的平衡后，香港联交所宣布，将为同股不同权的新经济公司"打开大门"。具体而言，香港联交所将修订现有上市规则，新增两个章节，列出同股不同权的新经济公司和没有盈利的生物科技公司的规则框架。香港联交所同时调整了主板和创业板的上市门槛，还计划修改第二上市的相关规则，以便更多已在主要国际市场上市的公司来港进行第二上市。

面对全球资本市场与证券交易所竞相竞争的局面，A股资本市场如果不直面挑战，将进一步面临优质上市资源流失的状况。

（二）注册制是大势所趋

股票IPO审核的注册制是成熟市场的通常选择，也是国际潮流，符合提高市场公平效率的大方向。从世界范围来看，美国、日本、中国台湾地区已有成熟的注册制改革和发展的经验。

在A股实施注册制，其意义可以与2005年开始的股权分置改革的意义媲美，均是解决中国资本市场的基础性问题。

股权分置改革实现了以大股东股权为代表的非流通股与以中小股东股权为代表的流通股在产权上明晰，在都获得同等流通权的同时实现了利益的一致性。大股东的利益不再与上市公司的股价与市值无关，不再只能通过侵占上市公司利益才能直接获益。大小股东的共同利益在与让上市公司创造价值，实现市值增长。股权分置改革实际解决了产权明晰问题。

而注册制解决的是A股资本市场的市场化问题。只有资本市场的入口实现了市场化，使包括优质企业的所有企业的股权融资权利获得尊重，只要说真话就能获得走向资本市场的可能性，最终能否走向资本市场由市场说了算，才能使得中国资本市场的资源配置、价格发现功能充分发挥，才能进一步激活优质企业利用本土资本市场的积极性，让本土资本市场通过市场的手段实现优胜劣汰。而监管部门更多地由入口监管转变为事后监管,通过严格执法让"说假话"的企业获得严惩。

也就是说,继股权分置改革解决了中国资本市场的产权明晰问题后,如果能够实施注册制改革,进一步解决中国资本市场的市场化问题,中国资本市场也就能获得长期繁荣的制度基础。

二、美国的注册制什么样

国内的资本市场制度设计借鉴了美国的发展过程,注册制改革的主要参照系也是美国市场。因此这里也首先介绍美国的注册制。

1. 美国的股票发行监管制度

美国的股票发行监管制度大致可以分为"松""严""放松"的三个阶段。

第一阶段是各州的单一"蓝天法"监管阶段。1911年,出于对证券发行与销售的监管需要,美国堪萨斯州颁布《1911法案》,对证券发行进行实质性审核,被称为"蓝天法"。这一行为也得到了其他各州的纷纷效仿,从而形成了在各州层面的证券发行监管。

第二阶段是"州法"加联邦双重监管阶段。受1929年美国经济大萧条和股市崩盘的影响,美国联邦政府颁布《证券法》与《证券交易法》,规定联邦对证券发行实施注册审查。这开启了美国联邦层面新股发行注册制的时代,也奠定了美国股票发行审核的长期框架:股票发行与上市是彼此独立的过程,股票发行采用州与联邦政府的双重监管架构,上市则是企业与各个交易所双向选择的结果。

在发行监管方面,联邦层面的监管是注册制,即只对申请材料的披露提出要求。具体来说,SEC的审核主要依据的是"披露原则",即原则上不对公司的盈利、管理等实质性内容设置门槛,而仅着眼于公司"是否披露了所有投资者关心的信息"。而各个州对发行监管的主要目的是预防欺诈和非法交易行为,其中有一些州会对"招股说明书中对未来盈利和股东收益的预期"做出规定,这也给予了一些州对公司盈利等实质性内容提出要求的权力,相当于要对申请企业进行实质性审查,对投资风险与价值进行判断。

第三阶段是 1996 年以后。当年颁布的《国家证券市场改进法》规定在纽交所(NYSE)、纳斯达克(NASDAQ)全球精选市场、AMEX 等全国性的交易场所上市的公司,包括外国公司可以取得州一级审核的豁免权。也就是说,符合条件的企业不需要再接受州一级的实质性审查,只需要在联邦一级(SEC)注册即可。我们现在通常所说的美国是注册制,并没有关注州一级的审查,原因就在于此。因为我们所关注的大型公司上市,包括中概股公司到美国纽交所、纳斯达克上市,均根据该法案的规定仅须通过 SEC 的注册即可。

2. 美国证监会(SEC)的审核流程

SEC 审核的对象是企业在招股说明书中有没有公布所有投资者感兴趣的信息。SEC 网站提示:"只检查公开的内容是否齐全,格式是否符合要求,而不管公开的内容是否真实可靠,更不管公司经营状况的好坏……坚持市场经济中的贸易自由原则,认为政府无权禁止一种证券的发行,不管它的质量有多糟糕。"

(1)SEC 审核的流程。

SEC 审核机构设置有 12 个按行业划分的办公室,每个办公室 25～30 个人,主要由法律与会计的专业人才组成。在发行人和承销商向 SEC 提交注册登记书和审计报告后,SEC 根据企业的性质安排一个审核小组进行审核。

SEC 根据审核情况向企业下发反馈意见书(letter of comments)。意见书中通常会提出关于企业信息披露的问题,以及企业注册登记书中提出事项的补充说明。第一轮反馈意见的问题数量通常为 80～100

个。以 Facebook 和 Twitter 为例，SEC 在第一轮反馈意见中分别对它们提出了 92 和 66 个问题。SEC 经常提出的问题包括：①公司的产品、服务等所属行业的情况；②新产品的开发、生产、营销以及客户满意度；③是否有关联交易未被披露；④对财务报表遗漏的风险因素的说明。

企业根据 SEC 的反馈意见进行回复（response letter）且附上修改后的注册登记书。SEC 会再根据修改过的注册登记书中不清楚的地方发出第二封反馈意见。根据需要，这种发出和回复反馈意见的过程会持续到 SEC 认为所有投资者需要了解的信息都被披露为止。在通常情况下，SEC 会提出四轮以上的反馈意见。

之后 SEC 会在电子文档系统（EDGAR）上发出生效通知。至此，注册程序结束。

SEC 的审核流程如图 6-1 所示。

以京东为实例，SEC 对京东集团在美国上市的审核进程如图 6-2 所示。

（2）对审核流程的实证数据统计。

深交所研究人员曾经对 50 家在美国上市的公司案例进行研究（包括 9 家中概股公司），得出的数据如下所示。

平均审核反馈沟通（提出问题让发行人回答）轮次为 4.58 轮。最少为 1 轮，最多为 9 轮。就问题数量而言，第一轮平均提 50.52 个问题，最少为 2 个，最多为 105 个。

企业得到第一轮审核反馈问题的周期平均为 26.62 天。最短为 6 天，最长为 38 天。企业回复一轮问题平均为 23.18 天，最短为 1 天，最长为 188 天。

所有轮次相加全部反馈意见平均为 82.02 个，最少为 2 个，最多为 217 个。

企业注册生效的平均周期为 224.79 天，最短为 21 天，最长为 832 天。

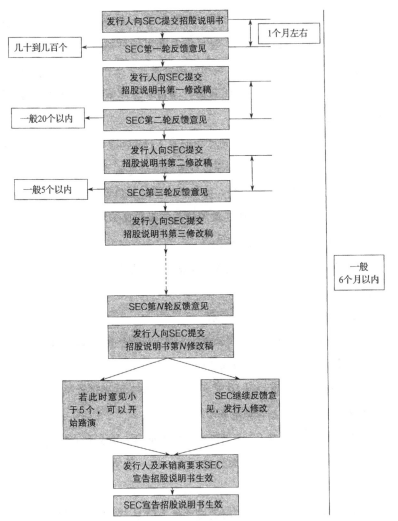

图 6-1 美国 SEC 对与股票发行注册程序流程

3. 美国证监会（SEC）的审核内容

（1）审核内容的基本原则。

关于审核的内容，有两个关键点需要注意。这两点也充分体现了注册制和信息披露审核的特点。

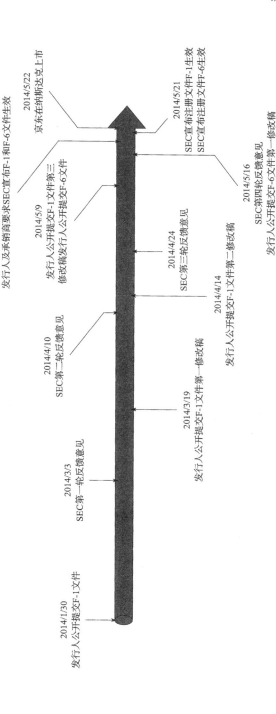

图6-2 SEC对京东集团美国上市的审核进程示意

第一，SEC 不对注册材料的真实性进行审核。也就是说，信息披露材料的真实性是发行人与承销商自己的责任。SEC 也会在材料均为真实的假设上进行审核。

在 SEC 的审核中，并没有专门针对真实性的审核，也就是说对真实性的要求主要隐含在 SEC 保留事后追究的权力中。SEC 自身的相关审核规程也明确指出：SEC 对信息的真实性不做审核，如果事后发现信息造假，发行人对报告中的造假要负全部责任，承销商和审计机构要为自己为何在尽职调查中没有发现问题负相应的责任。

第二，SEC 的反馈问题涉及实质性判断，但只要求发行人对相关信息进行更为详尽的披露，而不会因为这些实质性判断而否决企业的上市。

例如，SEC 会对企业的盈利状况、未来的盈利预期等实质性问题提出疑问，但是这些疑问一般仅由于 SEC 认为有一些投资者需要知道的信息没有得到披露，也就是说披露还不到位，而并非是 SEC 对这些指标有硬性要求，也不会因为这些问题而否决公司的上市。

案例 1 "我们注意到在你们的报告中指出了你们在新兴市场上的利润下降了。我们认为新兴市场的主权债务存在比较大的风险，在你们的招股说明中，请提供你们在新兴市场主权债务的头寸，以及可能导致的风险。"

在这个例子中，SEC 虽然提出了公司在新兴市场上的利润下降，但是并没有将这个利润下降问题作为公司不能上市的理由，而是将新兴市场主权债务的头寸作为披露的要求提出。

案例 2 "我们注意到在你们的报告中提到你们购买了许多评级比较低的公司债券，请你们在以后的报告中披露你们对这些债券的风险计量方法，以及针对这些债券的会计准则。"

在这个例子中，SEC 虽然认为购买垃圾债券有风险，但是并没有把风险过大作为企业不能上市的理由，而是要求企业充分披露计量风险的方法和会计准则。

（2）具体审核问题分析。

本着要求"充分披露"的出发点，SEC 近年来的审核问题也充分体现了目前市场突出的热点、难点问题。具体包括：披露的信息是否完备准确、清晰，或有损失的计算和披露，财务报表和会计问题，中国公司的协议控制（VIE）模式，法律和政府政策的影响，商业运营与盈利来源等。SEC 还会对很多未来预期的变化，或者假设的情景下公司业务可能会受到的影响做出披露要求。

以京东集团为例，SEC 对其美国上市反馈问题的归类情况如表 6-1 所示。

表 6-1　SEC 对京东集团美国上市反馈问题的归类情况

问题类型	第一轮	第二轮	第三轮	第四轮
1. 披露的完备性、准确性、清晰性	17	6	0	0
2. 或有损失的计算与披露	5	0	0	0
3. 财务报表和会计问题	22	8	1	3
4. 中国公司的协议控制（VIE）模式	3	0	0	0
5. 法律和政府政策的影响	12	2	0	0
6. 商业运营与盈利来源	7	3	0	0
该轮问题总计	67	19	1	3

资料来源：国泰君安证券研究报告，初始数据来源于美国证监会（SEC）官网 EDGAR 数据库。

SEC 对京东集团美国上市的反馈问题明细如表 6-2 所示。

4. 美国的交易所审核

美国的交易所审核流程与内容相对简单，主要考虑的是公司是否符合交易所上市规则中规定的上市要求，基本满足要求即可上市。

通常，发行人会同时向 SEC 和交易所提交申请，申请文件的主要内容相同，但会根据 SEC、交易所的具体要求有所区别。在审核过程中，SEC 与交易所也是各自独立操作，不会就审核中的问题交换意见或进行协调。

表 6-2 SEC 对京东集团美国上市的反馈问题明细

问题类型	问题明细
1. 披露完备性、准确性、清晰性	①补缺；②补齐法律证据；③标注第三方信息来源并说明第三方是否有关系以及信息是否是公开的；④说明统计数据 3580 万活跃用户的出处，说明所谓"活跃"的定义；⑤所有以人民币计算的数据转换为美元为单位；⑥标明你在中国用户的业务并非以你为核心，而是名下控股公司的业务；⑦注明你们如何判断你们给客户带来了"愉快的上网购物经历"；⑧补充中国在线下零售市场的复合增长率；⑨解释"GMV"的定义和这个指标的意义；⑩说明活跃客户来源是否包括在线直营和在线商城；⑪解释"tier three"和"tier four"；⑫披露一个曾经有过的重大网络事故；⑬披露预计和实际支付的一个财年的重大关系包括了协商意见的摘要；⑭复核在总裁和执行董事报酬章节所反映的来自公司及子公司在上一财年的报酬数目；⑮披露在税务退回以及关公司做出存货的合理估计是基于怎样的事实；⑯详细描述股东怎么贡献了"总体零售市场"；⑰披露为何不提出其他一些非现金费用；⑱披露2014年付给腾讯及其子公司的3.62亿元人民币是否包含在最初的收购总成本里
2. 或有损失的计算与披露	①说明曾经有过的信息安全漏洞是否有实质影响；②修改营收额，将一些租赁房产的所有权证明有关考虑在内；③讨论一些子公司无法掌控的执照和许可将会对业务产生的影响；④说明不能强制执行你的协议控制和不能有效控制子公司对你、你的股东的影响；⑤如果此次发行需要中国证监会批准，估算需要支付的费用
3. 财务报表和会计问题	①注明你公司一般不分红；②披露净资产账面价值和每股有形净资产账面价值的计算方法；③讨论改善手提书包使用功能的便利性对于你公司财务的影响；④披露股份支付对提交于 2013 年 9 月 30 日时有形净账面价值和每股有形净账面价值的影响；⑤将营收中三个要素开披露的原因；⑥量化信用额度；⑦讨论加工费和运费上升对于总成本的影响；⑧对财报投资、短期投资、现金分解讨论；⑨将财务分解讨论包括在人民币市场营收和美元负债表里，以及美元对资产负债表中的综合资产的影响；⑩复核财报中的美元会计准则应该补充财报里，同时应披露营运限制的现金合计准则的方法；⑪讨论税务影响以及财报里；⑫说明与公司所有相关的税务关系；⑬披露清香港地区或美国所有的资金代存的税务关系；⑭披露又来自运营的现金信息保方面的会计准则和方法；⑮分析为什么在维持费用和资产公允价值关系；⑭说明与内部使用的电脑软件有关折旧的方法和剩余使用年限；⑯说明与内部使用的电脑软件有关的运送成本；⑰披露如何在税务负债表中表现从自身公允价值估和负债表中表现；⑱披露如何将资产无形资产从合并表中剔除的运送成本；⑲披露支收应收账款以及应收账款的没有临时项目的会计方法的区别；⑳请解释作为在GAAP中的依据；㉑更新的立者对赤字的补偿以及对将土地使用权计入净有形资产的影响；㉒披露与其他公司合并表会面收入的要素；㉓说明对于双重等级股票相关信用以及财报里的使用权利和净资产总额合并除了总数额外其他方面收入的数额的要素；㉔披露在其他累计收益的正表中的补偿方法；㉕确认当每股价值的修正；㉖说明披露持有普通股为公允价值的每股价格；㉗披露在合并有合于 2013 年 12 月 31 日的联营公司平台业务没有加入递延税款的报账披露清楚披露如何为公允价值公允价格；㉘解释为什么将兼并价值的交易放在 2013 年 12 月 31 日的报账披露明晰；㉙披露会针对评估价表在普通股公允价值的每股价格；㉚披露用于评估普通股价值的每股价格；㉛解释确认股票补偿的会计方法在 GAAP 中的依据；㉜提供非 GAAP 准则与 GAAP 准则调整明细；㉝在上报总营收和某些其他信息时提供在 ASC 准则下的分析

4. 中国公司的协议控制（VIE）模式	①为何对江苏远洲进行协议控制而非直接持有；②简要描述公司与在中国的VIE子公司的协议控制；③讨论中国证监会约束监管VIE结构的可能性及影响
5. 法律和政府政策的影响	①确认分支机构是否属于扶持产业；②注明自己为一家主要通过在中国的子公司开展业务的控股公司并说明中国在分红方面的法律限制以及公司在何种情况下可获得分支得的资金；③详细说明任何可能造成强制执行合约债务的问题，同时说明中国法律上会对合同强制执行造成的阻碍；④披露中国裁与国际民事仲裁的民事仲裁的区别及其对你业务和股东的影响；⑤披露政策性扶持的条件以及数额，并讨论公司继续做的意愿；⑥说明中国与开曼群岛是否有协议就对于业务的资金能形式转账给中国的业务；⑦确认股东在开曼群岛的起诉产权的处罚和知识产权的起诉就业法案的互惠条款；⑧注明中国国外募群岛的起诉产权的处罚和知识产权的起诉就业法案》的要求以及这些要求对于现有法定雇员福利计划和社会保险资金及政府的可能性的影响；⑨披露《2010期激政策对公司流动性监管和运营产生的影响
6. 商业运营与盈利来源	①披露新加入的产品服务以及其对收入来源多样性的作用；②披露预付卡是否有过期时间，以及来自礼品卡的确认收入数额；③披露公司的资金来源；④说明中国和你的子公司之间进行转账；⑤说明全面的售后服务的基本特征以及每年该服务会带来的收入数额；⑥说明与预收入数额；⑦说明与到期利息票的到期收到的关系；⑧说明提到的合作协议中腾讯是怎样收入预收收你人是怎样的关系；⑧说明提到的合作协议中腾讯是怎样合作是怎样一家公司；⑨说明忠诚积分与预收收的公司是将与腾讯公司的战略合作协议当作业务的一部分，还是单独立于业务合作的

交易所在对拟上市公司审核时主要考虑公司的各项指标是不是达到了交易所规定的上市标准，在指标的选取上则重点关注财务指标、流动性和公司治理要求等方面。例如，纳斯达克（NASDAQ）和纽交所（NYSE）对上市申请仅进行形式审核，检查公司是否满足其规定的定量标准和定性要求，同样不对公司的盈利前景、募集资金用途合理性等提出实质性意见。相较于 SEC，交易所的审核流程相对简单，且交易所不会否决符合标准公司的上市申请。

以京东集团美国上市为例，其通过 SEC 的注册之后，即启动了发行工作，并没有因为交易所环节的审核而耽误任何时间。

5. 美国注册制与目前中国核准制的主要区别

从美国审核实践来看，美国的注册制审核与我们目前的核准制审核的差异并不在于"审不审"，在美国上市同样要经历严格的审核过程，也不在于审核的时间长短。以截至 2017 年第四季度的情况来看，中国申请在创业板上市的发行人从受理到通过审核的时间已经与美国 SEC 注册的平均历时很接近。

实际上，两者的差别主要还是在理念上。美国的注册制审核贯彻的是市场化原则。发行人和承销商对材料的真实性自负其责，投资者对是否购买股票的投资决策自负其责。SEC 只是本着节约交易成本的原则，让发行人与承销商把情况尽量说清楚，不要让投资者和市场产生误解。也就是说，真正的审核主体，真正能够对发行人的价值有判断权的主体只是市场。只要发行人能够把需要披露的事项，包括 SEC 判断的市场可能会关注的影响投资决策的事项说清楚，就可以通过注册。

中国核准制的审核理念是行政把关和事前判断。监管部门要防止发行人说假话，要通过对发行人的合规性判断与商业性判断（是否有投资价值）来实质性地决定发行人是否适合上市，不适合的要予以否决。

具体来说，两者的区别体现在以下三个方面。

第一，审核部门是否对发行人申报材料的真实性做判断。在美国，SEC 假定申报材料均是真实的，如果发行人和承销商造假，有事后的严厉惩罚措施来处置。在中国，监管部门更倾向与假定发行人是"坏人""骗子"，就是要通过审核和提问让"骗子"露出蛛丝马迹，从而戳穿其欺诈上市的"阴谋"。

第二，审核部门是否会因为发行人披露的信息而对发行人做是否适合上市的实质性判断。在美国，SEC 的提问不可避免地带有实质性判断的因素，但其是从帮助市场判断的角度尽可能让发行人说清楚，以帮助市场来做出投资决策，SEC 本身不会因为自己对发行人的判断决定其是否能够上市。在中国，监管部门既要求发行人真实、准确、完整披露，又可能因为这些披露而认为发行人存在不规范、盈利能力不确定等事项而不适合上市。也就是说，对于发行人来说，既要完整地说真话，又要让监管部门认为自己是个"好人"，这确实是一个为难的事。这在客观上也是实践中经常被批评的"捉迷藏""挤牙膏"式披露的重要原因。这种状况，实际上会损害信息披露的质量，对投资者是不利的。

第三，发行人对能否通过审核是否拥有确定性和可预期性。在美国，发行人通过 SEC 和交易所审核的确定性很大，可预期性很明确。唯一不确定的是股票能否发行出去和能够以什么价格发行出去。在中国，发行人通过审核的确定性和可预期性较低。由于商业世界的复杂性，再优秀的企业也不可能在运作中毫无瑕疵、"白玉无瑕"，因此除了少数超大型央企外，在发审委宣布前，没有任何中国企业对自己能否通过审核具有确定性判断。当然，正是由于这个不确定性和实质性审核，中国企业一旦通过审核，就拥有了"审核溢价"，不必担心发行问题，而且一般还能被作为新股"爆炒"一把。

总结起来，美国注册制与中国核准制的核心差异在于审核机关是否做价值判断。注册制不等于不审核，相反，注册制会对企业披露信息的完备性和准确性做更为严格的审核，但审核机构不代替市场对是否能够发行股票做价值判断。

三、把中国要搞的注册制说清楚

1. 推进股票发行注册制的基本理念和要求

黄炜主席助理 2015 年 6 月 26 日出席"2015 陆家嘴论坛"时专门论述了注册制改革的基本理念和要求。㊀黄助理当时是分管发行监管部的证监会领导。

他认为，推进股票发行注册制改革，始终秉持以下几个方面的基本理念和要求。

一是注册审核不应限制企业股权融资的天然经济权利。只要不违背国家利益和公共利益，企业能不能发行，何时发行，以什么方式和价格发行，都应由企业和市场自主决定。

二是注册审核应当回归以信息披露为中心的核心理念。注册审核要从"选秀""选优"转变到督促企业向投资者披露充分和必要的投资决策信息上来，注册审核机关不对企业的资产质量和投资价值进行实质判断。

三是注册审核不应以否决发行申请为目的。审核过程是一个提出问题、回答问题，相应地不断丰富和完善信息披露内容的互动过程。

四是注册审核应当以大力强化事中事后监管为基础。监管机关的职责重在监管执法，责成失信违法主体回吐经济利益，维护投资者合法权益。

注册制改革的核心在于理顺市场与政府的关系，避免监管部门"有

㊀ 资料来源：中国证监会官网"股票发行注册制的改革理念、责任配置与制度建构——黄炜主席助理在"2015 陆家嘴论坛"上的讲话"（http://www.csrc.gov.cn/pub/newsite/zjhxwfb/xwdd/201506/t20150626_279771.html），访问于 2017 年 12 月 28 日。

形之手"对市场的过度干预,从而构建起"宽进严管,放管结合"的体制。

2. A 股 IPO 注册制改革的核心理念与基本要素

注册制并不是不审核,其最核心的理念在于审核的目的是什么?是从为市场节约交易成本的角度出发,要求企业真实、准确、完整披露信息,以便让市场更好地对企业的投资价值进行评判,还是从帮市场投资者把关的角度出发,代替市场对企业进行一次筛选,投资者只能接受监管部门认可的"好"企业。

所以,注册制改革的核心理念在于审核信息披露,把对企业投资价值的判断权还给市场,而非由监管部门帮市场挑选出好企业。

结合中国的资本市场实际发展情况和既有发行审核实践,中国 A 股的注册制包括四个方面的核心要素。

(1)发行条件。

发行条件取消对盈利能力的硬性要求。

《证券法》第十三条规定:公司公开发行新股,应当符合下列条件……(二)具有持续盈利能力,财务状况良好。《首发办法》和《创业板首发办法》均设置了盈利条件条款,如表 6-3 所示。

表 6-3 现行 A 股 IPO 发行条件对于盈利事项的规定

	主板和中小企业板	创业板
盈利能力指标	1. 最近三个会计年度净利润均为正数且累计超过 3000 万元人民币,净利润以扣除非经常性损益前后较低者为计算依据 2. 最近三个会计年度经营活动产生的现金流量净额累计超过 5000 万元人民币,或者最近三个会计年度营业收入累计超过 3 亿元人民币	1. 最近两年连续盈利,最近两年净利润累计不少于 1000 万元人民币 2. 最近一年盈利,最近一年营业收入不少于 5000 万元人民币 净利润以扣除非经常性损益前后孰低者为计算依据

现行发行条件对于盈利条件的规定存在两方面的问题。

第一,盈利条件的要求低,但脱离实际。从实践来看,申报 A 股 IPO 企业的盈利状况实际远远超过发行条件所设置的标准。从审核来看,发行监管部门实际也对发行人的"块头"(净利润水平)有着远高于发行条件设置标准的要求。

第二,虽然盈利条件的要求低,但呈刚性,没有考虑新经济企业的需求。

虽然现行发行条件的盈利要求很低,但呈刚性,没有豁免条款和设置多重标准,难以满足优质新经济企业的上市要求。以美国和中国香港为例,虽然交易所的上市条件也设置了具体的盈利能力指标要求,但这仅是标准之一(除了盈利条件标准外,往往还有收入标准、预计市值标准等),能够适应不同类型的优质企业,特别是新经济、新商业模式企业的上市需求。而且,往往还设置有豁免条款,可以对部分特别优秀的企业"开绿灯"。

《证券法》草案一审稿取消了对发行人财务状况及持续盈利能力的要求。注册制改革后,预计证监会部门规章设置的发行条件也将取消盈利能力指标条件,并在交易所的上市条件中设置多套标准,其中包括不考虑盈利能力指标的标准。

(2)审核方式。

这是注册制的核心问题。正如美国的注册制同样包括严格审核一样,注册制的关键不在于"审不审"而是"怎么审"。具体来说,"怎么审"包括"谁来审""怎么审""审什么"三个方面。

《证券法》修订草案一审稿取消了股票发审委制度,规定由交易所负责对文件的齐备性、一致性、可理解性进行审核。交易所出具同意意见的,应当向证监会报送,证监会 10 日内无异议的,注册生效。

第一,谁来审?发行审核监管部门将由证监会发行部和发审委转移至沪深交易所。虽然沪深交易所仍然是会属单位,由证监会主管,但两个交易所的存在必然存在竞争。从我国企业公司债券的发展历程（从发改委独家主管企业债到发改委主管企业债券，央行主管的交易商协会主管中期票据，证监会主管公司债券）来看，"监管竞争"的存在确实能够推进监管方式的市场化。

第二，怎么审？沪深交易所审核仍然分为两个阶段，第一个阶段为初审，第二个阶段为上市委员会审核。上市委员会审核与原证监会发行审核委员会的票决制（七人投票，五人同意视为通过）不同，而是一种合议制。理论上讲，如果没有大的原则性问题，合议制的通过率大大高于票决制。

第三，审什么？审核的对象是信息披露，即文件的齐备性、一致性、可理解性，而不是企业本身是不是一个好企业。

（3）审核节奏。

历史上，A股IPO审核大多数时候都受政策调控的影响而存在审核节奏和发行节奏被人为控制和申报企业长时间排队的问题。具体体现为，申报材料被受理后要经历较长时间才能够进入审核程序，进入审核程序后要经历较长时间才能够上初审会与发审会，发审会通过后还要经历较长时间才能够获得发行批文。在A股消除"堰塞湖"问题可能要经历3～4年时间。

注册制下，发行审核监管部门将不再调控审核节奏与发行节奏，实现"即报即审、即审即发"。随着A股审核节奏加速，预期进入2018年，将率先实现"即报即审、即审即发"。

（4）发行价格。

发行价格按照市场化原则采用询价的方式确定，不再通过窗口指导方式对发行价格进行管制。由于IPO常态化带来的上市企业数量增加和询价方式得到的市场化发行价格，参与IPO认购将不再是无风险的套利行为。部分发行人可能面临参与询价机构数量不足而无法发行，发行价格过高导致主承销商包销、上市后跌破发行价等情况。

历史上，2000～2001年，A股IPO曾经实施过完全市场化方式确定发行价格的机制。

总之，注册制的目的是建立预期明确、监管有力的股票发行上市制度。

3. 先行赔付制度的建立为中国实施注册制改革提供了有力保障

很多人担心，由于注册制仅对发行人的信息披露进行审核，不对企业的投资价值进行实质性评估难以遏制发行人的"造假"冲动，不利于投资者利益的保护。因此，应该先行完善司法体制，加大对发行人造假的处罚力度和对投资者的保护力度，再行实施注册制。

这种担心的错误在于：

第一，无论是注册制还是核准制，都无法完全遏制发行人的"造假"冲动。注册制还是核准制在审核上的区别不在于审核的严格程度区别，而在于审核的内容区别。注册制只是不再对企业是否是"好企业"进行判断，对于是否能够发现企业"造假"与核准制没有区别。而且与之相反，由于能否发行的选择权交给了市场，发行人费尽心机造假或者过度粉饰业绩的动机可能反而变小。

第二，我国已经建立了对投资者的先行赔付制度，极大地有利于对投资者的保障。

《公开发行证券的公司信息披露内容与格式准则第1号——招股说明书（2015年修订）》第十八条要求保荐人必须承诺因其为发行人首次公开发行股票制作、出具的文件有虚假记载，误导性陈述或者重大遗漏，给投资者造成损失的，将先行赔偿投资者损失。目前，所有A股IPO项目均已由保荐机构在招股说明书明确进行了对投资者的先行赔付承诺。

中国证监会在2016年1月22日新闻发布会上明确指出：2015年11月重启新股发行时，证监会对新股发行制度进行了完善，简化了发行条件，突出了审核重点，同时对保荐机构自行承诺先行赔付做了安排，目的在于有效落实中介机构责任，遏制欺诈发行行为，强化对投资者的保护。

先行赔付本质上是一种便利投资者获得经济赔偿的替代性制度安排，对于投资者因欺诈发行等严重违法行为而遭受的损失，由承担保荐责任的保荐机构基于其事先的自律承诺先行赔付给投资者，并相应取得向发行人依法追偿的权利。这一制度安排，有万福生科等案例行之有效的实践经验可以借鉴，这是基于我国市场目前的法治和诚信环境，有效落实投资者权益保护的有益探索。⊖

第三，司法体制的完善非常重要。但必须看到，司法的完善与社会经济现实是一个相辅相成、彼此因应的过程。司法制度是一个在现实中逐步完善的过程，即所谓法律是"形成"的。指望法律与法制能够在一开始就通过制度设计包治百病，然后才能做事，是过于理想主义和不可能的。有先行赔付制度作为保障基础，在注册制实施过程中，随着各种新情况、新问题的可能出现，再行修订法规条文、完善司法过程，是更为可取的做法。

四、A 股注册制改革实施的路径

1. 注册制改革的提出

2013 年党的十八届三中全会决定明确指出：健全多层次资本市场体系，推进股票发行注册制改革，多渠道推动股权融资，发展并规范债券市场，提高直接融资比重。

时任中国证监会主席肖钢在 2015 年全国证券期货监管工作会议指出：推进股票发行注册制改革，是 2015 年资本市场改革的头等大事。

⊖ 资料来源：中国证监会官网"2016 年 1 月 22 日新闻发布会"（http://www.csrc.gov.cn/pub/newsite/zjhxwfb/xwfbh/201601/t20160122_290132.html），访问于 2017 年 12 月 28 日。

上海证券交易所于 2015 年 2 月公开大规模招聘法律、会计、行业审核岗三大岗位，职责均为"审核企业上市材料，制定和解释信息披露规则指引"。

2015 年的政府工作报告明确提出实施股票发行注册制改革。由"推进"到"实施"，意味着当时国家已经考虑开始正式实施注册制改革。

2015 年 4 月 20 日，《证券法》修订草案在全国人大常委会"一读"，与注册制相关的内容明确写进了《证券法》。当时预计，注册制将在 2016 年正式实施。

2."股市危机"后重启注册制改革

（1）"股市危机"导致 IPO 暂停。

2015 年的大规模"股市危机"打乱了注册制实施的既定节奏。

中国证监会在 2015 年 7 月 3 日的新闻发布会上宣布：企业通过 IPO 募集资本金是资本市场的基本功能。考虑到近期市场情况，将相应减少发行家数和筹资金额，7 月上旬拟安排 10 家企业 IPO，筹资金额也会较 6 月减少。[⊖]

中国证监会 7 月 4 日进一步宣布暂停 IPO 发行，7 月 3 日申购的新股全部退款。

各已启动发行的公司随后公告：因近期市场波动较大，发行人及主承销商出于审慎考虑，决定暂缓后续发行工作。原披露的预计发行时间表将进行调整。

中国证监会 2015 年 7 月 5 日宣布在 28 家拟上市公司暂缓发行后，近期将没有新股发行。下一步新股发行审核工作不会停止，但将大幅减少新股发行家数和发行融资数额。

中国证监会 2015 年 7 月 9 日决定，暂停包括再融资在内的所有股

⊖ 资料来源：中国证监会官网"2015 年 7 月 3 日新闻发布会"（www.csrc.gov.cn/pub/newsite/zjhxwfb/xwfbh/201507/t20150703_280403.html），访问于 2017 年 12 月 28 日。

票发行发审会。

也就是说，为了应对"股市危机"，稳定市场预期，中国证监会使用了暂停 IPO 股票发行的"老办法"。

在证监会 2015 年 7 月 31 日的新闻发布会上，新闻发言人指出：维护资本市场稳定是中国证监会履行监管职能的应有之义，在出现市场大幅波动和异常情况时，为维护市场稳定而采取减少或暂缓新股发行的措施是必要的。应急管理中采取的一些措施具有短期性质，但市场化改革的发展方向没有变，也不会变。推进股票发行注册制改革是资本市场改革的重大举措，有利于进一步夯实市场基础，健全市场机制，稳定市场预期。注册制改革是一个系统工程，需要循序渐进，稳步实施。⊖

市场逐步稳定之后，中国证监会于 2015 年 12 月 20 日宣布：前期暂缓发行的 28 家首发公司中已经进入缴款程序的 10 家重启发行。此后 IPO 发行开始恢复。

（2）证监会继续推进注册制实施工作。

中国证监会在 2015 年 11 月 27 日的新闻发布会上，记者针对注册制提问："有市场传闻，《证券法》修订推迟，国务院可能采用法律授权方式出台意见解决，全力以赴明年 3 月注册制要有结果；先放发行节奏后放价格，缩短发行流程。请问是否属实？能否介绍一下注册制推进的最新进展情况？"

新闻发言人回答：推进股票发行注册制改革是党中央、国务院做出的重大决策部署。目前，推进股票发行注册制改革的各项准备工作有序开展。证监会和证券交易所正在组织研究与注册制相关的配套规章和规则。注册制改革将坚持市场化、法治化取向，建立健全市场主体各负其责的体系，保护投资，便利融资，把握好改革的节奏、力度和市场可承

⊖ 资料来源：中国证监会官网"2015 年 7 月 31 日新闻发布会"(http://www.csrc.gov.cn/pub/newsite/zjhxwfb/xwfbh/201507/t20150731_282232.html)，访问于 2017 年 12 月 28 日。

受度的关系,统筹兼顾、循序渐进,确保市场稳定运行。○

(3)证监会为实施注册制修订与出台相关规范。

中国证监会于2015年底公布了新修订的《首发办法》和《创业板首发办法》。

在官方新闻稿中,证监会指出修订的总体思路为:进一步落实以信息披露为中心的审核理念,简化发行条件,方便企业融资,强化信息披露监管,提高信息披露质量。

修订的主要内容如下所示。①调整独立性条件为信息披露要求。过去要求企业发行上市要做到"三分开""五独立",不允许存在较多关联交易和同业竞争问题的企业发行上市。现不需要再作为发行上市的门槛,拟采用披露方式对同业竞争和关联交易问题进行监管。②调整募集资金使用条件为信息披露要求。过去要求募集资金原则上用于主营业务,筹资额不能超过投资项目的资金需求额,投资项目应当符合国家产业政策、投资管理、环境保护、土地管理的规定。出于降低企业融资成本、提高行政许可效率等考虑,拟取消募集资金使用方面的门槛,改为信息披露要求。

2015年11月24日,中国证监会出台《关于进一步规范发行审核权力运行的若干意见》。该文件指出,为进一步完善"条件明确、标准清晰、程序规范、公开透明、集体决策、全程留痕、监督有效"的发行审核权力运行机制,规范权力运行,加强廉政建设,防范廉政风险,在健全现有制度基础上,就进一步规范企业首次公开发行股票并上市和再融资发行审核权力运行提出如下意见。

(1)落实职能转变要求,全面简化发行条件。根据简政放权的总体工作要求,贯彻股票发行注册制的基本理念,落实以信息披露为中心的

○ 资料来源:中国证监会官网"2015年11月27日新闻发布会"(http://www.csrc.gov.cn/pub/newsite/zjhxwfb/xwfbh/201511/t20151127_287275.html),访问于2017年12月28日。

审核工作要求,研究修订相关规章和规范性文件。对于现行《首发办法》和《上市公司证券发行管理办法》中《证券法》未明确规定的发行条件,一律予以取消,调整为通过信息披露的方式落实监管要求,减少需要审核把关的项目和内容,从源头上减少审核权力。

(2)公开裁量判断标准,杜绝"口袋"政策。对于依法应当通过发行审核工作把关判断的发行条件和信息披露要求,全面总结审核实践经验,归纳整理以往审核标准和典型案例,以统一的规范性文件、法律适用意见或者发行审核监管问答等形式,全部向社会公开。成熟一批公布一批,成熟一项公布一项,切实提高审核标准透明度,强化社会监督。审核过程中遇到新情况、新问题,及时研究明确审核标准,并向社会公开。严格执行审核标准,防止出现"同事不同办"问题。

(3)严格审核流程管理,明确审核期限要求。严格按照已公布的审核流程安排审核工作,除发行人及相关中介机构自身原因外,不得无故调整审核进度排序。明确各审核环节时限要求,在正常审核状态下,从受理发行申请到召开反馈会不超过45天,从发行人落实完毕反馈意见到召开初审会不超过20天,从发出发审会告知函到召开发审会不超过10天。建立健全内部督办制度,严格按时限要求完成反馈会、初审会、发审会等审核环节工作,使发行人和中介机构对审核进度有明确预期。

(4)强化集体决策机制,规范重大问题决策程序。对发行人存在的问题是否构成发行融资障碍,是否影响审核进度等重要事项的确定,均应履行集体决策程序,任何处室和个人无权单独对企业问题进行定性或者叫停审核进程。发行审核中遇到的复杂疑难和重大无先例问题,按程序召开专题会议讨论决定。进一步明确初审会、发审会审核的重点,落实审核工作责任,对于现行审核政策已明确的问题不在相关审核会上重复讨论,有效提升审核工作效率。

(5)畅通服务渠道,建立预约接待制度。建立预约接待制度,及时满足发行人正常的业务沟通需求。发行人按规定提出接待预约申请的，原则上应当在3个工作日内安排见面。接待工作应在办公场所进行，并做好接待记录。严禁审核人员在发行审核期间与发行人及相关利害关系人进行任何正常工作沟通之外的私下接触。向发行人提供审核人员电话和电子邮箱，便于发行人与审核人员沟通交流。向发行人提供证监会发行监管部投诉电话和电子邮箱，对于发行人提出的投诉意见，发行监管部应及时处理。

（6）规范审核全程留痕，强化审核过程约束。完善审核工作留痕制度，做到受理、反馈、初审、发审、封卷、会后事项、发行核准等审核关键环节均有据可查，便于事后追责。建立严格的文件签转制度和档案管理制度，反馈意见、初审报告、发审委意见等重要文档由相关人员签字，存档备查。严格执行发审委工作底稿制度，发审会全程录音录像，录音录像资料、会议记录和表决票存档备查。

（7）加强履职回避管理，有效防止利益冲突。严格执行公务回避规定，细化发行审核工作中应当回避的具体情形。审核人员存在持有发行人股票或者其亲属在发行人、有关中介机构担任重要职务等可能出现利益冲突情形的，应主动申请回避。发审委委员存在本人及其亲属或者其所在单位与发行人、相关中介机构可能出现利益冲突情形的，应主动申请回避。明确回避事项操作流程，建立相应的报告制度及监督问责机制，进一步保障发行审核工作的公平、公正和有序进行。

（8）严格发审委工作纪律，强化发审委工作监督。严格执行发审委委员与其所在单位业务脱钩制度，委员在任职期间不得从事任何与委员身份有利益冲突的商业活动。加强发审委员和发审会审核工作管理，委员应紧密围绕发行条件和信息披露要求开展审核工作，工作底稿应当写明事实和法律依据并有明确意见，表决意见应当与工作底稿一致，否决企业发行申请应当有充分的事实和法律依据。健全监督检查制度，对发审委委员是否遵守回避制度，是否利用发审委委员身份开展商业活动，是否滥用表决权，表决理由是否正当合理，表决意见是否与工作底稿一致等进行监督检查。涉嫌违反工作纪律的，及时进行处理。

（9）强化审核监督管理，落实执纪问责要求。进一步完善并切实落实执纪监督制度和内部控制制度，全面加强对审核工作和审核人员的监督管理，发现违反审核工作纪律的行为，及时纠正。严格执行违纪问责制度，对违反审核工作纪律的人员，依规予以党纪政纪处分，处理结果及时向社会公开；涉嫌违法犯罪的，坚决移送有关部门处理。

这些法规的修订和《关于进一步规范发行审核权力运行的若干意见》的出台，标志着证监会已经开始贯彻股票发行注册制的基本理念，落实以信息披露为中心的审核工作要求。

（10）全国人大授权国务院为实施注册制调整适用《证券法》有关规定。

2015年12月9日，国务院常务会议决定提请全国人大常委会授权国务院在实施股票发行注册制改革中调整适用《中华人民共和国证券法》的有关规定。国务院常务会议提请授权对拟在沪深交易所上市交易的股票公开发行实行注册制度。全国人大常委会授权后，有关部门将制定相关规则，在公开征求意见后实施，并加强事中事后监管，切实保护投资者合法权益，严格发审委工作纪律。

当天，证监会发出《积极稳妥推进股票发行注册制改革》的新闻稿，强调：证监会将根据国务院确定的制度安排，制定《股票公开发行注册管理办法》等相关部门规章和规范性文件，对注册条件、注册机关、注册程序、审核要求、信息披露、中介机构职责以及相应的事中事后监督管理等做出全面具体的规定，向社会公开征求意见后公布实施。坚持循序渐进，稳步实施的原则，处理好改革的节奏、力度与市场可承受度的关系；坚持统筹协调，守住底线的原则，及时防范和化解市场风险。注册制改革是一个循序渐进的过程，不会一步到位，对新股发行节奏和价格不会一下子放开，不会造成新股大规模扩容。

2015年12月27日，第十二届全国人民代表大会常务委员会第十八次会议通过《关于授权国务院在实施股票发行注册制改革中调整适用〈中华人民共和国证券法〉有关规定的决定》（以下简称《决定》）。

该《决定》指出，为了实施股票发行注册制改革，进一步发挥资本市场服务实体经济的基础功能，第十二届全国人民代表大会常务委员会第十八次会议决定：授权国务院对拟在上海证券交易所、深圳证券交易所上市交易的股票的公开发行，调整适用《中华人民共和国证券法》关于股票公开发行核准制度的有关规定，实行注册制度，具体实施方案由国务院作出规定，报全国人民代表大会常务委员会备案。

该《决定》的实施期限为两年。国务院要加强对股票发行注册制改革工作的组织领导，并就该《决定》实施情况向全国人民代表大会常务委员会做出中期报告。国务院证券监督管理机构要会同有关部门加强事中事后监管，防范和化解风险，切实保护投资者合法权益。该《决定》自2016年3月1日起施行。

3. 证监会创造条件，稳步推进注册制改革

2016年年初，中国证监会进行人事调整，刘士余新任主席。2016年3月12日，在全国人大组织的新闻发布会上，刘士余主席就注册制实施问题答记者问。其说：

今年《政府工作报告》关于资本市场的任务讲得非常明确具体，证监会将认真贯彻好、落实好。关于注册制改革，正如记者提的问题，我到证监会任职后发现媒体大部分是在讨论这个问题。我做了一些功课，特地花了一点时间来研究，大体分成两个方面：一方面是注册制还搞不搞，另一方面是怎么搞。我仔细想，这两个方面不是对立的，而是一致的。

先说注册制，这是党中央、国务院关于中国资本市场长期健康发展顶层设计下的一个重大任务。这里明确回答大家，注册制是必须搞的。但是，至于怎么搞，要好好研究。我们得认真全面地理解党的十八届三中全会的《决定》，《决定》提出健全多层次资本市场体系（逗号），推进注册制改革（逗号），多渠道推动股权融资，等等。我为什么在这儿跟大家讲要注重三中全会文件当中的逗号，就说明这几项改革不是孤立的、独立的，甚至割裂的选项，逗号与逗号之间的这些内容是相互递进的关系。也就是说，把多层次资本市场搞好了，可以为注册制改革创造极为有利的条件。

从刘士余主席的讲话来看，其表达了两层意思。第一层意思是注册制必须要搞；第二层意思是注册制改革不是单兵突进，其实施方式要进行调整。

A股注册制实施的核心要素包括发行条件、审核方式、审核节奏、发行价格四个方面。之前证监会为实施注册制改革，主要在审核方式上面做文章，开始按照以信息披露为核心、淡化实质性审核的方式进行审核。这样的结果导致审核通过率有所提高。但由于审核节奏未进行变化，在严格控制发行家数的情况下，这使得排队家数越来越多，2016年甚至达到800多家，A股IPO"堰塞湖"问题达到前所未有的严重。

刘士余主席的思路则有所调整。一方面，在审核方式上继续强化信息披露审核的同时，重启强化实质性审核。通过严格审核，降低审核通过率，既实质上降低发行压力，又震慑保荐机构与发行人的"闯关"企图，为解决"堰塞湖"问题创造条件，同时也能取得舆论与市场的支持，为加速IPO审核与发行创造有利的环境。

另一方面，大力加速审核与发行节奏，推进审核节奏的"常态化"，迅速解决A股IPO长期积累的"堰塞湖"问题。这项工作从2016年第四季度开始，仅仅用了一年时间，"堰塞湖"问题基本得到解决，排队企业数量大幅下降。而且，到了2017年年底，A股IPO审核节奏的"常态化"基本实现。不仅率先实现了"即审即发",也基本实现了"即报即审"。2018年上半年,以"即报即审、即审即发"为标志的A股IPO审核常态化将完全实现。

2018年2月23日,在第十二届全国人民代表大会常务委员会第三十三次会议上,刘士余主席受国务院委托,对《关于延长授权国务院在实施股票发行注册制改革中调整适用〈中华人民共和国证券法〉有关规定期限的决定(草案)》(简称《授权决定》)做说明。⊖

刘士余主席指出:两年来,证监会按照《全国人民代表大会常务委员会关于授权国务院在实施股票发行注册制改革中调整适用〈中华人民共和国证券法〉有关规定的决定》和"十三五"规划纲要提出的"创造条件实施股票发行注册制"的要求,坚持稳中求进的工作总基调,综合施策、多措并举,努力为稳步推进注册制改革创造条件,取得了积极进展。

一是坚持质量第一,保持新股发行常态化,努力形成有利于注册制改革的发行市场秩序。两年来,证监会持续完善新股发行环节的市场化运行机制,坚持新股发行常态化,逐步放开新股发行节奏,新股发行"堰塞湖"问题得到有效缓解,2017年共审结IPO企业633家。严把公司发行上市准入关,从源头上提高上市公司质量。目前,影响推进注册制改革的"堰塞湖"包袱大为减轻,上市公司质量第一的理念深入人心,发行节奏趋于市场有序调节,有利于注册制改革的发行市场秩序逐步形成。

二是严格监管执法,加大对各类违法违规行为的打击力度,积极创造有利于注册制改革的市场环境。两年来,证监会坚持依法全面从严监管,严厉打击欺诈发行和虚假信息披露等各类违法违规行为,依法查办了一批大案要案,严惩了一大批危害市场、侵害投资者合法权益的不

⊖ 资料来源:全国人大常委会官网"关于《关于延长授权国务院在实施股票发行注册制改革中调整适用〈中华人民共和国证券法〉有关规定期限的决定(草案)》的说明——2018年2月23日在第十二届全国人民代表大会常务委员会第三十三次会议上"》(http://www.npc.gov.cn/npc/xinwen/2018-02/24/content_2038170.htm),访问于2018年2月24日。

法分子，有效遏止了一段时间以来资本市场恶性违法犯罪活动蔓延的势头。同时，证监会专门组织实施了IPO财务信息披露核查等专项监管执法行动，形成了监管高压态势。经过努力，进一步净化了推进实施注册制改革的市场环境。

三是强化交易所一线监管功能，在上市审核中发挥交易所作用，不断丰富和积累有利于实施注册制改革的经验。修订《证券交易所管理办法》，探索推进"以监管会员为中心"的交易行为监管模式，完善交易所对发行人、投资者、会员的管理措施和手段。通过抽调交易所人员参与IPO审核，增加股票发行审核委员会中交易所人员比重以及由交易所实质承担部分公司债券发行预审职能等措施，为交易所更好发挥一线监管作用进行"练兵"。经过两年努力，交易所在适应注册制改革新机制要求的制度、人才、经验、能力等方面的准备工作日趋成熟。

四是加强对中介机构的监督管理，严格中介机构市场把关责任，健全有利于注册制改革的市场中介支撑体系。两年来，证监会制定、修订一系列监管规定，督促保荐机构严格内部风险管控，充分发挥核查把关作用；完善对会计师事务所、律师事务所、资产评估事务所等中介机构的监管，细化中介机构的核查义务及法律责任，加强日常监管，加大处罚力度。经过不懈努力，中介机构执业活动进一步规范，责任意识进一步增强，专业把关作用充分发挥。

五是强化信息披露监管，探索投资者权益保护新举措，完善有利于注册制改革的配套制度安排。实行证券期货市场统一的投资者适当性管理办法，筑牢保护投资者的第一道防线；探索试行防止欺诈发行的"先行赔付"，专业投资者保护机构的"持股行权""示范性诉讼"和纠纷多元化解等新的投资者救济途径与手段；完善上市公司退市制度，健全市场优胜劣汰机制；出台减持新规，规范上市公司股份减持行为，着力解决"清仓式"减持、"过桥"减持等乱象，引导上市公司专注主业、稳健经营；完善上市公司"刨根问底"式实质性信息披露监管，进一步树立以信息披露为中心的监管理念。

六是强化市场宣传和舆情引导工作，营造有利于注册制改革顺利实施的良好舆论环境。两年来，证监会更加重视与市场的沟通，加强政策解读，提升预期管理水平。通过案例宣传、专家解读等方式，加强对注册制的正面宣传，重申注册制也须依法从严监管的正确理念；支持新闻媒体加强对价值投资理念的宣传，倡导理性投资，开展"明规则、识风险"专项投资者教育活动，培育良好的股市投资文化。妥善应对负面舆情，对不实信息和政策误读及时澄清回应，严厉打击编造传播资本市场虚假信息的行为，为实施注册制改革营造了良好舆论环境。

通过两年的努力，证监会在完善市场制度、健全市场机制、规范市场秩序、增强市场诚信、强化市场监管等方面，为稳步实施注册制改革创造了较为有利的条件与环境。同时，目前在多层次市场体系建设，交易者成熟度，发行主体、中介机构和询价对象定价自主性与定价能力，以及大盘估值水平合理性等方面，还存在不少与实施注册制改革不完全适应的问题，需要进一步探索完善；从外部环境看，欧美发达国家相关金融市场积累了一定泡沫和风险，已经有调整的征兆，给我国实施注册制改革时间窗口的选择带来不确定性。为了使继续稳步推进和适时实施注册制改革于法有据，保持工作的连续性，避免市场产生疑虑和误读，并为修订证券法进一步积累实践经验，有必要延长《授权决定》的实施期限。

综合考虑上述情况，经认真研究评估，建议《授权决定》实施期限延长两年至 2020 年 2 月 29 日。下一步，证监会将深入学习贯彻习近平新时代中国特色社会主义思想和党的十九大精神，在总结实践经验的基础上，继续积极创造条件稳步推进注册制改革，条件成熟时适时向国务院提出具体实施方案建议，并会同有关部门加强事前事中事后全过程监管，防范和化解风险，切实保护投资者合法权益。

根据刘士余主席的报告，可以得出以下两个结论。第一，最近两年，中国证监会努力为稳步推进注册制改革创造条件，取得了积极进展，主要体现在完善市场制度、健全市场机制、规范市场秩序、增强市场诚信、强化市场监管等方面。这为稳步实施注册制改革创造了较为有利的条件与环境。第二，目前国内市场还存在不少与实施注册制改革不完全适应的问题，需要进一步探索完善；发达国家金融市场积累的泡沫和风险也给我国实施注册制改革时间窗口的选择带来不确定性。因此，证监会提出将继续积极创造条件稳步推进注册制改革，条件成熟时适时向国务院提出具体实施方案建议。

4. 人大常委会延长注册制改革授权期限

2018年2月24日召开的第十二届全国人民代表大会常务委员会第三十三次会议通过了《延长授权国务院在实施股票发行注册制改革中调整适用〈中华人民共和国证券法〉有关规定期限的决定》，具体内容为：

2015年12月27日第十二届全国人民代表大会常务委员会第十八次会议授权国务院在实施股票发行注册制改革中调整适用《中华人民共和国证券法》有关规定的决定施行期限届满后，期限延长两年至2020年2月29日。国务院应当及时总结实践经验，于延长期满前，提出修改法律相关规定的意见。

国务院要进一步加强对股票发行注册制改革工作的组织领导，并将股票发行注册制改革具体实施方案报全国人民代表大会常务委员会备案。国务院证券监督管理机构要继续创造条件，积极推进股票发行注册制改革，并会同有关部门加强事前事中事后全过程监管，防范和化解风险，切实保护投资者合法权益。

从全国人大常委会通过的决定看，全国人大常委会同意证监会代表国务院对于实施股票发行注册制改革的意见，将授权期延长两年。同时，人大常委会也明确提出两项要求：其一，要求国务院应当及时总结实践经验，于延长期满前，提出修改法律相关规定的意见。其二，要求中国证监会要继续创造条件，积极推进股票发行注册制改革。一个"及时"，一个"积极"，体现了全国人大常委会对于积极推进股票发行注册制改革的明确态度。

第二节 实施注册制对 IPO 的影响

一、对拟 IPO 企业的影响

1. 对拟 IPO 企业的正面影响

注册制实施，是包含发行条件、审核方式、审核节奏、发行价格四个方面的系统工程，是资本市场入口的市场化，标志着尊重市场主体的基本经济权利、预期明确、让市场充分发挥资源配置功能的制度形成。

发行条件的变革，让一些新商业模式、新经济企业获得直接进入资本市场的机会，不必被迫远离目标市场、客户和熟悉自己的二级市场机构投资者而去境外资本市场融资。

审核方式的变革，使得发行人能否通过审核的预期明确。只要信息披露真实、准确、完整，能否发行股票与发行价格交由市场确定。发行人不必在信息披露真实、准确、完整与证明自己是个"好"企业之间"艰难博弈"，更有利于充分披露风险，实质性提高信息披露的质量。

审核节奏的常态化，使得发行人何时通过审核的预期明确。而且，审核历时大幅缩短，使得过去由于审核期间不能股权融资、大幅度资产并购重组对于企业发展的"机会成本"大为减少。

发行价格不再设置上限，使得发行人的价值由市场确定。部分优势行业、成长性良好的发行人不再需要折价发股，同样的股权摊薄可以募集更多的资金。

这些变化，对于希望利用 A 股资本市场上市的企业来说，无疑都是极为有利的。能够大大激发优质企业利用本土资本市场上市的积极性，为 A 股资本市场带来更好的源头活水。

2. 对拟 IPO 企业提出更高要求

注册制的实施，使得 A 股 IPO 从政策与监管约束变为市场约束。

过去的核准制，虽然有诸多弊端，但"审核溢价"的存在和严格的发行价格上限管制，使得新股成为稀缺资源，新股申购成为无风险的套利行为，新股发行没有发行风险。

注册制实施之后，从证监会挑选"好"企业变为市场挑选"好"企业。由于市场供应量的可能增加和更多新经济、新商业模式的企业登陆资本市场，部分传统行业、成长性不佳的企业以及不能讲出一个好的资本市场"故事"的企业可能面临发行困难或者市场能够接受的发行价格过低导致虽然通过审核但无法发行上市的窘境。

我们之前熟悉的计划在香港联交所、纽交所、纳斯达克上市，但因为认购不足或者发行价格过低而缩小发行规模、推迟发行甚至取消发行的现象也可能在 A 股出现。

举例来说。在当前的审核机制下，除了一些因为财务核算或者行业政策变动而受影响的行业外，所处行业对 A 股 IPO 上市并没有明显影响。甚至一些传统行业的企业，由于其商业模式清晰、财务核算简单而更有利于通过审核。但在成熟资本市场则完全不同。例如，美国本土的重化工行业、机械制造业等传统行业，在主板交易所能够 IPO 的可能性较小，只能寻求被行业巨头并购从而实现证券化。随着注册制的实施，A 股目前这种状况，将来也会发生变化，可能会向成熟市场看齐。

而与之相反，一些成长性良好，行业处于"风口"，商业模式被市场看好的企业可能被市场追捧，不仅没有发行风险，反而因为发行价格管制的取消，取得远超过市场平均水平的发行价格。

二、对股权投资机构的影响

1. 对股权投资机构的正面影响

总体上讲,注册制的实施对于投资机构是重大利好。由于 IPO 是股权投资机构主要的退出方式之一,一个市场化、预期明确的 IPO 发行审核制度将极大地有利于股权投资机构利用 A 股 IPO 的方式退出其股权投资。

取消股票发行的持续盈利条件,可以让那些现阶段无法盈利但却拥有较高成长性的企业直接受益。而这类新商业模式、新经济的企业正是目前股权投资机构的重点投资对象。

能否通过审核的预期明确和通过审核的时间大幅缩短,将大大有利于股权投资机构的产品设计和运作。发行价格上限管制的取消,也将减小股权投资机构所投资的优秀企业的股权摊薄,从而提升投资收益。

2. 对股权投资机构提出更高要求

(1)注册制带来整个市场估值体系的变化,股权投资机构的盈利模式需要从"估值套利"转向"价值选择"。

注册制的实施,带来供给增加,壳价值降低,无论是 IPO 发行价格还是整个市场的估值趋于合理,已经成为市场共识。

从当前实际情况看,尽管注册制还未实施,但由于审核的常态化,IPO 的供给已经大幅增加,市场对于这一变化已经有所体现。

根据《21世纪经济报道》记者的统计,2017 年前 11 个月 IPO 新股连续涨停板数量相对于 2016 年已经下降了 27.30%。2017 年新股 IPO 上市后平均涨停板天数为 9.96 个,低于 2016 年的 13.7 个。

从 2017 年 4 月开始,随着 A 股 IPO 发行审核速度的明显加快,新股发行上市后首发连续涨停天数下降的趋势非常明显。2017 年第一季度,新股发行后平均连续涨停板数 11.84 个;第二季度进一步下降至 8.74 个;

第三季度小幅提高至 9.44 个。

在 2017 年年初，新股连续涨停板的个数均超过 15 个，例如 1 月 16 日上市的至纯科技（603690）打开涨停板的天数达到了 26 天。月初上市的康泰生物（300601）、德创环保（603177）打开涨停板的天数也分别为 22 天和 19 天。但随后这一现象越来越少见。自 3 月以来，打开涨停板最多的天数仅为 19 天。到 11 月，首发连续涨停板最多仅为 16 个。

而且，最快已经出现仅涨停两天就开板的现象。例如，2017 年 3 月 31 日上市的上海环境和 8 月 9 日上市的勘设股份均仅两个交易日就打开了涨停板。

在同样的发行价格管制环境下，不同的后续涨停板时间数除了受市场整个大势的影响等因素外，市场对不同企业的价值判断也起到了很大的作用。

从市场统计看，不仅 2017 年 IPO 新股打开涨停板的天数在缩短，新股收益率也在明显下降。选取 IPO 后涨停板期间最高价与发行价格来计算新股发行上市后在涨停板期间的收益率，2016 年的平均收益率为 4.06 倍，2017 年前 11 个月下降至 2.69 倍。从 2017 年 10 月和 11 月的数据看，平均收益率进一步下降为 2.51 倍。

随着注册制的实施，这一状况将更为明显。因此，股权投资机构未来投资 Pre-IPO 项目的逻辑必须从估值套利转向真正的价值投资。如果企业本身不具备合理的成长逻辑与理性的估值水平，仅仅因为企业可以上市的预期，仅仅因为上市前后估值差异来进行投资的策略必须有所调整；否则，即便所投资企业能够通过上市审核，但可能因为发行问题不能上市，或者发行价格及上市后的估值过低，投资机构仍然有可能无利可图。

（2）推动投资机构投资类型与策略的多样化。

在当前的核准制审核模式下，主要从事 Pre-IPO 投资的 PE 机构一直是内地股权投资机构的主流。因为就股权投资而言，天使和创投的周期长、金额小，而临门一脚的 A 股 Pre-IPO 投资是资本流入的首选。原因在于：一是"短平快"，特别是当前 IPO 审核加速但又没有正式实施注册制的阶段；二是单个项目可投资金额大；三是预期简单，依靠上市后的估值差异即可获利。

但事实上，这种投资模式现在就已经开始出现风险。因为 Pre-IPO 是 2017 年的风口，众多资金热捧，Pre-IPO 的估值价格高企。随着 IPO 的加速，整个二级市场的估值中枢已经开始明显下降，中小盘股票在 2017 年的大幅下挫就是明证。现在投资的 Pre-IPO 项目将来能否获得预期收益已经存在问号。一旦注册制完全实施，其挑战将更为严峻。

基于此，一些股权投资机构已经在调整策略。

第一，高度重视 Pre-IPO 投资，但强调价值投资的逻辑，而非简单的估值套利逻辑。

第二，从价值投资的逻辑出发，更加强调专业化，特别是按照行业来布局。

第三，开始向前端布局，向前往天使、创业投资方向。

第四，往 Buy-out 方向，按照真正的并购基金（控股性基金）的模式布局。

附录

A 股 IPO 相关文件检索地址

1. 证监会 IPO 发审会公告：http://www.csrc.gov.cn/pub/newsite/fxjgb/fshgg/
   包括工作会议公告和会议审核结果公告，前者提供发审会审核 IPO 项目的时间和发审委委员名单；后者提供审核结果和聆讯问题。
2. 证监会 IPO 招股说明书预披露：http://www.csrc.gov.cn/pub/newsite/fxjgb/yxpl/
   提供 IPO 的招股说明书，分为首次申报稿和反馈答复更新后的上会稿。
3. 证监会 IPO 反馈意见：http://www.csrc.gov.cn/pub/newsite/fxjgb/scgkfxfkyj/
   提供每个 IPO 项目的反馈意见。
4. 发审委工作会议审核意见：www.csrc.gov.cn/pub/newsite/fxjgb/fswshyj/
   发行部以周为单位，提供每周经发审委审核通过项目的审核意见，要求进一步进行核查、补充披露、提供承诺等。有审核意见意味着该项目是有条件通过，需要落实审核意见的要求之后才能取得发行批文。
5. 巨潮咨询：www.cninfo.com.cn/cninfo-new/index
   中国证监会指定信息披露网站，可以查询到每个 IPO 项目被核准发行后的全套相关文件。
6. 上海证券交易所：www.sse.com.cn
   可以查询在上交所主板 IPO 上市的所有企业的相关公告文件。
7. 深圳证券交易所：www.szse.cn
   可以查询在深交所主板 IPO 上市的所有企业的相关公告文件。

参考文献

[1] 深圳证券交易所创业企业培训中心. 中小企业板、创业板股票发行上市问答[M]. 2版. 北京：中国财政经济出版社，2017.

[2] 上海证券交易所. 企业改制上市常见三十问[OL]. http://www.sse.com.cn/services/list/ipo/questions/c/c_20170802_4352423.shtml.

[3] 张兰田. 企业上市审核标准实证解析[M]. 2版. 北京：北京大学出版社，2013.

[4] 叶金福. IPO财务透视：方法、重点和案例[M]. 北京：机械工业出版社，2017.

[5] 张艳伟. 公司上市审核与保荐重点[M]. 北京：中国法治出版社，2012.

[6] 徐浩明. 企业上市成功之路[M]. 上海：上海人民出版社，2011.

[7] 苏生. 企业上市案例剖析与操作指引[M]. 北京：法律出版社，2017.

[8] 全国中小企业股份转让系统有限责任公司. 新三板挂牌公司规范发展指南[M]. 北京：中国金融出版社，2017.